绿色经济论丛

中原经济区
绿色低碳发展行动方案

Green and Low-carbon Development
Action Plan of Central Plains
Economic Region

绿水青山就是金山银山

徐夏楠 ◇ 编著

中国经济出版社
CHINA ECONOMIC PUBLISHING HOUSE
北京

图书在版编目(CIP)数据

中原经济区绿色低碳发展行动方案／徐夏楠编著.
—北京：中国经济出版社，2018.6
（绿色经济论丛）
ISBN 978-7-5136-5160-8

Ⅰ.①中… Ⅱ.①徐… Ⅲ.①绿色经济—经济发展—研究—河南 Ⅳ.①F127.61

中国版本图书馆 CIP 数据核字（2018）第 071875 号

责任编辑	姜　静
责任印制	马小宾
封面设计	华子图文

出版发行	中国经济出版社
印 刷 者	北京柏力行彩印有限公司
经 销 者	各地新华书店
开　　本	710mm×1000mm　1/16
印　　张	16.75
字　　数	303 千字
版　　次	2018 年 6 月第 1 版
印　　次	2018 年 6 月第 1 次
定　　价	68.00 元

广告经营许可证　京西工商广字第 8179 号

中国经济出版社 网址 www.economyph.com 社址 北京市西城区百万庄北街 3 号 邮编 100037
本 版图书如存在印装质量问题，请与本社发行中心联系调换（联系电话：010-68330607）

版权所有　盗版必究（举报电话：010-68355416　010-68319282）
国家版权局反盗版举报中心（举报电话：12390）　　　服务热线：010-88386794

前 言

低碳发展是以低能耗、低排放、低污染为特征的经济社会发展新模式,是加快转变发展方式、调整经济结构、推进产业升级的有效途径,也是加快推进生态文明建设、实现可持续发展的根本要求。

中原经济区产业基础较好,是全国重要的能源原材料基地。从产业结构内部来看,电力、钢铁、有色、化工、建材等高载能产业和资源初加工型产业占有较大份额,同时这些产业也是高碳产业。因此,做好高碳产业低碳化发展,是完成河南省确定的"到2020年,单位国内生产总值二氧化碳排放比2015年下降19.5%,碳排放总量得到有效控制"温室气体控制目标的关键。今后一个时期,作为全国重要的经济板块,中原经济区将处于经济加速发展阶段,能源消费和碳排放量必然呈持续增长态势,资源和环境的约束问题将更加突出。

低碳经济是指在可持续发展理念指导下,通过技术创新、制度创新、产业转型、新能源开发等多种手段,尽可能地减少煤炭、石油等高碳能源消耗,减少温室气体排放,实现经济社会发展与生态环境保护双赢的一种经济发展形态。本书在总结经验成效、查摆问题不足、分析形势任务、总结典型案例的基础上,紧紧围绕能源、产业、农业、生态建设、建筑、交通、园区七大领域的低碳化发展,理清行动思路,明确行动方向,制定行动方案,提出政策措施建议。

基于此,本书的具体内容包括:第1章在中原经济区低碳发展现状的基础上,充分结合未来一个时期发展趋势,提出中原经济区低碳发展总体框架及具体行动目标;第2章针对能源低碳化发展现状和存在问题以及未来发展趋势,借鉴国内外发展路径及经验,提出中原经济区能源低碳化行动方向、目标,以及重点行动与相应的政策措施;第3章针对产业低碳化发展现状和存在问题以及未来发展趋势,借鉴国外发展路径及经验,提出中原经济区产业低碳化行动方向、目标,以及重点行动与相应的政策措施;第4章针对农业低碳化行动发展现状和存在问题以及未来发展趋势，借鉴国外发展路径及经验，提出中原经济区农业低碳化行动方向、目标，以及重点行动与相应的政策措施；第5章针对生态建设低碳化发展现状和存在问题以及未来发展趋势，借鉴国内外发展路径及经验，提出中原经济区生态建设低碳化行动方向、目标，以及重点行动与相应的政策措施；第6章针对绿色建筑发展现状和存在问题以及未来发展趋势，借鉴国内外发展路径及经验，提出中原经济区绿色建筑行动方向、目标，以及重点行动与相应的政策措施；第7章针对交通低碳化发展现状和存在问题以及未来发展趋势，借鉴国内外发展路径及经验，提出中原经济区低碳交通行动方向、目标，以及重点行动与相应的政策措施；第8章针对绿色低碳园区发展现状和存在问题以及未来发展趋势，借鉴国内外发展路径及经验，提出中原经济区绿色低碳园区行动方向、目标，以及重点行动与相应的政策措施；第9章、第10章给出能源、产业、农业、生态建设、建筑、交通、园区等低碳化的重点行动建议与政策措施建议。

本书由徐夏楠编著，全书的内容和结构由徐夏楠构思并确定。各章的具体分工为：第1章由阎立林参加编写；第2章由杨益鹏参加编写；第3章由薛天天参加编写；第4章由王韵参加编写；第5章由和舒敏参加编写；第6章由郑潇潇参加编写；第7章由张静参加编写；第8章由董路桥参加编写；第9章和第10章由徐夏楠编写。最后由徐夏楠统稿和修改。

《中原经济区绿色低碳发展行动方案》受中国清洁发展机制基金资助。在本书编写过程中直接或间接地借鉴了国内外大量的论著、教科书等素材，在此对所引用的文献资料的作者们表示诚挚的感谢。

由于本书涉及不同行业且发展迅速，虽经编者反复修改完善，仍难免存在不当之处，恳请读者和同仁给予批评指正。

笔者

2018年3月

目 录

第1章 绪论

1.1 研究背景和意义 1
1.1.1 研究背景 1
1.1.2 研究意义 3
1.2 研究内容 4
1.3 发展现状及存在问题 6
1.3.1 现状特点 6
1.3.2 取得成效 8
1.3.3 存在问题 11
1.4 指导思想、基本原则和目标 12
1.4.1 指导思想 12
1.4.2 基本原则 13
1.4.3 总体框架 13
1.4.4 行动目标 14

第2章 能源低碳化行动方案

2.1 背景意义 18
2.1.1 研究背景 18
2.1.2 研究意义 19
2.1.3 研究范围及重点 20

2.2 现状和存在问题 ··· 20
2.2.1 能源利用效率偏低,碳排放强度较大 ··· 21
2.2.2 能源消费结构以煤为主,单位能源消费温室气体排放量大 ··· 22
2.2.3 非化石能源开发利用程度较低,低碳能源发展滞后 ··· 24
2.2.4 面临形势 ··· 25
2.3 国内外发展路径及经验借鉴 ··· 25
2.3.1 美国可再生能源发展案例 ··· 25
2.3.2 苏州市节能管理案例 ··· 27
2.3.3 山西省煤层气利用案例 ··· 28
2.3.4 "绿色煤电"技术案例 ··· 29
2.4 行动方向与目标 ··· 29
2.4.1 行动方向 ··· 29
2.4.2 行动目标 ··· 30
2.5 重点行动 ··· 31
2.5.1 能源利用效率提高 ··· 31
2.5.2 化石能源消费结构优化 ··· 36
2.5.3 非化石能源利用规模化 ··· 41
2.5.4 重点及示范工程 ··· 45
2.6 政策措施建议 ··· 47
2.6.1 完善考核评价制度 ··· 47
2.6.2 加快能源体制及政策改革 ··· 47
2.6.3 加强基础能力建设 ··· 48
2.6.4 加强科技人才支撑 ··· 48
2.6.5 加大宣传教育力度 ··· 48
2.6.6 加快节能环保产业发展 ··· 49

第3章 产业低碳化行动方案

3.1 背景意义 ··· 50
3.1.1 研究背景 ··· 50
3.1.2 研究意义 ··· 51

3.1.3 研究范围及重点 ·· 52
3.2 现状和存在问题 ·· 53
3.2.1 产业发展现状 ·· 53
3.2.2 产业低碳化探索 ·· 54
3.2.3 存在的主要问题 ·· 56
3.3 国外发展路径及经验借鉴 ·· 57
3.3.1 先进经验分析 ·· 57
3.3.2 先进经验总结 ·· 61
3.4 行动方向与目标 ·· 63
3.4.1 行动方向 ·· 63
3.4.2 行动目标 ·· 63
3.5 重点行动 ·· 64
3.5.1 低碳新兴产业提速发展行动 ·· 64
3.5.2 高碳产业低碳化转型行动 ·· 75
3.5.3 低碳产业示范区建设行动 ·· 79
3.6 政策措施建议 ·· 80
3.6.1 完善政策体系 ·· 81
3.6.2 增强资金保障 ·· 81
3.6.3 提高科技人才支撑 ·· 82
3.6.4 探索开展碳排放交易 ·· 83
3.6.5 积极开展区域合作 ·· 84

第4章 农业低碳化行动方案

4.1 背景意义 ·· 85
4.1.1 研究背景 ·· 85
4.1.2 研究意义 ·· 87
4.1.3 研究范围及重点 ·· 88
4.2 现状和存在问题 ·· 88
4.2.1 现状 ·· 88
4.2.2 困难和问题 ·· 91

4.3 国外发展路径及经验借鉴 …… 92
4.3.1 国外低碳农业发展的典型案例 …… 92
4.3.2 国外低碳农业发展的经验启示 …… 95

4.4 行动方向与目标 …… 96
4.4.1 行动方向 …… 96
4.4.2 行动目标 …… 97

4.5 重点行动 …… 98
4.5.1 深入开展节能减排 …… 98
4.5.2 全面推进农业生产清洁化 …… 100
4.5.3 积极推动农田管理低碳化 …… 102
4.5.4 着力构建生态农业系统 …… 104
4.5.5 不断强化适应气候变化能力建设 …… 106
4.5.6 科学谋划区域功能特色布局 …… 108
4.5.7 精心组织实施一批农业低碳示范工程 …… 109

4.6 政策措施建议 …… 111
4.6.1 制定低碳农业相关法律法规 …… 111
4.6.2 创新低碳农业投融资体制 …… 111
4.6.3 强化低碳农业技术支撑 …… 112
4.6.4 营造低碳农业发展氛围 …… 113
4.6.5 推动中原经济区全域联动发展 …… 113

第5章 生态建设低碳化行动方案

5.1 背景意义 …… 114
5.1.1 研究背景 …… 114
5.1.2 研究意义 …… 115
5.1.3 研究范围及重点 …… 116

5.2 现状和存在问题 …… 117
5.2.1 森林资源稳步增长,林业固碳减排能力仍需提升 …… 117
5.2.2 环境整治取得成效,仍需凸显低碳成效 …… 118
5.2.3 生态环境逐步趋好,改善生态和低碳发展的压力仍然较大 …… 119

5.2.4 污染物排放量较大，环境容量增长的空间有限 …………… 120
5.3 国内外发展路径及经验借鉴 ………………………………………… 120
5.3.1 日本林业生态建设——树立生态优先理念，实施"治山计划" …… 120
5.3.2 瑞典污水和生活垃圾处理的温室气体回收——推广先进技术，
实施"全过程低碳化" …………………………………………… 121
5.3.3 发达国家的大气污染治理模式——创新体制机制，
实施"多项联动" ………………………………………………… 122
5.3.4 广东省现代林业建设——实现"林业发展和森林
生态协调一致" …………………………………………………… 123
5.4 行动方向与目标 ……………………………………………………… 124
5.4.1 行动方向 ………………………………………………………… 124
5.4.2 行动目标 ………………………………………………………… 125
5.5 重点行动 ……………………………………………………………… 125
5.5.1 林业资源"增量碳汇"行动 …………………………………… 125
5.5.2 城镇生态"提升减碳"行动 …………………………………… 128
5.5.3 区域再造"蓝天碧水"行动 …………………………………… 131
5.5.4 自然生态"保护修复"行动 …………………………………… 134
5.5.5 农村环境"清洁亮丽"行动 …………………………………… 136
5.5.6 生态建设"示范工程"行动 …………………………………… 139
5.6 政策措施建议 ………………………………………………………… 141
5.6.1 强化制度建设，划定河南省生态保护红线 …………………… 141
5.6.2 创新政策机制，改革生态建设的管理体制 …………………… 142
5.6.3 强化目标责任，严格任务计划的监督考评 …………………… 144
5.6.4 完善投资体制，加强生态建设的资金支持 …………………… 145
5.6.5 推进技术支撑，加强生态保护的能力建设 …………………… 146
5.6.6 坚持宣传教育，营造生态文明建设的良好氛围 ……………… 147

第6章 绿色建筑行动方案

6.1 背景意义 ……………………………………………………………… 148
6.1.1 研究背景 ………………………………………………………… 148

6.1.2 研究意义 ………………………………………………………… 150
6.1.3 研究范围及重点 ……………………………………………… 151
6.2 现状和存在问题 ……………………………………………………… 152
6.2.1 工作进展 ……………………………………………………… 152
6.2.2 存在问题 ……………………………………………………… 154
6.3 国内外发展路径及经验借鉴 ………………………………………… 155
6.3.1 美国完善绿色建筑政策体系模式 …………………………… 156
6.3.2 英国推广示范性项目和绿色建筑设计典型案例模式 ……… 157
6.3.3 日本建立建筑用能管理体制模式 …………………………… 158
6.3.4 中新天津生态城建设生态城市模式 ………………………… 159
6.3.5 杭州低碳科技馆低碳技术应用宣传模式 …………………… 159
6.4 行动方向与目标 ……………………………………………………… 160
6.4.1 行动方向 ……………………………………………………… 160
6.4.2 行动目标 ……………………………………………………… 161
6.5 重点行动 ……………………………………………………………… 161
6.5.1 新建建筑节能行动 …………………………………………… 161
6.5.2 既有建筑节能改造行动 ……………………………………… 162
6.5.3 绿色建材和绿色建筑产业化行动 …………………………… 164
6.5.4 技术开发与推广行动 ………………………………………… 165
6.5.5 可再生能源建筑规模化行动 ………………………………… 166
6.5.6 低碳城市和低碳社区建设行动 ……………………………… 167
6.5.7 推进试点示范行动 …………………………………………… 169
6.6 政策措施建议 ………………………………………………………… 169
6.6.1 加强组织领导 ………………………………………………… 169
6.6.2 加大政策支持力度 …………………………………………… 170
6.6.3 加强监督检查 ………………………………………………… 170
6.6.4 完善绿色建筑标准评价体系 ………………………………… 171
6.6.5 强化资金支持 ………………………………………………… 171
6.6.6 加强宣传引导 ………………………………………………… 172

第7章 交通低碳化行动方案

- 7.1 背景意义 ·· 173
  - 7.1.1 研究背景 ·· 173
  - 7.1.2 研究意义 ·· 175
  - 7.1.3 研究范围及重点 ·· 176
- 7.2 现状和存在问题 ·· 176
  - 7.2.1 现状 ·· 176
  - 7.2.2 困难和问题 ·· 183
- 7.3 国内外发展路径及经验借鉴 ·· 185
  - 7.3.1 国外发展模式及路径 ·· 185
  - 7.3.2 国内发展模式及路径 ·· 188
  - 7.3.3 经验总结 ·· 189
- 7.4 行动方向与目标 ·· 190
  - 7.4.1 行动方向 ·· 190
  - 7.4.2 行动目标 ·· 190
- 7.5 重点行动 ·· 191
  - 7.5.1 构建综合低碳交通网络体系 ·· 191
  - 7.5.2 提高公共交通出行分担率 ··· 193
  - 7.5.3 优化城市土地利用结构 ·· 195
  - 7.5.4 推广替代能源应用 ·· 196
  - 7.5.5 推广节能减排技术 ·· 196
  - 7.5.6 建设信息智能交通 ·· 197
- 7.6 重点工程 ·· 198
  - 7.6.1 重点企业节能减排工程 ·· 198
  - 7.6.2 甩挂运输工程 ·· 199
  - 7.6.3 营运车船燃料消耗量准入与退出工程 ·························· 199
  - 7.6.4 振兴内河工程 ·· 199
  - 7.6.5 节能与新能源车辆推广工程 ······································· 200
  - 7.6.6 智能交通工程 ·· 200
  - 7.6.7 "公交都市"推广工程 ·· 201

7.6.8　绿色循环低碳公路建设工程 ·· 201
7.7　政策措施建议 ·· 202
　　7.7.1　强化组织保障 ·· 202
　　7.7.2　完善监管体系 ·· 202
　　7.7.3　完善资金保障 ·· 203
　　7.7.4　加强科技创新 ·· 203
　　7.7.5　做好宣传引导 ·· 204
　　7.7.6　开展试点示范 ·· 204

第8章　绿色低碳园区行动方案

8.1　背景意义 ·· 205
　　8.1.1　研究背景 ·· 205
　　8.1.2　研究意义 ·· 206
　　8.1.3　研究范围及重点 ·· 207
8.2　现状和存在问题 ·· 207
8.3　国内外发展路径及经验借鉴 ·· 209
　　8.3.1　国内外案例借鉴 ·· 209
　　8.3.2　经验总结 ·· 214
8.4　行动方向与目标 ·· 215
8.5　重点行动 ·· 215
　　8.5.1　制定低碳规划设计 ·· 216
　　8.5.2　建设低碳管理体系 ·· 216
　　8.5.3　实施产业优化升级 ·· 217
　　8.5.4　大力推进循环经济 ·· 218
　　8.5.5　加强低碳设施建设 ·· 219
　　8.5.6　构建绿色物流系统 ·· 220
8.6　政策措施建议 ·· 221
　　8.6.1　健全落实政策法规 ·· 221
　　8.6.2　加强财政金融支持 ·· 221
　　8.6.3　开展技术创新应用 ·· 222

8.6.4　加强监管责任考核 ································· 222
8.6.5　转变招商思路模式 ································· 223
8.6.6　加强国际交流合作 ································· 223

第9章　重点行动建议

9.1　能源低碳化发展行动 ································· 224
9.1.1　能源利用效率提高 ································· 224
9.1.2　化石能源消费结构优化 ······························· 225
9.1.3　非化石能源利用规模化 ······························· 227

9.2　产业低碳化发展行动 ································· 228
9.2.1　低碳新兴产业提速发展行动 ····························· 228
9.2.2　高碳产业低碳化转型行动 ····························· 229

9.3　农业低碳化发展行动 ································· 230
9.3.1　深入开展节能减排 ································· 230
9.3.2　全面推进农业生产清洁化 ····························· 231
9.3.3　积极推动农田管理低碳化 ····························· 232
9.3.4　科学谋划区域功能特色布局 ···························· 233

9.4　生态建设低碳化发展行动 ······························ 234
9.4.1　林业资源"增量碳汇"行动 ···························· 234
9.4.2　区域再造"蓝天碧水"行动 ···························· 235
9.4.3　自然生态"保护修复"行动 ···························· 236
9.4.4　农村环境"清洁亮丽"行动 ···························· 236

9.5　绿色建筑发展行动 ··································· 237
9.5.1　新建建筑节能行动 ································· 237
9.5.2　既有建筑节能改造行动 ······························· 237
9.5.3　可再生能源建筑规模化行动 ···························· 238
9.5.4　低碳城市和低碳社区建设行动 ·························· 239

9.6　交通低碳化发展行动 ································· 240
9.6.1　构建综合低碳交通网络体系 ···························· 240
9.6.2　提高公共交通出行分担率 ····························· 240

9.6.3 优化城市土地利用结构 ……………………………… 241
9.6.4 推广替代能源应用 …………………………………… 242
9.6.5 减少基础设施碳排放 ………………………………… 242
9.6.6 建设信息智能交通 …………………………………… 243
9.7 绿色低碳园区发展行动 ………………………………… 243
9.7.1 制定低碳规划设计 …………………………………… 243
9.7.2 建设低碳管理体系 …………………………………… 244
9.7.3 实施产业优化升级 …………………………………… 245
9.7.4 大力推进循环经济 …………………………………… 246
9.7.5 加强低碳设施建设 …………………………………… 246

第10章 政策措施建议

10.1 加强组织管理 …………………………………………… 248
10.2 完善政策体系 …………………………………………… 248
10.3 加大资金支持 …………………………………………… 249
10.4 增强科技支撑 …………………………………………… 250
10.5 探索市场交易 …………………………………………… 251
10.6 积极宣传引导 …………………………………………… 251

图目录

图 2-1　河南省历年能源消费情况 ························· 21
图 2-2　河南省历年能源消费弹性系数 ····················· 22
图 2-3　2011 年河南省单位 GDP 能耗比较 ················· 22
图 2-4　河南省历年能源消费结构中煤炭占比 ··············· 23
图 2-5　河南省各部门化石能源消费结构 ··················· 24
图 7-1　2011—2013 年河南省公路里程及同比增长率 ········ 177
图 7-2　2010—2013 年河南省铁路运营里程 ················ 177
图 7-3　2010—2013 年河南省机动车保有量及同比增长率 ···· 178
图 7-4　2013 年河南省公共交通车辆按燃料类型车型构成 ···· 179
图 7-5　2010—2013 年河南省交通领域能源消耗总量及同比增长率 ··· 180
图 7-6　2005 年河南省交通运输各部门能耗所占比例 ········ 181
图 7-7　2010 年河南省交通运输各部门能耗所占比例 ········ 181
图 7-8　2005 年河南省交通运输各部门二氧化碳排放所占比例 ··· 182
图 7-9　2010 年河南省交通运输各部门二氧化碳排放所占比例 ··· 182
图 8-1　卡伦堡生态园循环体系 ··························· 210
图 8-2　园区废物交换产业共生体系示意 ··················· 211
图 8-3　广西贵港制糖循环经济示范园循环示意 ············· 212

表目录

表 3-1　河南省产业低碳化发展规划目标 ·················· 64
表 7-1　2010—2013 年河南省民航基本情况 ················ 178
表 7-2　2010—2013 年河南省公共交通车辆及车型构成 ·········· 180
表 7-3　"十一五"期间河南省交通领域能源消费状况分析对比 ······ 181
表 7-4　"十一五"期间河南省交通领域二氧化碳排放状况分析对比 ··· 183
表 7-5　2020 年能源强度指标较 2005 年降低目标 ·············· 191
表 7-6　2020 年二氧化碳排放强度指标较 2005 年降低目标 ········· 191
表 7-7　2020 年港口能源强度指标及二氧化碳排放强度指标较 2005 年
　　　　降低目标 ··· 191

| 第 1 章 |

绪论

1.1 研究背景和意义

1.1.1 研究背景

人类社会工业化进程中消耗了大量能源、资源,并产生大量废气、废物等,随着空气中二氧化碳(CO_2)浓度增加,海平面上升,全球气候变暖严重威胁人类自身发展的环境问题日益引起重视,已成为国际社会普遍关注的全球性问题。面对这一重大挑战,各国携手应对气候变化,共同推进绿色、低碳发展已成为当今世界的主流。我国作为全球最大的发展中国家,人口众多、资源能源匮乏、气候条件复杂、生态环境脆弱,是最易受气候变化影响的国家之一。当前,我国正处于工业化、城镇化快速发展时期,全球气候变化已对我国经济社会发展产生诸多不利影响,传统的发展模式难以为继,亟须加快经济发展方式转变,推动绿色低碳发展。

进入21世纪以来,我国高度重视绿色低碳发展问题,《中华人民共和国国民经济和社会发展第十二个五年规划纲要》提出,面对日趋强化的资源环境约束,必须增强危机意识,树立绿色、低碳发展理念,以节能减排为重点,健全激励与约束机制,加快构建资源节约、环境友好的生产方式和消费模式,增强可持续发展能力,提高生态文明水平。《国家新型城镇化规划》也多次提出,把生态文明理念全面融入城镇化进程,着力推进绿色发展、循环发展、低碳发展,节约集约利用土地、水、能源等资源,强化环境保护和生态修复,减少对自然的干扰和损害,推动形成绿色低碳的生产生活方式和城市建设运营模式,彰显了党和政府推动低碳发展、积极应对气候变化的决心和信心。

近年来,河南省成功实现了由传统农业大省向全国重要的经济大省、新兴工业大省和有影响的文化大省的历史性转变。随着中原经济区上升为国家战略,河南在全国的地位和作用进一步凸显。《全国主体功能区规划》把中原经济区确定为重点开发区域,其功能定位为:全国重要的高新技术产业、先进制造业和现代服务业基地,能源原材料基地,综合交通枢纽和物流中心,区域性的科技创新中心。《2014年河南省政府工作报告》提出,要谋划区域发展新棋局,由东向西、由沿海向内地,沿大江大河和陆路交通干线,推进梯度发展。其中,中原经济区在陇海经济带与京广经济带的交会处,区位交通优势更加明显。国务院相继批复了《河南粮食生产核心区建设规划(2008—2020年)》《中原经济区规划(2012—2020年)》和《郑州航空港经济综合实验区发展规划(2013—2025年)》,从而使中原经济区"三化协调""四化同步"的绿色低碳发展模式被确立为国家重要的区域经济发展战略。

但由于长期以来粗放型经济发展方式的惯性作用,中原经济区经济发展质量不高的问题更加突出。一是经济结构偏重。从产业结构看,重工业和资源性产业比重大,生产性服务业支撑力弱,新兴产业发展缓慢,重型化特征明显。从发展方式上看,经济增长主要依赖于能源原材料产业。经济增长过度依赖投资拉动,自主创新对经济增长贡献偏低。从产业链角度来看,中上游产业多,能源、原材料比重大,产业延伸度不够。从价值链角度看,产业偏低端的特征明显,传统优势产业大多集中在中间制造环节,自主创新能力弱。二是城镇化发展滞后、发展质量不高。农村人口众多,城镇化水平低于全国平均水平;"摊大饼"式的城市扩张模式使得土地利用方式粗放,大量耕地资源被浪费;大量农业转移人口涌向大城市造成了一系列"大城市病",而中小城市功能不完善,集聚人口能力不足。三是资源环境约束加大。中原经济区长期以来一直沿用"高投入、高消耗、高排放、低效益"的粗放型生产方式和发展模式,资源利用效率低,污染排放强度大,使得资源环境瓶颈制约日益加剧,主要依靠资源消耗推动经济社会快速发展的模式不可持续。

中原经济区作为全国重要的经济板块,当前及未来一定时期内将处于经济加速发展阶段,能源消费和碳排放量必然呈持续增长态势,资源和环境的约束问题将更加突出。因此,必须要大力发展低碳经济,降低经济发展中的能源使用量、污染物排放量,减少经济发展对生态环境的不利影响,实现经济社会和资源环境的可持续发展。

1.1.2　研究意义

绿色低碳发展是应对气候变化的现实选择。当前,全球气候变化深刻影响着人类的生存和发展,是全球关注的问题。全球减缓气候变化的核心是减少温室气体排放,其中主要是与能源相关的二氧化碳排放。河南人口众多,资源能源匮乏,气候条件复杂,生态环境脆弱,容易受气候变化影响。同时,河南经济结构中,能源原材料产业比重高。此外,建筑、交通等也是温室气体排放的主要来源,碳排放量大。当前河南正处于工业化、城镇化快速发展阶段,随着经济快速增长,能源消费和相应二氧化碳排放必然增长。因此,不能再走以高能耗和高碳排放的发展道路,必须探索新型的低碳发展之路,在近期内大幅度提高能源效益,提高单位碳排放产生的经济效益,要长期控制甚至减少二氧化碳排放总量,实现经济发展与二氧化碳排放脱钩,实现经济社会与资源、环境相协调的可持续发展。

绿色低碳发展是转变经济发展方式的重要抓手。改革开放以来,河南经济社会发展取得了巨大成就,但是人口多、底子薄、基础弱、发展不平衡的基本省情尚未根本改变。尤其是长期以来形成的主要依靠资源、能源大量消耗和生态环境破坏支撑的粗放型经济发展方式难以为继,必须加快推进经济发展方式转变。低碳经济是以低能耗、低污染、低排放为基础的发展模式,实质是能源高效利用、开发清洁能源、追求绿色 GDP,核心是能源技术创新、制度创新和人类生存发展观念的根本性转变。推进绿色低碳发展,是中原经济区转变经济发展方式的重要路径和抓手。

绿色低碳发展是破解资源环境制约的有效途径。资源短缺是当前我国区域发展中普遍面临、亟待解决的重大课题。由于人口基数大,河南省人均资源占有量较少。河南省人均耕地面积只有 0.07 公顷,为保障国家粮食安全,耕地红线不可逾越,人地矛盾十分突出。河南省人均水资源量为 376 立方米。仅为全国人均水平的 1/5,居全国第 22 位,属于严重缺水。同时,河南省生态环境脆弱,承载能力不断下降,化学需氧量(COD)年排放量居全国第五位,二氧化硫排放量居全国第二位。4 类以上水质河段占全省河段的比例达 40%以上,1000 多万人面临饮水不安全问题等。随着经济的快速发展,资源利用效率低,污染排放强度大,环境承载力严重不足等问题已经成为制约河南省经济社会持续发展、危及现代化建设进程的重要问题。绿色低碳发展促进中原经济区经济社会发展与资源环境和谐,是实现持续较快发展的有效途径,也是化解资源环境瓶颈约束、实现经济高速增长的必然选择。

绿色低碳发展是中原经济区建设的根本要求。《中原经济区规划(2012—2020年)》对推进中原经济区绿色低碳发展提出了明确的要求。例如,该规划提出,要以科学发展为主题,以加快转变经济发展方式为主线,探索以不牺牲农业和粮食、生态和环境为代价的工业化、城镇化和农业现代化协调发展的路子,以及坚持绿色、低碳、可持续发展理念,加强生态建设和环境保护,大力发展循环经济,提高资源节约集约利用水平,努力构建资源节约、环境友好的生产方式和消费模式,建设绿色中原、生态中原,增强区域可持续发展能力。可见,推进绿色低碳发展是中原经济区探索"两步三新""三化协调""四化同步"科学发展道路、促进区域可持续发展的根本要求。

1.2 研究内容

中原经济区包括河南全省、山东西南部、安徽西北部、河北南部和山西东南部共5省30市10直管市(县)及3县区。其中,河南是中原经济区的主体。由于中原经济区面积较大,跨越省份较多,绿色低碳发展的整体情况和相关数据难以获得,本方案以中原经济区的主体河南省作为对象,对中原经济区绿色低碳发展进行研究,主要包括能源低碳化、产业低碳化、农业低碳化、生态建设低碳化、绿色建筑、交通低碳化、绿色低碳园区7个专项行动方案。

能源低碳化行动方案主要从能源利用效率、化石能源消费结构和非化石能源利用规模三个方面入手,对河南省能源发展现状进行分析并找出其中存在的问题。从政策措施设计和具体节能低碳技术两方面,选取了国内外典型能源低碳化发展案例进行分析,总结其发展经验并提出河南省能源低碳化基本行动方向、思路和宏观发展目标。然后在总体行动方向的基础上,提出河南省实现能源低碳化需采取的具体行动,并对所列出的具体行动进行分析。最后,对政府有关部门在河南省能源低碳化行动中采取的具体政策措施提出建议。

产业低碳化行动方案在分析河南省温室气体排放及产业低碳化发展现

状的基础上,借鉴国外产业低碳化发展路径与经验,确定河南省产业低碳化行动方向和目标,研究制定高碳产业低碳化转型、低碳新兴产业提速发展两大重点行动,从政策、资金、科技等方面研究提出产业低碳化发展对策措施建议。

农业低碳化行动方案以发展绿色低碳农业为导向,以控制农业温室气体排放、保护农业生态、提高农业适应气候变化能力为切入点,通过推动农业节能减排、推进农业生产清洁化、推行保护性耕作、构建绿色低碳农业生态系统,以及组织实施低碳农业重点工程等重点行动,推动河南农业加快转型升级,在保证国家粮食安全和主要农产品有效供给的同时,实现农业生产的清洁、生态、高效、低碳,探索提出对中原经济区全局具有示范引领作用的绿色低碳农业行动方案。

生态建设低碳化行动方案以森林碳汇、城镇生态、水和大气环境、自然生态、农村环境、示范工程6个方面为重点,提出今后一个时期中原经济区生态建设行动的方向和目标。针对每个行动研究提出具体的行动内容,以及推进中原经济区生态化发展的具体政策措施和建议。

绿色建筑行动方案在研究中原经济区推进建筑低碳化背景与意义、分析现状与问题的基础上,借鉴国内外发展绿色建筑的经验与启示,从新建建筑节能、既有建筑改造、绿色建材和绿色建筑产业化、技术开发与推广、可再生能源建筑规模化、低碳城市和低碳社区建设、推进试点示范等方面提出中原经济区推动建筑低碳化的行动方向和目标、重点行动,以及相应的政策建议。

交通低碳化行动方案以河南省交通领域为主要研究对象,以加快转变发展方式、发展现代低碳交通运输业为主线,以控制全省交通领域温室气体排放为目标,借鉴国内外低碳交通发展的先进理念和经验,通过政府主导、企业示范、社会参与,在综合交通运输体系建设、基础设施建养、公共交通、现代物流、信息智能化、新能源应用、制度建设与管理等方面,形成具有清洁化、高效化指导意义的低碳交通行动方案。

绿色低碳园区行动方案总结分析河南低碳化发展的现状和存在的问题,借鉴国内外的典型经验和做法,以低碳规划设计、低碳管理体系、低碳生产、低碳设施建设、低碳物流系统等方面为重点,提出今后行动的方向和目标,针对每个行动研究提出具体的行动内容,以及具体政策措施和建议。

1.3 发展现状及存在问题

1.3.1 现状特点

经过近几年的发展,中原经济区呈现出以下显著特点:

(1)地处中部,交通条件便捷

中原经济区位于我国中部,处于沿海开放地区与中西部地区接合部,是全国重要的交通和通信枢纽,具备承东启西、通南达北的区位优势,是全国"两横三纵"城市化战略格局中陆桥通道和京广通道的交汇区域。河南省作为中原经济区的主要载体,是全国重要的现代综合交通枢纽和物流中心,公路总里程在中部地区排名第一,公路网密度是全国平均值的3.3倍,高速公路通车里程连续多年保持全国第一,以郑州为中心的"米"字形快速铁路网和中原城市群城际铁路网正在逐渐形成。郑州航空港经济综合实验区成为全国第一个以航空经济为主题的实验区。

(2)过渡地带,资源相对丰富

中原经济区处于我国第二阶梯和第三阶梯的过渡地带,地势由西向东呈阶梯状下降,地跨我国的北亚热带—暖温带、湿润—半湿润区,在区域上自东向西表现出由平原向丘陵山地气候过渡,自南向北由亚热带向暖温带过渡。河南省土地总面积16.7万平方公里,占全国总面积的1.73%,人均土地面积低于全国平均水平。水资源相对贫乏,区域横跨黄河、淮河、海河、长江四大水系,全省多年平均水资源总量为403.53亿立方米;人均水资源占有量只相当于全国的1/5。煤炭资源丰富,居全国第8位;境内有中原油田和河南油田两大油田。可再生能源资源相对丰富,仅河南省内年产生农作物秸秆和林业"三剩物"约1亿吨,畜禽粪便4180万吨,城市生活垃圾760万吨,生态能源林330万亩。太阳能年总辐射值超过全国平均水平,可开发风电资源约1000万千瓦,4000米以上浅热储层储存的地热流体量为7万多亿立方米。

(3)工农业发展较好,产业结构处于调整转型期

河南省作为全国重要的农业大省,既是国家粮食核心主产区,也是全国"三化"协调发展先行试验示范区,农业在国民经济中的地位举足轻重,粮食、畜产品等主要农产品产出和化肥、农药等农资投入等多项指标均居全国前列。产业

结构调整快速推进,正在建设现代制造业大省,战略性新兴产业规模不断壮大,以电子信息、生物医药为主的高技术产业快速发展。服务业步入加速发展轨道,整体实力和产业素质明显提升,现代物流、文化产业、旅游业等发展态势良好。大力推进产业集聚区建设,已成为全省产业结构低碳化调整的新引擎,在全省产业转型中的牵引作用明显增强。

(4)能源以煤为主,低碳能源发展滞后

中原经济区能源结构较为单一,由于自身煤炭资源丰富,而石油和天然气资源相对匮乏,河南省能源消费以煤炭为主,煤炭占能源总生产量和总消费量的比重一直都在80%以上,高于同期全国平均水平16个百分点,远高于沿海发达省份。近年来,河南省能源消费结构优化取得了一定成效,但并未扭转总体以煤炭为主的局面,天然气利用率仍较低。省内水能资源已经开发殆尽,太阳能资源开发利用水平远远落后于国内发达省份,太阳能热水器普及率远低于全国平均水平。生物质能开发利用起步相对较早,但在全省能源消费总量中占比仍较低,利用效率仍有待进一步提高;地热资源勘探投入不足,开发管理较混乱,资源浪费严重。总体来看,河南省虽然各种非化石能源资源储量较为丰富,但开发利用程度较低,低碳能源总体发展滞后。

(5)生态环保有序推进,环境压力依然较大

河南省高度重视生态环境保护,先后对南水北调中线工程水源地、全省主要饮用水源地等重要生态功能区实施整治,持续加大森林建设投资,强力推动城镇污水处理厂和生活垃圾处理场建设与管理。河南省森林资源实现持续增长,森林资源保护和发展成效明显,局部地区的污染物排放总量得到大幅削减。目前,中原经济区污染物排放强度总体偏高,全省生态环境问题仍然严峻。河南省化学需氧量(含农业源)、二氧化硫和氮氧化物排放量均居全国前第5位。中原经济区主要工业地区污染物排放量均满负荷。全省赤泥年产生量近1000万吨,秸秆年产生量7880万吨,畜禽粪便年产生量1.3亿吨以上。全省煤矿年排水量4亿立方米左右。今后,中原经济区改善生态和低碳发展的压力仍然较大,污染持续减排压力进一步加大。水环境污染正处在有机污染尚未得到根本解决,畜禽养殖等农业污染和农村生活污染比重不断增大的情况下。全省25%的地表水为劣Ⅴ类,水土流失区仍有3万平方公里。湿地逐年萎缩,矿产开发造成的生态破坏没有得到有效控制,乡镇生活污水处理、垃圾处理设施建设滞后,每年燃煤带来大量的二氧化碳排放。

(6) 温室气体排放总量大,仍不断增长

河南省温室气体排放清单显示,2005年至2010年温室气体排放净增1.45亿吨,增长28.6%,年均递增5.2%。从温室气体种类看,全氟碳化物(PFC_s)、二氧化碳(CO_2)增幅较大,主要来源为工业生产过程中相关产能规模的扩张。从排放领域看,工业生产过程的温室气体排放增幅较大,达到37.6%,主要原因是近几年全省水泥、化工、有色以及己二酸等高碳产业(产品)仍然有较大幅度的增长。其次是能源活动,增幅达到36.5%,主要是化石能源消费增长所致。土地变化与林业领域受益于生态省建设的全面推进,林业碳汇较2005年也有较大幅度的增长,增幅达到87.3%。从能源消费结构看,化石燃料消费比例不降反升,由期初占能源活动领域的92.7%上升到94.2%,提升1.5个百分点。

1.3.2 取得成效

近年来,中原经济区全面贯彻落实科学发展观,加强资源节约和环境保护,加快调整产业结构和发展方式转变,推动产业低碳化转型发展,加强生态环境保护,推进交通、建筑等领域绿色低碳发展,取得了较为明显的成效。

(1) 产业结构低碳化转型成效显现

第二、第三产业比重有所提升。2013年,河南省第二、第三产业比重达到86.2%,比2005年提高4.3个百分点。大力发展低碳新兴产业,2013年全省战略性新兴产业实现规模以上主营业务收入6000亿元、增加值1360亿元;新一代信息技术、生物、新材料、节能环保产业比重达到80%,以电子信息、生物医药为主的高技术产业快速发展,郑州已经成为全国重要的智能手机生产基地,全省生物医药产业规模居全国第四位,一批国内外行业龙头企业先后在河南省建设生产基地。以商务中心区和特色商业区"两区"建设为带动,大力发展现代服务业,成为全省经济发展的强劲动力。2013年,全省第三产业增加值占GDP比重为32.0%。

推动高碳产业低碳化转型,制定了"十大重点节能工程"实施方案,在冶金、建材、电力、煤炭、石化、化工等高耗能行业组织开展了"3515节能行动计划"。加强重点耗能企业节能管理,筹建了全省能源利用状况监测与节能信息管理系统。强力推进落后产能淘汰工作,在全国率先提出"上大压小",被国家称为"河南模式"并在全国推广,还淘汰了大量钢铁、焦炭、耐火材料、电石、铁合金、酒精等落后产能。

（2）产业集聚区成为绿色低碳发展的示范先行区

产业集聚区已成为全省工业领域绿色循环低碳调整的新引擎。产业集聚区把大力发展高技术产业和加快信息化建设作为提升产业集聚区发展的重中之重，以新材料、新能源和新能源汽车为代表的战略性新兴产业快速发展。2011—2013年，河南省内产业集聚区高技术产业投资年均增长47.9%，规模以上高技术产业增加值年均增长47%，2013年高技术产业增加值占比达到11%，产业集聚区在全省产业转型中的牵引作用明显增强。

近年来，产业集聚区通过严格落实环评制度和节能减排政策，建立入驻项目筛选机制，逐步提高产业集聚区的投资强度、容积率、建筑密度，积极引导企业开展清洁生产，大力推广资源节约和循环利用技术，有力促进了资源集约利用、高效利用、循环利用，有效提高了资源配置效率，产业集聚区基本实现了污染集中防治。2009—2013年，河南省内产业集聚区新建成污水处理厂70多个，污水集中处理率达到82%，建成标准化工业厂房1.85亿平方米，2010—2013年土地投资强度达到298万元/亩。在资源环境约束趋紧的大背景下，产业集聚区用较小的资源环境代价实现了较大的经济和社会效益，集约发展的示范作用凸显。

（3）能源结构优化调整初显成效

天然气、乙醇汽油、煤气等清洁能源或低污染能源使用量和供应量增加，在能源消费中的占比不断上升。2013年，河南省乙醇汽油、天然气和水电占能源消费总量的比重达到15.7%，比2005年提高2.9个百分点。新能源和可再生能源发展明显加快，南阳、信阳等地核电项目前期工作全面推进，南阳核电项目被纳入国家规划。非水可再生能源发电装机容量超过40万千瓦，风电和光伏发电可再生能源发电均实现零的突破。燃料乙醇和生物柴油产能达到70万吨以上，万吨级秸秆纤维乙醇产业化示范取得重大突破，农村家用沼气五年新增250万户以上。

煤炭资源利用结构得到优化。探索并在全国率先开展火电机组"上大压小"，2013年，单机30万千瓦及以上机组容量占全部火电机组容量的比重达到70%，比2005年提高34个百分点。单机13.5万千瓦及以上热电联产机组容量达到1080万千瓦，是2005年年底的4.2倍。各电压等级电网趋于协调，抽水蓄能和燃气机组装机容量新增246万千瓦，电网调峰能力显著增强。煤炭资源整合和企业兼并重组深入推进，小煤矿数量减少1027处，淘汰落后产能8000多万吨,平均单井生产规模提高到30万吨/年,五年提高1.5倍。

(4)生态环境保护工作成效显著

森林资源稳步增长,固碳能力不断提升。近几年,全省共完成造林2546.6万亩,其中山区生态体系等六大生态工程2192.8万亩,经济林等产业工程353.8万亩,完成森林抚育和改造764.3万亩。2013年,全省森林面积为359.07万公顷,森林覆盖率达到21.5%,活立木蓄积量为22880.63万立方米,其中,森林蓄积量为17094.56万立方米。《河南省林业生态效益公报》显示,全省林业生态效益总价值为4750亿元以上,现有林业资源(森林和湿地)年吸收固定二氧化碳8700万吨以上(只考虑森林碳汇,森林碳汇和碳源相抵后为1730万吨)。

环境综合整治成效明显,工业治污水平不断提升,环境质量持续改善。全省脱硫燃煤发电机组形成二氧化硫减排能力59.8万吨/年,有近700家制浆造纸、制药、化工、硫酸等生产企业实施了深度治理。在2010年时就在全国率先实现了"县县建成污水处理厂和垃圾处理场"的目标。与2005年相比,2013年全省好于Ⅲ类的水质断面比例从44.6%提高到49.4%,劣Ⅴ类水质断面比例从39.7%降至26.5%;全省主要河流化学需氧量、氨氮平均浓度分别下降41.4%和61.7%。省辖城市环境空气中二氧化硫平均浓度下降了20.7%,省辖城市空气质量好于Ⅱ级标准的天数均超过了292天。

(5)交通和建筑领域积极推进低碳发展

中原经济区大力推进交通领域节能和低碳发展,实现公路网络化程度、路网技术等级和路面等级结构不断提升,交通基础设施条件明显改善,为交通运输节能减排提供了良好的物质基础。优化车辆运力结构,引导营运客车向高中档化升级,货车向重型化、专业化和标准化方向发展。推行"中原绿色客运新干线"工程,加速运输装备升级换代。推广应用先进成熟的节油型车辆,鼓励城乡公共客运使用新能源环保型车辆。全省近70%出租车辆使用了燃气、燃油双燃料。大力推进公共物流信息平台建设,建成河南省物流信息系统,实现物流信息资源共享,大大提高了物流运作的效率,有力地提升了交通运输系统节能减排的整体水平。

中原经济区积极推进既有建筑节能改造,实施"节能暖房"工程,已完成既有居住建筑供热计量及节能改造面积800万平方米以上。积极推进供热体制改革,全面推行集中采暖按供热计量收费。加强太阳能、浅层地热能等可再生能源在建筑领域的一体化、规范化、规模化应用。大力推广复合钢筋混凝土剪力墙保温结构体系,加快发展新型墙体材料产业。严把新建建筑节能准入关,全面贯彻落实《民用建筑节能条例》,新建建筑全面执行居住建筑节能65%和公共建筑节能50%的标准。发挥公共机构示范作用,加强国家机关办公区和大型公共建筑节能管理,健全国家机关办公建筑和大型公共建筑节能监管体系。

1.3.3 存在问题

经过近几年的发展,中原经济区绿色低碳发展虽然取得了一定的成效,但仍存在一些问题。

(1)深入实施产业结构的绿色低碳化调整困难较大

河南作为全国重要的工业大省,传统工业结构中原材料和资源型工业所占比重较大,煤炭、化工、有色、钢铁、电力等行业占规模以上工业增加值的近60%。当前及今后一个时期,河南仍处于工业化进程加快阶段,随着工业化进一步推进,短时期内能源消费和碳排放量必然呈持续增长态势。低碳新兴产业规模偏小,虽然近年来河南省战略新兴产业和服务业得到快速发展,但由于基础弱、规模小,对国民经济的支撑作用不强,2013年全省战略新兴产业增加值仅占全省GDP的4.6%。全省服务业占全省GDP的32.0%,低于全国平均水平12.1个百分点。

(2)短期内实现能源消费结构调整优化面临现实制约

中原经济区非化石能源开发利用程度较低,储量条件和开发的基础设施薄弱。就非化石能源的资源储量来看,作为中原经济区主体的河南省水能资源相对匮乏,太阳能和风能资源储量为一般水平,生物质能和地热能较为丰富。由于自身煤炭资源丰富,而石油和天然气资源相对匮乏,河南省能源消费一直以来都是以煤炭为主,煤炭占能源总生产量和总消费量比重的一直都在80%以上。目前,全省水能资源基本开发殆尽,太阳能、风能、生物质能等可再生能源短期内难以形成有效替代能力,以煤为主的能源结构短期内难以根本改变。

(3)交通领域温室气体排放仍然处于增长期

随着中原经济区经济社会的不断发展,以及城镇化的快速推进,交通领域温室气体排放仍然处于增长期。今后一个时期,河南省交通基础设施和客货运输量将仍保持增长趋势。预计到2020年,全省公路网总里程将达到27万公里,其中高速公路通车里程达到8000公里以上,内河航道里程达到1855公里。在保证如此大规模的交通基础设施建设,满足持续增长的交通运输需求前提下,要坚持绿色、低碳发展理念,减少二氧化碳排放困难很大。而且河南省综合交通枢纽和一体化运输尚未建立,铁路、公路、民航等各种运输方式尚未实现高效衔接。城市公共交通结构较为单一,规划布局不尽合理,服务能力相对薄弱。交通运输能源和装备结构较为单一,交通运输对高碳能源依赖程度高,城市智能化公共交通与运营管理程度低。

(4) 生态环境保护中仍需凸显低碳绿色发展效应

今后一个时期,中原经济区经济总量仍将快速增加,后金融危机时代产业结构调整的路径和态势不确定性较大,结构性污染仍十分突出,将对中原经济区的资源和环境带来极大的挑战。林业固碳减排能力仍需提升,河南省人均森林面积为全国平均水平的1/5,人均森林蓄积量为全国平均水平的1/7,森林单位面积蓄积量只有全国平均水平的一半。农药、化肥、地膜等农资投入大,农业面源污染严重。环境容量增长的空间有限,中原经济区在新型城镇化过程中,伴随城镇化的推进,产业规模和人口规模将不断扩大,大气污染物质产生量会不断增长,对环境容量产生很大的压力。需要进一步凸显环境整治成效对绿色低碳发展的带动力,全省城镇生活污水处理率不到60%,污水处理厂厌氧产生的甲烷气体基本没有回收,产生的氧化亚氮气体全部自然排入大气中。绝大部分生活垃圾卫生填埋场产生的甲烷气体均排空处理;在处理工业废水过程中产生的大量甲烷气体没有回收利用,碳捕集利用和封存刚刚开始。

1.4 指导思想、基本原则和目标

1.4.1 指导思想

以生态文明建设为引领,以推动转型升级为主线,以探索中原经济区"两不三新"发展道路为核心,以能源、产业、农业、生态建设、建筑、交通、园区七大领域低碳化发展为突破口,综合运用调整结构、促进转型、节能降碳、增加碳汇等多种手段,创新科技,完善政策,健全机制,加快建立以绿色低碳为特征的产业体系、城镇体系、创新体系和消费体系,努力构建节约资源和环境保护的空间格局、产业结构、生产方式和生活方式,着力推进绿色发展、循环发展、低碳发展,实现人口资源环境相均衡、经济社会生态效益相统一的可持续发展,探索出一条高效率、高质量、可复制、可推广的区域绿色低碳发展新模式。

1.4.2 基本原则

把握全局,突出重点。立足经济社会发展全局,将绿色低碳发展纳入国民经济和社会发展总体规划统筹考虑;同时,紧密结合中原经济区建设的核心任务,突出重点领域和关键环节,实施重点突破和典型带动。

相互促进,协调发展。在确保经济社会持续健康较快发展的基础上,按照人口资源环境相均衡、经济社会生态效益相统一的原则,着力推进绿色、循环、低碳发展,使经济发展和资源环境、生态文明相互促进,协调发展。

创新科技,完善机制。把科技和体制创新作为推进绿色低碳发展的重要手段,坚持制度创新和科技创新同步推进,突出重点领域的核心关键技术,制定和完善政策措施,形成强有力的科技支撑和有利于绿色低碳发展的体制机制。

政府引导,社会联动。发挥政府引导作用,科学规划,明确责任,完善体制机制和政策体系;同时,深入开展宣传教育活动,使绿色、循环、低碳理念深入人心,切实增强全社会的认知度、参与度和社会责任感。

1.4.3 总体框架

在总结经验成效、查摆问题不足、分析形势任务、总结典型案例的基础上,紧紧围绕能源、产业、农业、生态建设、建筑、交通、园区七大领域的低碳化发展,理清行动思路,明确行动方向,制定行动方案,提出政策措施建议。

能源低碳化。围绕优化结构和提高能效,重点提出优化化石能源消费结构、提升非化石能源消费比重,以及提高企业、社会能源利用效率等方面的目标方向、行动方案和政策措施建议。

产业低碳化。围绕高碳产业转型和低碳产业发展壮大,重点提出淘汰落后产能、改造传统优势产业、培育战略性新型产业和大力促进服务业等方面的目标方向、行动方案和政策措施建议。

农业低碳化。围绕控制农业温室气体排放和增强适应能力,重点提出农业节能、增强土壤碳汇、推动清洁生产、实施保护性耕作、构建生态农业系统等方面的目标方向、行动方案和政策措施建议。

生态建设低碳化。围绕增加碳汇和改善生态,重点提出植树造林增强碳汇、水资源开发和大气环境保护、自然生态和城镇生态建设、农村环境整治等方面的目标方向、行动方案和政策措施建议。

绿色建筑。围绕节能和可再生能源的推广应用,重点提出建筑节能、新型建材推广应用、可再生能源规模化,以及推动城市、社区低碳试点建设等方面的目标方向、行动方案和政策措施建议。

交通低碳化。围绕智能交通体系建设和发展绿色低碳交通工具,重点提出综合交通运输体系、公共交通体系、现代物流体系,以及新能源开发应用等方面的目标方向、行动方案和政策措施建议。

绿色低碳园区。围绕园区循环化发展和低碳化转型,提出园区规划设计、管理体系等理念的低碳化,以及低碳生产、低碳设施、低碳物流系统构建等方面的目标方向、行动方案和政策措施建议。

1.4.4 行动目标

该行动方案总体目标以及重点领域低碳化发展内容具体如下:

(1)总体目标

到2020年,单位国内生产总值二氧化碳排放比2015年下降19.5%,碳排放总量得到有效控制。能源体系、产业体系和消费领域低碳转型取得积极成效,甲烷、氧化亚氮等重点领域非二氧化碳温室气体控排力度进一步加大,碳汇能力进一步增强,低碳试点区域碳排放率先达到峰值。应对气候变化统计核算、评价考核体系进一步健全,低碳试点示范不断深化,公众低碳意识明显提升。

(2)重点领域低碳化发展

产业领域。围绕先进制造业强省、高成长性服务业强省、现代农业强省、网络经济强省建设,加快推动钢铁、电解铝、水泥、平板玻璃等行业过剩和低效产能退出,控制工业生产过程温室气体排放。运用高新技术和先进适用技术推动建材、冶金、轻纺、化工等传统产业低碳化发展,培育智能制造装备、生物医药、新能源装备、新一代信息技术等新兴产业,积极发展现代物流、新兴金融、电子商务、信息服务等低碳型服务业,加快发展高效节能产业、先进环保产业和资源循环利用产业。到2020年,全省第三产业比重提高到47%左右,高技术产业占规模以上工业增加值比重提高到15%以上。

能源领域。根据国家能源消费总量和强度双控工作要求,制定煤炭消费总量中长期目标,实行目标责任管理,推进煤炭消费减量替代。综合考虑全省能源消费总量和强度目标、各地发展定位、经济发展水平、能源消费情况等因素,将能耗增量增速控制目标和能耗强度降幅指标分解至各地。组织实施能效"领跑者"制度,推动节能减排管理模式从"底线约束"向"先进带动"转变。到2020年,能源消费总量控制在2.67亿吨标准煤以内,单位国内生产总值能源消费比2015年下降16%,非化石能源比重提高到7%。

农业领域。实施农业农村节能降碳计划,加强农业机械节能,推进农村生活节能,大力发展生态农业、低碳农业。优化种植结构,积极推广选育高产低排放良种,改进耕作技术,减少农田甲烷和氧化亚氮排放。实施化肥使用量零增长行动,引导施用高效缓(控)释肥料、生物肥料和有机肥,全面推广测土配方施肥、水肥耦合一体化施肥、化肥深施等,到2020年,全省农作物测土配方施肥技术推广覆盖率提高到90%以上,农业氧化亚氮排放达到峰值。推广生态循环养殖模式,逐步提高标准化规模养殖比例,加强反刍动物饲喂配方研究,减少畜禽饲养温室气体排放。推进农村能源结构调整,开展低碳农业发展试点,大力推广农业废弃物资源化利用等模式,重点开展种养循环果菜茶有机肥替代化肥行动,实施"种—养—沼—肥"结合的生态循环农业示范工程。推动秸秆肥料化、饲料化、基料化、能源化、原料化应用,推进秸秆全量化利用示范市(县)建设,推广秸秆还田,提高土壤固碳水平。提高畜禽养殖废弃物处理和资源化能力,以沼气和生物天然气为主要处理方向,以就地就近用于农村能源和农用有机肥为主要使用方向,力争在"十三五"时期基本解决大规模畜禽养殖场粪污处理和资源化问题。推进地热能在设施农业和养殖业中的应用。到2020年,农作物秸秆综合利用率达到90%,规模畜禽养殖场(小区)配套建设粪便污水贮存处理设施比例达到75%以上。

生态建设领域。加强森林资源保护,加快绿化造林步伐,统筹城乡绿化,优化林分结构,提高森林质量和固碳能力。实施林业生态省建设提升工程,重点推进森林抚育改造、林业产业化发展,健全林业生态文明体系,增加森林面积和蓄积量,持续提高林业生态承载能力。以太行山、伏牛山、桐柏大别山为重点,实施山区营造林工程,建设种类多样、结构复杂、功能强大的山区森林植被。推进平原农区农田防护林改扩建,建设带、片、网相结合,多树种、多层次稳固的平原农林复合生态系统。加强湿地保护与恢复,加快河湖水库周边观光林带、生态湿地建设,防止水土流失,稳定并增强湿地固碳能力。推进国有林场改革,加大植树造林力度。到2020年,森林覆盖率达到25%,森林蓄积量达到2亿立方米。

交通领域。完善综合交通体系,优先发展公共交通,优化交通运输能源消费结构,大力发展智能交通系统。到2020年,全省营运客车单位运输周转量能耗和二氧化碳排放分别下降2.1%和2.6%,营运货车单位运输周转量能耗和二氧化碳排放分别下降6.8%和8%,全省市区人口数量百万以上的城市公共交通出行分担率达到30%,城市交通绿色出行分担率达到80%左右。实施绿色交通示范省创建工程。开展"公交都市"和"公交优先"示范城市创建活动。重点推进城市轨道交通、快速公交系统(BRT)、城市公交专用道等快速通勤系统基础设施工程,以及非机动车专用道和行人步道等城市慢行系统工程建设。实施节能与新能源车辆推广工程。"十三五"期间,全省新增清洁能源、新能源公交车比例提高到75%。建设全省公路水路安全畅通和应急处置系统、道路运输综合管理信息系统、多式联运综合运输服务平台、物流公共信息平台及区域交换节点、交通运输应急处置及指挥调度平台等重大项目。

建筑领域。强化城乡建设规划管理,提高新建建筑能效水平,实施既有建筑节能改造,扩大绿色建筑规模,推广绿色建材,推进装配式建筑发展。到2020年,全省城镇绿色建筑占新建建筑的比例达到50%,绿色建材在城镇新建建筑中的应用比例达到40%,装配式建筑面积占城镇新建建筑面积比例达到20%以上。全省新建建筑全面执行"65+"节能设计标准。重点实施新建建筑能效提升工程,开展超低能耗或近零能耗被动式建筑建设试点。"十三五"期间新增绿色建筑面积5000万平方米,绿色建筑实现省、市、县分级扩面倍增效应,注重室内外建筑环境优化、低能耗技术应用、现代技术集成;结合农村人居环境改善,推进绿色农房建设,促进绿色建筑量质齐升。开展绿色建材实施行动,动态发布绿色建材产品推广应用目录及相关信息,扩大绿色建材应用范围和规模,提高绿色建材应用比例。制定专项发展规划,拟订工作推进路径,完善政策标准体系,强化队伍建设,大力推进装配式建筑发展。实施节能利废新型墙体材料示范、保温绝热材料示范、新型建筑防水材料示范、建筑装饰装修材料示范、建筑钢结构示范、建筑废弃物资源化再生利用示范等重点工程,加强装配式建筑应用技术研发、集成与示范项目建设。"十三五"期间,建成3个以上装配式建筑产业示范基地。实施可再生能源建筑规模化应用工程。

园区领域。实施工业能效赶超行动,提升装备制造、食品制造、新型材料制造、电子制造和汽车制造等主导产业能级,低碳工业试点园区工业能源消费率先达到峰值。加快推进重化工业集聚区循环化改造,构建完善循环产业链,推进园区废弃物交换利用、能量梯级利用、污染物集中处理,提高能源资源利用效率。开展清洁生产技术改造和强制性清洁生产审核,全面提高产业技术、工艺装备、能效环保等水平。加强重点工业企业碳排放管理,完善温室气体排放报告制度,实施低碳标杆引领计划,在水泥、钢铁、电解铝等重点行业企业开展碳排放对标活动。实施工业锅炉(窑炉)节能改造、电机系统节能改造、余热余压利用、工业余热暖民、能量系统优化、园区系统节能改造等节能低碳重点工程。开展高碳产品替代,引导使用新型干法水泥替代传统水泥、新型合金材料或可再生材料替代传统钢材、有机肥或缓释肥代替传统化肥,减少高碳排放产品消费。严格制造业节能环保监管,控制工业生产过程温室气体排放。到2020年,工业领域二氧化碳排放总量趋于稳定。

第 2 章
能源低碳化行动方案

2.1 背景意义

2.1.1 研究背景

自从18世纪工业革命以来,人类社会进步和经济发展均建立在对能源消费的依赖上。能源作为经济发展中最重要的生产要素之一,与经济发展之间有着密不可分的关系。一方面,经济的快速发展拉动了能源消费量的大幅增长;另一方面,能源的大量投入也促进了经济的快速发展。自改革开放以来,尤其进入21世纪以后,我国经济快速发展,能源消费量也随之大幅增长,由此导致了温室气体排放的大幅增加。根据国际能源署(IEA)报告,目前我国已经取代美国成为世界一次能源消费量最大,同时也是温室气体排放量最大的国家。为了减缓能源消费量和温室气体排放量的增速,我国也制定了能源低碳化发展目标,到2020年时非化石能源占能源消费比重达到15%。2014年6月,习近平在中央财经领导小组第六次会议上提出推动能源消费、能源供给、能源技术和能源体制四方面的"革命"。能源生产和消费革命是控制温室气体排放,实现能源发展模式转型的根本要求和长期战略。完成这一重大战略任务,必须建立起顺应世界能源发展趋势、符合我国发展阶段和能源基本国情的现代能源体系。传统以煤为主、效率较低、总量增长过快的能源体系,必须通过提高能源利用效率,优化能源消费和供给结构,实现由"高碳"向"低碳"的转变。实现能源低碳化既是我国完成国际承诺控制温室气体排放的要求,也是推进能源革命、保障经济社会发展的要求。

由于自身能源资源和矿产资源较为丰富,中原经济区的经济增长一直以来都依赖于能源产业和高载能产业,经济增长对能源消费的依赖程度要高于全国的平均水平,能源消费增长速度也高于全国平均水平,中原经济区中最重要组成部分的河南省2005年到2012年间的年均能源消费增速为7.1%,高于全国平均水平(6.7%)。与全国平均水平相比,中原经济区的温室气体排放中能源活动,尤其是化石燃料燃烧的排放量所占比例较大,对温室气体排放增长的贡献也较大。2010年,河南省温室气体总量已超过6亿吨二氧化碳当量。其中,能源活动的排放量约为5.3亿吨二氧化碳当量,占总排放量的80%以上;化石燃料燃烧的排放量约为4.9亿吨二氧化碳当量,占总排放量的75%以上。2005—2010年,河南省温室气体排放量增长约1.3亿吨二氧化碳当量,其中能源活动排放增长对总增量的贡献达到99%,化石燃料燃烧排放的增长对总增量的贡献更是超过100%。由此可见,中原经济区温室气体排放中能源活动的排放占了绝大多数,而中原经济区温室气体排放的增长更是几乎全部来源于能源消费。根据钱纳里的发展阶段理论,中原经济区目前仍处于工业化的中前期阶段,未来一段时间内经济发展仍需依靠工业发展的推动。快速工业化带来的能源消费和碳排放的大幅增长已经严重制约中原经济区的经济社会发展,形成能源消费和碳排放倒逼经济发展的形势。为了控制温室气体快速增长,推动区域内能源生产和消费革命,实施能源低碳化势在必行。

2.1.2 研究意义

根据《国务院关于支持河南省加快建设中原经济区的指导意见》《中原经济区规划(2012—2020年)》中对中原经济区发展的定位,中原经济区是全国重要的工业基地和能源基地,未来的经济发展仍需依靠电力、有色金属和建材等高载能产业,总体的能源消费量温室气体排放在未来一段时间内仍将保持增加的趋势。

因此,在能源消费持续增长的前提下,实现能源低碳化将是中原经济区控制温室气体排放过快增长,实现绿色、循环、低碳发展的关键所在。结合中原经济区实际情况来看,实现能源低碳化具有重要意义。

能源低碳化是实现能源消费强度和能源消费总量"双控"的最根本要求。随着资源和环境约束的不断加强,能源消费强度和能源消费总量"双控"已是我国节能减排工作的重心。能源强度下降和控制能源消费总量增长,从根本来看是实现能源发展模式的转型,由传统高碳、无序的模式转变为低碳、有序的模式。

能源低碳化可以有效控制中原经济区温室气体和主要大气污染排放的增

长。能源消费的过快增长,给中原经济区发展带来的不利影响,除了温室气体排放量的大幅增长外,还包括主要大气污染物,如二氧化硫、氮氧化物、PM10 和 PM2.5 的增长。根据美国耶鲁大学等研究机构对中国 PM2.5 地表平均浓度的测算,中原经济区所辖的地区是中国 PM2.5 污染最严重的区域之一。通过提高能源利用效率,加大清洁能源开发利用,可以有效减缓温室气体和大气污染物排放的增长,减少气候变化和环境恶化带来的不利影响,有助于推进中原经济区的绿色、低碳、循环发展。

能源低碳化可以带动相关产业发展和升级改造,加快中原经济区整体产业结构的转型升级。推进能源低碳化,一方面会加大中原经济区对相关技术、装备以及社会服务等的需求,从而带动节能环保产业、新能源、节能低碳设备制造等新兴产业的发展,带动中原经济区整体产业结构转型升级。另一方面,能源低碳化可以加快节能低碳装备、工艺和技术的推广,带动中原经济区内传统产业的升级改造,构建低碳产业体系,有力推进区域经济的绿色、循环、低碳发展。

2.1.3　研究范围及重点

依据《国务院关于支持河南省加快建设中原经济区的指导意见》《中原经济区规划(2012—2020 年)》和《河南省能源发展中长期规划(2012—2020 年)》对中原经济区 2014—2020 年的能源低碳发展情况进行分析研究。本方案的目标是提出实现中原经济区能源低碳化的具体行动以及相关政策措施和建议,为政府相关部门制定中原经济区的绿色低碳循环发展方案提供技术支持和政策建议。

中原经济区的主体组成部分是河南省,因此本方案以河南省为研究重点,主要从能源利用效率、化石能源消费结构和非化石能源利用规模三个方面入手,对河南省能源发展现状进行分析并找出其中存在的问题。从政策措施设计和具体的节能低碳技术两方面,选取国内外典型的能源低碳化发展案例进行分析,总结其发展经验,并提出河南省能源低碳化的基本行动方向、思路和宏观发展目标。然后,在总体行动方向的基础上,提出河南省实现能源低碳化需要采取的具体行动。最后,提出政府有关部门在河南省能源低碳化行动中采取的具体政策措施。

2.2　现状和存在问题

根据河南省能源发展现状,主要存在三方面的问题:一是能源利用效率偏低,碳排放强度较大;二是能源消费结构以煤为主,单位能源消费温室气体排放量大;三是非化石能源开发利用程度较低,低碳能源发展滞后。同时结合对河南省未来发展预期,分析了能源发展的形势。

2.2.1 能源利用效率偏低,碳排放强度较大

自2000年以来,河南省能源消费量均保持较高增速,一直高于全国平均水平。2012年,能源生产总量为12666万吨标准煤,能源消费总量已达23647万吨标准煤,比2005年增长了61.69%,年均增速为7.1%,高于全国平均水平的6.7%,如图2-1所示。从能源消费增长和经济发展的关系来看,河南省能源消费弹性系数一直略高于全国平均水平(见图2-2),表明河南省经济发展对能源消费增长的依赖要高于全国平均水平,由此也导致了河南省总体能源利用效率偏低。而从单位能耗来看,自"十一五"以来河南省单位GDP能耗有了显著下降,2012年时已下降到了0.831吨标准煤/万元,较2005年下降了28.36%,能源利用效率提高明显。而就河南省能源利用效率在全国的水平来看,2011年,河南省单位GDP能耗为0.895吨标准煤/万元(见图2-3),在全国排名第15位,高于全国平均水平的0.793吨标准煤/万元,更远高于北京、江苏和广东等先进省市。由此看来,河南省由于经济结构中能源产业和高载能产业占比过大,导致了能源利用效率在全国处于较落后水平,同时导致了碳排放强度较大。

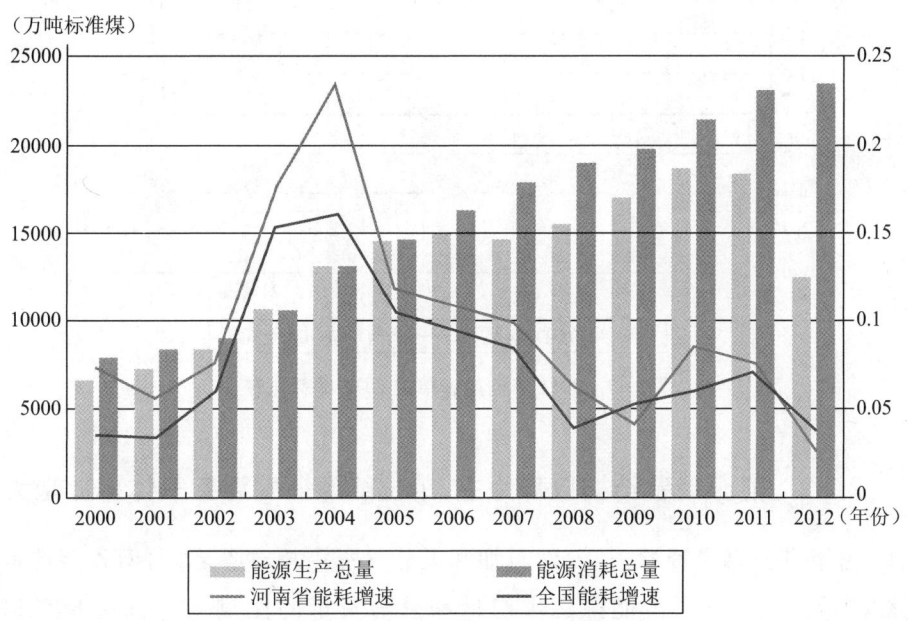

图2-1 河南省历年能源消费情况

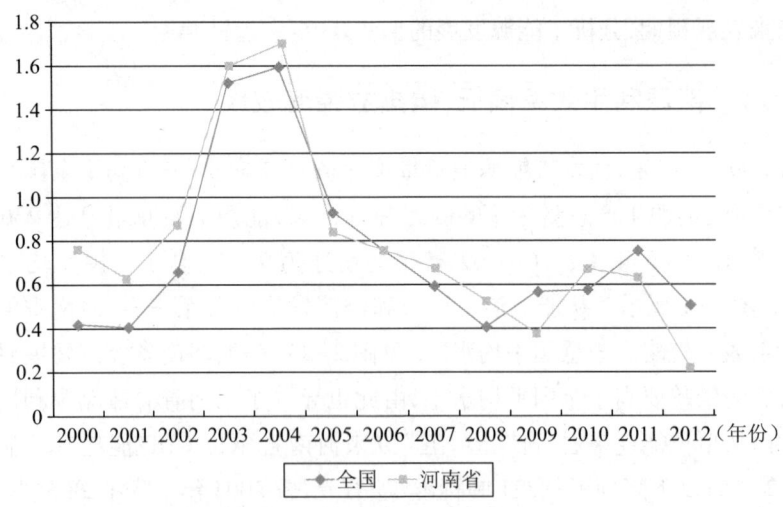

图 2-2 河南省历年能源消费弹性系数

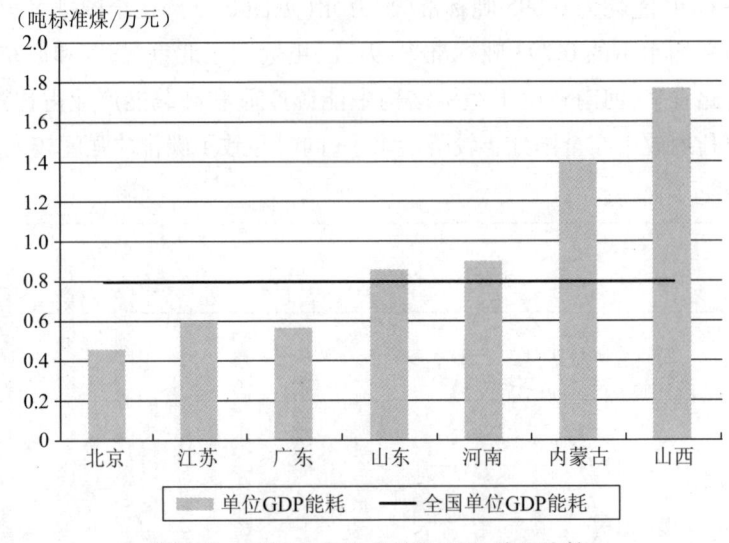

图 2-3 2011 年河南省单位 GDP 能耗比较

2.2.2 能源消费结构以煤为主,单位能源消费温室气体排放量大

由于自身煤炭资源丰富,而石油和天然气资源相对匮乏,河南省能源消费以煤炭为主,煤炭占能源总生产量和总消费量的比重一直都在80%以上,天然气所占比例不足10%。2012年,河南省能源消费总量中煤炭的占

比为80.2%,高于全国平均水平的66.6%,更远高于沿海发达省份如广东(48.7%),但低于同为国家能源基地的内蒙古(87.6%),如图2-4所示。从能源消费结构变化的趋势来看,自2005年以来,河南省煤炭消费占比下降幅度要大于全国和其他省份。"十一五"期间,河南省的煤炭占比仍与内蒙古自治区相近,但到2012年时河南省已经明显低于内蒙古自治区。可见近年来,河南省能源消费结构优化取得了一定成效,但并未扭转总体以煤炭为主的局面,天然气利用率仍较低。

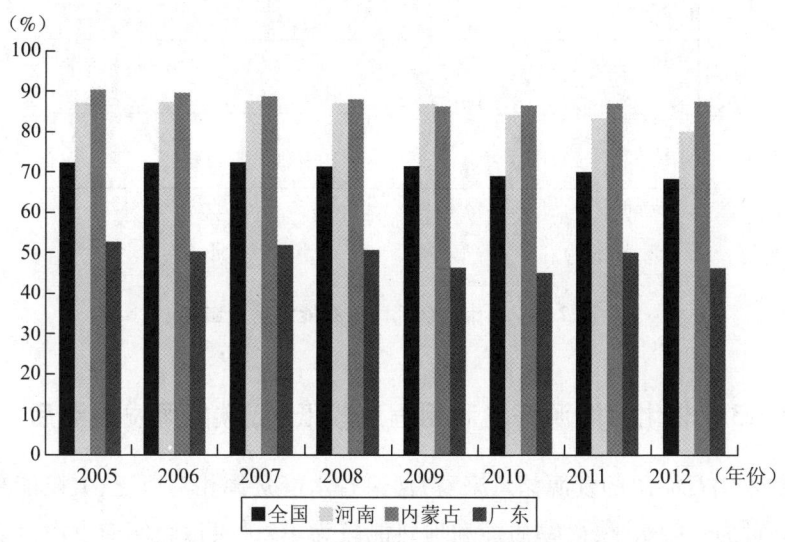

图2-4 河南省历年能源消费结构中煤炭占比

从河南省化石能源消费结构来看,工业部门能源消费结构中煤炭占工业能源消费总量的90%以上,尤其是电力生产部门,其煤炭消费占部门能源消费总量的比例最大,达到了97%,油气开采部门的能源消费总量中煤炭占比则较小,仅为32%。在其他部门中,建筑业和交通运输部门的能源消费总量中煤炭占比均小于1%,而服务业的能源消费总量中煤炭占比为51%,居民生活能源消费总量中的煤炭消费占比达到83%(见图2-5)。从煤、油、气三种化石能源燃烧排放的二氧化碳来看,2010年河南省煤炭燃烧导致的二氧化碳排放占总量的90%以上,石油和天然气燃烧引起的二氧化碳排放占比不到10%。

从单位能源消费产生的二氧化碳排放来看,2012年河南省单位能源消费产生的二氧化碳排放为2.4吨二氧化碳/吨标准煤,远高于全国平均水平的

2.2吨二氧化碳/吨标准煤。由此可见,以煤为主的能源消费结构导致河南省单位能源消费二氧化碳排放居高不下。

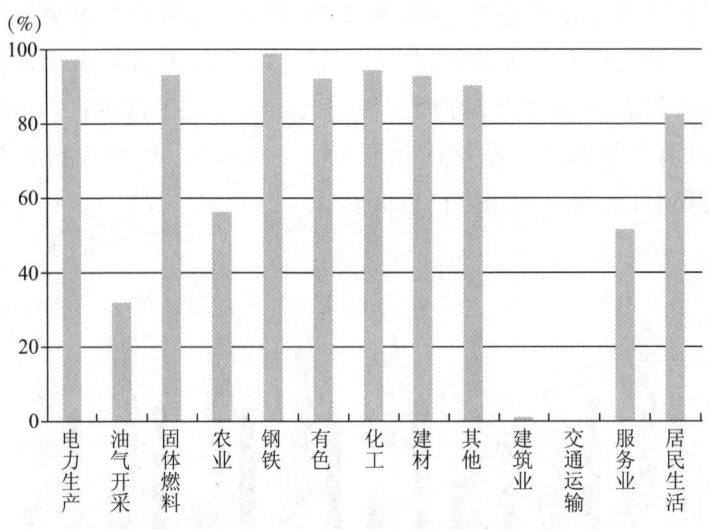

图 2-5　河南省各部门化石能源消费结构

2.2.3　非化石能源开发利用程度较低,低碳能源发展滞后

就非化石能源的资源储量来看,河南省水能资源相对匮乏,太阳能和风能资源储量为一般水平,生物质能和地热能较为丰富。目前,河南省内水能资源已经开发殆尽,几乎没有进一步开发利用的潜力。太阳能资源开发利用水平远远落后于国内发达省份。太阳能热水器普及率远低于全国平均水平,集热面积只有350万平方米,太阳能发电刚刚起步。风电发展落后于邻近的山东、河北等省,2010年底装机容量不足15万千瓦,分别是山东省和河北省的5%和3%,甚至低于风电资源相近的安徽省。生物质能开发利用起步相对较早,2010年河南省燃料乙醇产量55万吨,农村户用沼气361万户,大中型沼气2360处,生物质能发电装机容量33万千瓦,生物质能开发利用已具有一定规模,但在全省能源消费总量中的占比仍较低,利用效率仍有待进一步提高。河南省地热资源热储面积为整个省内国土面积的25.2%,年开采量约5000万立方米,但勘探投入不足,开发管理较混乱,资源浪费严重。总体来看,河南省虽然各种非化石能源资源储量均较为丰富,但开发利用程度较低,低碳能源总体发展滞后。

2.2.4 面临形势

从未来的发展来看,河南省及中原经济区是未来全国重要的经济增长板块,引领中西部地区经济发展的引擎,支撑全国发展新的增长极,在未来一段时间内河南省仍将保持较快的经济发展速度。而从总体产业结构来看,河南省仍处于工业化的中前期,经济发展仍需依靠工业拉动,第三产业对经济发展的贡献仍较小,而这一局面难以在短期内得到改变,而随着工业化进一步推进,河南省及中原经济区的能源消费和碳排放量必然呈持续增长态势。同时,河南省及中原经济区已进入城镇化加速发展的阶段。随着全省城镇化的快速发展,人民生活水平普遍提高,对能源消费需求强劲,建筑、交通、基础设施等相关领域能源消费将呈刚性增长,碳排放量势必相应增长。从能源结构方面来看,由于区域煤炭资源较丰富而油气资源匮乏,可再生能源在总体能源消费中占比又太小,难以迅速扩大规模,以煤炭为主的能源消费结构在短期内难以扭转。

2.3 国内外发展路径及经验借鉴

总体来看,在能源低碳化领域,河南省在国内仍处于较落后的水平,能源利用效率偏低,化石能源消费仍以煤炭为主,非化石能源发展滞后。因此,迫切需要参考发达国家以及国内先进地区的低碳能源发展模式和经验,提出符合河南省实际情况的能源低碳化发展模式和路径。

2.3.1 美国可再生能源发展案例

自20世纪的石油危机以来,为了保障能源供应安全,同时积极应对全球气候变化,西方国家纷纷把可再生能源作为其能源发展战略的重点,予以了高度关注并出台了一系列的政策措施来加快本国的可再生能源发展。其中,美国由于其可再生能源利用政策体系完善,激励力度大,能够较好协调各关联方的利益,可再生能源产业发展迅速,可再生能源利用规模增长迅速。2009年,美国全国共消耗3.25万亿吨标准煤可再生能源,其中生物质能占51%,风能占9%,热能占5%,太阳能光伏发电占1%。美国可再生能源利用总量较1973年增长76%,较1990年增长26%。

目前,美国在可再生能源方面已形成系统的综合性政策和措施,其中包括法律法规、约束性指标等管理性政策,也有税收抵免、直接补贴、金融支持等激励性政策。美国联邦政府通过管理性政策为可再生能源发展扫除体制和政策的障碍,提供市场空间。通过激励性政策支持可再生能源技术的产业化,调动各方投资和应用可再生能源的积极性。

从可再生能源法律法规来看,美国联邦政府目前已颁布10部以上有关可再生能源的法律法规。这些法律法规有两个特点:一是保持了新旧法规的一致性,新法律法规多以原有法律法规为基础进行适当的调整、完善后形成;二是新法律法规尽可能吸收和反映与可再生能源发展密切相关的技术、经济以及政治领域的最新成果。

从约束性指标和配额制度来看,在可再生能源技术尚处于产业化的早期阶段,美国联邦政府在可再生能源产业化过程中率先垂范,针对联邦政府所属机构制定了可再生能源约束性指标。如《联邦能源独立与安全法案(2007)》第523条要求联邦政府所属的新建筑以及进行大修的建筑至少30%的生活热水必须源自太阳能。随着可再生能源技术产业化的不断推进,美国联邦政府制定的约束性指标覆盖的范围逐步拓展。比如《美国复苏和再投资法案(2009)》要求所有的电力公司到2020年其电力供应中要有20%的比例来自可再生能源和能效改进,其中15%来自风能、太阳能等可再生能源。

从经济激励政策来看,美国联邦政府对可再生能源发展的激励政策主要包括税收抵免、直接补贴、加速折旧、基金支持和信贷担保。其中税收抵免是美国联邦政府最主要激励措施,根据可再生能源发展,及时调整税收抵免的覆盖范围和抵免额度。而基于《美国复苏和再投资法案(2009)》的拨款,美国财政部和能源部采取直接付款形式,对5000个可再生能源项目设施进行补贴以扶持其发展。同时为使可再生能源的投资人加快回收投资成本,美国联邦政府在《能源税法案(1979)》中提出,可再生能源利用项目可以根据联邦加速折旧成本回收制度享受加速折旧优惠。美国联邦政府还专门设立基金,用于扶持可再生能源的发展和推进能效改进。另外,美国联邦政府还建立专项基金,并发行了清洁可再生能源债券和节能债券,对可再生能源项目进行资金和信贷支持。

就美国可再生能源发展以及政策措施体系来看,对河南省能源低碳化发展的启示包括以下几点:一是需要制定导向明确和可操作性强的法律法规,河南省可根据区域的实际情况,在国家已有的可再生能源发展的法律法规以及政策文件基础上,制定可操作性强的地方法规,对可再生能源发展中的具体问题如新能源发电上网、电价机制等进一步做出更明确的规定,同时需要根据区域内可再生能源利用的形势,及时对这些法规进行调整;二是在制定河南省可再生能源政策时,需要综合考虑产业发展方向和区域资源禀赋,相关政策措施需要有针对性;三是河南省目前的可再生能源利用仍处于早期阶段,需要通过政府垂范、资金扶持和制定约束性指标等措施,加大对可再生能源产业的扶持。

2.3.2　苏州市节能管理案例

苏州市以江苏省的相关政策为指导,结合本地实际现状,形成了一系列能效政策法规和措施,在节能减排以及能源利用管理等领域取得显著的成果。在苏州市节能减排和能源管理措施中最值得的注意的是"能源管理数字地图"系统和"能效之星"计划。

苏州市在已有能源审计制度的基础上,建立了"能源管理数字地图"系统,此系统主要包含以下功能:可以在大量基础数据完备的前提下建立数据库,可以链接数据信息并实时更新,可以对指标体系进行对比和分析。此系统的建立不仅可以为政府制定地区节能相关政策提供科学依据,还进一步推动了节能管理工作的实施。

苏州市借鉴了美国"能源之星"计划和日本"领跑者"计划,开展实施了"能效之星"计划。该项计划以苏州市符合国家产业政策、年耗标准煤5000吨以上、在同行业中能效处于较先进水平、通过能源审计发现存在节能潜力的重点用能单位为对象。活动的核心内容为:企业与苏州市经贸委签订"节能自愿协议书",在1年的周期内,对象企业采用自愿协议、过程控制、成果评价、总结推广的模式,加强节能管理,采取切实可行和先进的节能技术措施,最大限度地提高能源利用效率,降低二氧化碳排放。同时,政府部门为"能效之星"企业提供节能培训、能源管理体系建设及考评指导、节约量认定咨询、项目专项能源审计、项目节约量的计算、合同能源管理推介等服务。

结合河南省的实际情况来看,苏州市能源利用管理对河南省能源低碳化发展的借鉴意义在于:一是加强能源消费和温室气体排放的监测系统和数据库的建设,目前河南省虽然已经建立了重点企业的能源消费上报系统,但是数据上报数量和质量都有待提高;二是在已有河南省千家企业节能低碳行动的基础上,开展和推广企业自愿协议,进一步提高企业能源利用效率。

2.3.3 山西省煤层气利用案例

山西作为全国煤层气资源最丰富的省份,煤层气储量10.4万亿立方米,占全国总量的1/3。2012年,山西省煤层气抽采量69.2亿立方米,约占全国总抽采量150亿立方米的46%;煤层气利用量34亿立方米,约占全国总利用量60亿立方米的57%。煤层气开发已经初具规模,在煤层气开发利用方面积累了经验。山西煤层气开发利用政策以"煤层气20条"为代表,有以下特点:

产业布局合理,开发利用科学有序。山西以打造"11265"煤层气产业开发布局为重点,对全省的煤层气开发利用进行了综合布局。同时,山西省政府还鼓励企业加大煤层气勘探开发的资金、技术、人才等投入,进一步提高开发投资效益。

产业链条完善,瞄准行业高端。"煤层气20条"涵盖了资源勘探开发、抽采利用、应急调峰储气设施建设、煤层气装备制造业发展、重点项目建设、市场开拓等关键环节,并且都有明确的政策指向,这对于构建煤层气全产业链条至关重要,也将推动煤层气产业高端化发展,提升产业核心竞争力。

推进矿权改革,完善开发管理机制。长期以来,由于煤炭矿权与煤层气矿权分置,引发了煤层气与煤炭矿权重叠现象,影响到煤层气资源的开发利用。"煤层气20条"中提出深化矿权管理改革,做好煤层气分级审批试点工作,完善准入和退出机制,提高勘探阶段最低投入标准,实行限期开发制度,做好探矿权转采矿权工作。同时,山西省积极扶持了一批重点燃气骨干企业,鼓励企业间开展多种形式合作,鼓励企业以资源、资本、市场、技术为纽带,发挥各自优势,适时组建大型煤层气企业集团,提升煤层气综合开发能力和运营管理服务水平。

河南省也属于煤层气资源较为丰富的地区,但是目前区域内的煤层气开发利用却落后于山西省,除了受技术因素制约外,煤层气开发利用制度设计也有待改善。因此,河南省可仿照山西省的"煤层气20条",以申请国家煤层气矿权改革试点为核心,优化整个区域的煤层气开发利用布局,完善和延伸煤层气产业链条,在煤层气产业中引入竞争机制提高开发利用效率。同时参照煤层气开发利用管理政策,组织对页岩气的开发利用管理制度进行前期设计,以促进河南省页岩气的开发利用。

2.3.4 "绿色煤电"技术案例

所谓"绿色煤电"技术,就是以整体煤气化联合循环发电技术(IGCC)和碳捕集与封存技术(CCS)为基础,以联合循环发电为主,并对污染物进行回收,对二氧化碳进行分离、利用或封存的新型煤炭发电技术。在IGCC系统中,煤经过气化产生合成气(主要成分为一氧化碳等),经除尘、水洗、脱硫等净化处理后,净煤气到燃气轮机燃烧驱动燃气轮机发电,燃机的高温排气在余热锅炉中产生蒸汽,驱动汽轮机发电,其最大的特点是在煤气燃烧前就将污染物排除。煤在气化炉中生成粗煤气,实现99%以上的污染物脱除效率。而通过进一步与CCS技术结合,对二氧化碳进行捕集和回收,从而基本实现燃烧过程中的"零排放"。

2004年,华能集团率先提出"绿色煤电"计划,计划用15年左右的时间建成"绿色煤电"近零排放示范电站,2012年底第一座电站——华能天津IGCC电站正式投产。根据工程设计数据,天津IGCC电站发电效率为48%,供电效率为41%,发电标准煤耗255.19克/千瓦时。天津IGCC电站供电煤耗可与60万千瓦超超临界火电机组相当,相比20万~30万千瓦等级常规火电机组,供电煤耗可降低约6.67%~10.48%。

结合河南省的实际情况来看,煤电是区域内最大的温室气体排放源,在区域内引进和扶持绿色煤电技术发展,建设绿色煤电示范电站,可以为控制煤电的温室气体排放奠定技术基础。

2.4 行动方向与目标

2.4.1 行动方向

根据对河南省能源消费现状的分析,以及对国内外低碳能源发展案例、模式的总结,本方案将河南省能源低碳化行动进行如下定位:坚持"内节外引"战略思路,加快推动河南省能源生产和消费革命,以控制能源消费的温室气体排放过快增长为核心,以能源消费强度和能源消费总量"双控"为主线,以提高能源利用效率、优化化石能源消费结构、提高非化石能源利用规模为主要行动方向。

就提高能源利用效率的具体行动来看,主要是以控制区域能源消费强度作为核心,分为政府和企业两个方面具体行动。其中,政府方面主要包括目标管理、落后产能淘汰、能效对标制度,节能自愿协议、节能量交易制度,管理协同机制等方面,通过落实政府已有的政策措施并提出建议采取的新政策措施来加强政府的节能管理能力。企业方面包括从加快节能技术推广、建设企业能源管理体系、推广企业合同能源管理技术等方面应采取的措施以及与政府部门互动机制。

就优化化石能源消费结构的具体行动来看,主要以控制煤炭消费总量和温室气体排放量为重点,从天然气利用、煤炭利用和电网低碳化三方面采取具体行动。其中,天然气利用方面,主要是分常规天然气、煤层气和页岩气三个部分,通过基础设施建设、完善开发利用管理制度设计等方面来提高河南省天然气利用规模。煤炭利用方面,则是从加强煤炭洗选加工,推广煤炭高效清洁利用技术,加快碳捕集、封存和利用技术的应用推广,增加煤炭资源引进,减少煤炭生产碳排放五方面来提高河南省煤炭清洁利用水平。电网低碳化方面,通过加快技术改造、加快基础设施建设、加强清洁电力引进、加强电力需求侧管理等措施提高河南省电网低碳发展水平。

就提高非化石能源利用规模的具体行动来看,主要以加快可再生能源开发利用为重点,分不同的能源种类采取相应的具体行动。其中,在生物质能方面,通过加强沼气开发利用,改善生物质原料、组织、供应和运行体系,加强其他生物质能技术开发和产业化,加强生物质能装备产业化,来扩大河南省生物质能利用规模。在风能、太阳能、地热能等其他可再生能源方面,则是从完善开发利用制度设计入手来扩大开发利用规模。

2.4.2 行动目标

行动目标主要包括提高能源利用效率、优化化石能源消费结构和扩大非化石能源利用规模等。

(1)提高能源利用效率

以《河南省"十三五"节能减排综合性工作方案》为依据,切实落实好节能目标管理、落后产能淘汰、能效对标、企业节能技术推广、合同能源管理制度推广等已有工作,建立节能自愿协议、节能量交易制度、节能管理协调机制、企业能源利用管理制度,提高地方政府节能管理工作效率和企业的能源利用效率,促进河南省能源利用效率的提高,顺利实现能源消费强度和能源消费总量"双控"。到2020年万元国内生产总值能耗较2010年下降30%,万元工业增加值能耗进一步降低。

(2) 优化化石能源消费结构

以《河南省"十三五"能源发展规划》《河南省能源中长期发展规划(2012—2030年)》为依托,加强常规天然气、煤层气和页岩气的勘探开发,省外天然气资源引进,煤炭加工选洗,煤炭高效清洁利用技术推广等已有工作的落实,同时完善煤层气和页岩气开发管理机制,探索减少煤炭生产碳排放的措施。切实提高河南省利用天然气、煤层气、页岩气的能力,扩大天然气利用规模。提高河南省煤炭入洗率和清洁利用水平,提高控制煤炭消费总量和碳排放的能力。提高河南省发电效率和基础设施建设水平,加快热电联产发展,加强区域清洁电力的引进。预计到2020年,天然气占能源消费的比重将达到10%。

(3) 扩大非化石能源利用规模

以《河南省"十三五"能源发展规划》《河南省能源中长期发展规划(2012—2030年)》为依托,加快河南省非化石能源的开发利用。在生物质能领域,建成一批工农业重点沼气利用工程,形成完备的纤维乙醇产业体系,生物质原料、组织、供应和运行体系明显改善,其他生物质能技术研发和产业化取得明显进展,河南省总体利用生物质能资源的能力显著提高。在其他可再生能源领域,投产一批风电和光伏发电项目,分布式光伏发电、太阳能热水系统、热泵系统在区域内得到推广,风能、太阳能和地热能使用规模和开发利用能力显著上升,总体呈现合理布局、有序开发的局面。预计到2020年,非化石能源占能源消费的比重将提高到8%。

2.5 重点行动

2.5.1 能源利用效率提高

通过节能管理强化行动、企业能效提高行动等提高能源利用效率。

(1) 节能管理强化行动

根据河南省的实际情况来看,政府仍然是节能减碳工作的主要实施主体。因此,要进一步提高区域能源利用效率,仍需依靠地方政府的科学管理。而从"十一五"期间的地方政府的节能管理情况来看,主要存在以下几点问题:政策措施单一,已有节能管理主要采用行政、法律手段为主,经济激励为辅的手段;能效标识管理、自愿协议等新型政策措施仍处于试点和探索阶段;管理定位有待完善,已有节能政策和措施从制定到具体的实施管理,基本上是采用政府行政手段的方式,企业的自主性无法得到充分发挥;政策措施协调困难,地方政府已实施的节能管理政策和措施往往是独立实施,相关管理措施之间缺乏协调,效率有待进一步提高。为了能解决上述问题,本方案提出政府节能管理强化行动。

加强目标管理。目前河南省已经建立了从省到市、从市到县逐层分解的节能目标管理模式,在实施过程缺乏对目标追踪管理和预测。因此,建议政府部门加强对各层面能源强度、能源消费总量和碳排放强度目标的追踪管理,建立健全节能监察制度,制定明确、量化的惩罚措施,在进行目标分解的同时,制定较为详细的节能减碳目标日程表,严格追踪和管理目标的完成进度。另外,建议政府主管部门建立节能减碳目标预警机制,以河南省能源消费和经济发展的月度和季度统计数据为基础,进行实时的整理和分析,根据预定目标日程表反馈不同的预警等级,以督促各级地方政府和企业完成节能减碳目标。

加快落后产能淘汰。以往地方政府在落后产能淘汰领域已经取得较大成就,建议在以往工作和已有规划的基础上,以钢铁、建材、有色金属、化工、制革和印染行业为重点,进一步加强落后产能淘汰工作的监督和考核,完善淘汰落后产能公告制度,接受社会监督。对未按期完成淘汰任务的地方,建议通过控制其新建投资项目的方式,来促使其加快淘汰。对未按期淘汰的企业,建议采用依法吊销生产许可证、排污许可证和安全生产许可证等强制措施。同时为了充分发挥企业在淘汰过程的自主性,建议由当地政府部门引导企业在淘汰落后产能过程中发展新兴产业和特色产业,加快产品结构升级。在淘汰过程中,适当采取经济激励措施,通过地方财政安排专项资金的方式,重点用于解决职工安置、企业转产、债务化解等问题。

推进能效对标。为了充分激发企业在节能减碳工作中的自主性,建议政府部门进一步加强强制性能效标准和限额的管理,对达不到要求的企业坚决不允许投产。建立引导性的"领跑者"能效标准制度,确立重点行业能效标杆。通过加强企业能源审计,并定期统计和公布企业的能效水平,加强同行业、同类型企业的能效对比,以促使落后企业认识到差距,引导企业提高能源利用效率。可采取建立能效对标奖惩制度的方式,进一步提高企业的积极性,对标杆企业和达标企业可以采用给予补贴、税收优惠等激励措施;而对于未达标的企业,建议采取警告、公告、命令、罚款等措施。同时,建议政府部门对相关的法律法规和标准体系进行进一步完善,建立较为完备的企业产品单耗地方标准体系,并加强企业固定资产投资节能评估,对产品单耗无法达到标准的项目一律不允许建设。

推广自愿节能协议。目前,河南省政府部门对企业节能减碳工作进行管理,最主要措施是河南省千家企业节能低碳行动,为了提高企业在节能减碳行动中的自主性和积极性,可以在已有千家企业节能低碳行动的基础上进一步推广自愿节能协议。就自愿协议的具体实施来看,建议河南省以碳排放总量在5000吨以上的企业为主要对象,先由政府主管部门和企业根据企业自身实际情况商定节能减碳目标并限制完成期限。在协议期间,政府主管部门向企业提供节能培训、能源效率管理体系建设及考评指导、节约量认定咨询、项目专项能源审计、项目节约量的计算、合同能源管理推介等服务,以帮助企业实现商定的节能减碳目标,同时由监督机构对协议的实施情况和节能目标的完成情况进行定期评估。协议到期后,政府根据企业完成情况进行相应的奖励,在资金方面可以给予工业部门或者企业以财政、税收方面的优惠,而政策方面可以给予企业在项目审批和总体用能管理上一定的优先。同时,为了保证自愿节能协议的顺利推广,建议政府部门建立相关的项目信息和管理平台,以方便企业加入自愿协议。同时加强节能量和碳减排量的核查能力建设,在河南省内扶持一批第三方核查机构。

建立节能量交易制度。就节能减碳的市场化机制来看,目前河南省已经开始进行碳排放交易的前期准备工作。结合河南省实际情况,建议政府部门分企业与地方政府两个层面,开展河南省节能量交易工作。就企业交易机制的具体实施来看,建议采取节能量和碳排放配额共同交易的方式。首先,依据河南省节能量目标和碳排放强度目标确定节能量和碳排放配额总量。其次,对重点企业的节能量和碳排放配额进行分配。最后,由监督机构对各企业的节能量和碳排放量进行认证、核算并进行交易。就地方政府层面交易来看,建议采取能源消费配额交易方式,在确定各市、县的能源消费总量后,部分市、县可以根据自身的发展情况,将富余的能源消费配额与其他市、县进行交易,而另一部分的地市则可能由于新上项目过多,导致能耗增长过快超出了能源消费量配额的限制,可以通过购买来增加自身的配额,完成省政府下达的能源消费总量控制目标。

加强节能措施协调。本方案已针对加强地方政府节能管理能力提出了一系列改进建议。但如果想要使整个节能管理与政策执行体系保持良好高效的运行,必须将各项能效政策执行机制进行有机整合,实现能效政策执行机制的联动和协调,形成合力,提高政府管理效率。就政府部门已有的政策措施来看,重点是河南省千家企业节能减碳行动和各项重点节能工程,因此基于这两者来进行推广的企业自愿节能协议将会是建议措施中的基础,能效对标、落后产能淘汰中相关指标,可作为企业自愿节能协议中的节能目标来实施。在政府部门与企业签订自愿协议时,可以根据企业实际情况,采用其中一项或多项作为目标,进行统一管理和实施,减轻企业负担,同时提高政府部门的工作效率。节能量交易制度则是作为自愿协议的辅助,以降低企业的节能成本,提高企业在节能过程中的积极性。

(2)企业能效提高行动

从河南省能源消费和温室气体排放的历史数据来看,工业能源消费和由此引起的温室气体排放占总量的70%以上,因此提高工业企业的能源利用效率是河南省实现能源消费强度和能源消费总量"双控"以及能源低碳化的重点。从以往区域内工业企业的节能工作情况来看,主要存在以下问题:一是节能技术仍需进一步推广,虽然在"十一五"期间区域内大量企业都进行了节能技术改造,但总体来看仍有许多适用的节能技术未能得到推广使用;二是企业内部能源管理体系不完善,许多企业并不重视自身能源管理体系的建设,然而根据已有研究来看,企业内部能源管理体系的建设和完善,最高可以提高10%的能源效率;三是企业在有节能技改意愿时,缺乏相关技术引导,同时节能技改往往存在一定风险,由此降低了企业提高能源效率的积极性。因此,本方案提出企业能效提高行动,包括加强节能技术改造,推进企业能源管理体系建设和进一步推广合同能源管理三方面的内容。

加强节能技术改造。结合本方案提出节能管理强化行动,建议区域内加强节能技术改造的行动,采取由政府主管部门引导,以能效对标等节能管理措施为抓手,通过推广企业自愿节能协议,完善节能技改激励措施,根据各个工业行业的实际情况,推进企业的节能技术改造和节能低碳技术的推广。分行业来看,在有色金属工业领域,建议推广新型阴极结构、新型导流结构、高阳极电流密度超大型铝电解槽等先进低碳工艺,推广发展大型铝电解系列不停电(全电流)技术及成套装置、短流程连续炼铅冶金技术和液态高铅渣直接还原炼铅新工艺、新型湿法锌冶炼工艺、新型竖窑镁冶炼煅烧技术。针对钢铁工业,建议推广干法熄焦技术、高炉高效喷煤和余热余压回收技术,以及蓄热式燃烧、电炉烟气余热回收利用、低温轧制、在线热处理、高炉渣及钢渣显热回收等节能技术。针对化学工业,建议推进合成氨行业化肥原料路线和技术路线的改造,发展大型高效造气炉,逐步淘汰固定层间歇式煤气化装置,推进烧碱零极距、氧阴极等离子膜烧碱电解槽节能技术改造,推广纯碱行业蒸汽多级利用、变换气制碱技术、新型盐析结晶器及高效节能循环泵,推广电石行业大型密闭式电石炉,重点推广炉气利用、空心电极等低碳技术。针对石油石化工业,建议实施抽油机驱动电机节能改造,推广不加热集油技术和油田采出水余热回收利用技术,推广高效换热器。针对建材工业,建议重点改造提升大型新型干法水泥生产线,鼓励利用现有2000吨/日及以上新型干法水泥窑炉协同处置工业废弃物、城市污泥和生活垃圾,推广实施水泥粉磨站节能改造,全面提高洛阳浮法玻璃成套工艺技术与装备,普及纯低温余热发电技术。同时,建议政府部门在落实已有节能补贴和节能技术推广政策的基础上,加强企业节能目标管理和能效对标,促使企业主动采取更多的先进节能技术;拓展激励措施的方式和覆盖范围,采取建立工业节能技术推广基金、财政补贴和奖励、投资补助和贴息、税收优惠、绿色信贷等多种形式激励企业进行节能技术改造;加强激励措施的差异化,建议出台财政资金投入细则,细化激励政策,采取差异化的激励方式和额度。

推进企业能源管理体系建设。根据河南省的实际情况,建议首先在有色金属、钢铁、化工、建材等高耗能行业建设一批企业能源管理中心,建立企业内部能源管理体系。在行动初期,建议采取由政府制定工作计划、列出分步实施的企业名单、引导企业建立能源管理体系的方式。建议由政府主管部门组织对企业能源管理骨干人员进行培训,使其全面掌握能源管理体系标准要求和企业能源管理体系建立、实施、保持、改进的方法步骤,保证能源管理体系建设取得实效。同时,建议与政府节能管理强化行动结合,加强企业能源审计、能效对标,全面剖析企业能源管理和利用现状,针对能源管理和利用过程,策划管理控制措施。确定企业能源方针,针对能源利用过程建立能源目标、指标体系,确定机构和职责,配置资源,制定管理工作程序和方法,编制能源管理体系文件并组织实施。最后,采取由政府主管部门组织专家对企业能源管理体系建设情况进行现场评价的方式,确定企业能源管理体系情况,并根据评价结果颁发证书。

进一步推广合同能源管理。根据区域内合同能源管理发展现状,建议从以下几个方面进行合同能源管理的进一步推广:一是拓展合同管理服务范围,以工业企业为重点推广合同能源管理,鼓励中小型工业企业充分利用合同能源管理技术和资金优势实施节能改造,同时逐步向公共机构、居民生活、农业等多领域转变,扩大节能服务范围;二是建立第三方节能量监测与核证机构,对合同能源管理项目节能量进行核证,避免出现项目纠纷;三是将金融信贷信用与合同挂钩,完善金融信贷信用资质与合同挂钩的政策与机制,通过金融信贷资质限制恶意违约的情况出现;四是建立合同能源管理信息平台,对全省范围内的合同能源管理项目实施备案,同时在信息管理平台上予以公示,实现多方监督和打包完成节能项目;五是建设节能投融资平台,为节能服务公司提供融资担保等业务,带动更多的市场资金进入节能产业,并推动节能服务公司持续发展;六是培育核心企业,有目标、有针对性地选择一批基础条件好、市场潜力大、整体带动性强的专业节能服务机构给予全方位支持,积极引导拥有关键技术的企业直接或与节能服务公司联合进入节能市场。

2.5.2 化石能源消费结构优化

通过"气化"河南行动、煤炭清洁高效利用行动、电网低碳化行动等优化化石能源消费结构。

(1)"气化"河南行动

根据河南省能源消费现状可知,煤炭燃烧是区域内最大温室气体排放来源,想要减缓区域的温室气体排放,采用排放因子较小的天然气替代煤炭是必经之路。同时,扩大煤层气和页岩气等非常规天然气利用规模也是控制区域能源消费总量不可或缺的方式。就区域内的资源可利用情况来看,区域内的常规天然气资源主要分布在东濮凹陷和南阳盆地。东濮凹陷是河南省内最重要的油气基地,截至2010年底,东濮凹陷累计探明天然气地质储量1355亿立方米,探明率为35%,还具有一定的勘探潜力。就煤层气来看,区域内资源比较丰富,煤层埋深在2000米以内,煤层气资源量近1万亿立方米,11个主要煤田煤层气资源达8800亿立方米。而从页岩气资源情况来看,河南省页岩气储量位居全国第十,区域内沉积岩分布面积约8万平方公里,占全省面积的50%,厚度一般为4000~5000米,最厚可达万余米,具有良好的物质基础和成藏条件,存在着较好的寻找油页岩的前景,页岩气资源潜力巨大,开发前景十分广阔。同时,河南省地处全国中心地带,紧邻全国煤层气储量最大的山西省,国家西气东输管线也从区域内经过,河南省引进省外天然气资源的基础条件较好。为了充分利用地区资源和区位优势,提高河南省天然气利用规模,本方案提出"气化"河南行动。

扩大天然气使用规模。就资源储量来看,区域内的常规天然气资源相对匮乏,加强资源引进和开发是扩大天然气使用规模的前提条件。建议政府部门进一步发挥河南省区位优势,积极争取国家规划的骨干天然气管道途经河南省,同时加强与中石油、中石化、中海油等油气公司和山西、新疆等省区的合作,依托现有的西气东输一线、二线、榆济线,以及计划新增西气东输三线、五线,新粤浙线,新鲁线,山西煤层气晋城—博爱专线和进口LNG专线等气源,加强省外天然气资源的引进。另外,由于省内天然气资源仍有一定开发潜力,建议相关企业继续加大东濮凹陷及外围常规天然气资源勘探开发力度。

从燃气管道基础设施建设来看,建议政府部门组织完善区域内省级燃气干网和地方支线管网建设,扩大管道燃气覆盖面积,尽快将管道燃气覆盖到区域内定的城市、产业集聚区、乡镇、新型农村社区等用气集中区域,建成多种资源互通互补统一调控、上中下游协调有序的供应网络。同时建议由政府部门对天然气储配设施建设进行统筹规划,加快推进中原油田、平顶山叶县等大型储气库和LNG等应急调峰设施建设,建立完善天然气应急储备体系。组织开展全省输油气管线安全专项排查整治活动,保障全省范围内油气管线的安全。

从天然气利用来看,政府部门根据资源条件和国家天然气利用政策,对天然气利用进行合理规划,优先发展城市居民生活、公共福利、燃气汽车用气,以中原城市群为重点,优先发展以气代油、代煤和代煤气项目,重点对中心城区的燃煤工业锅炉进行改造和燃料置换。同时建议政府鼓励各地因地制宜发展天然气分布式能源和建设城市燃气供热设施,并积极扶持高新技术产业、电力、金属冶炼、玻璃加工、陶瓷、食品加工等高效能工业用气。

扩大煤层气开发利用规模。就煤层气的开发利用来看,河南省资源较丰富,但目前利用量仍不大,需要加大煤层气资源勘探开发力度。建议由政府部门统筹组织,首先以平顶山、焦作、安阳—鹤壁、义马、郑州等五个地区为重点,建设煤层气规模化抽采矿区,同时推进平顶山等矿区煤层气地面开发试验工程建设。在完成重点地区的煤层气开发建设后,建议相关企业针对高瓦斯或煤与瓦斯突出矿井全面实施井上下联合抽采。而未开发的后备煤层气资源,建议由政府部门统一管理,按照"先采气、后采煤"的原则,实施地面煤层气开发。由于河南省有相当部分的煤层气矿区属于开采的不利区域,以现有技术进行开发成本较高,安全性无法保障,技术因素成为制约河南省煤层气开发利用的主要因素之一。因此,建议以河南省煤层气公司和相关科研机构为依托,加快科研攻关,尽快开发出适合河南省的煤层气开发技术。

从煤层气利用的基础设施建设来看,建议由政府部门组织在平顶山、焦作等煤层气主产气区,按照"就近入网"的原则,建设主产气区至附近省级干网或市域支线的连接线,实现与常规天然气管网的互联互通。

从煤层气开发利用制度来看,"矿权重叠"是多年来困扰煤层气开发的主要问题。因此,建议政府部门以解决"矿权重叠"为重点,推进煤层气矿权管理改革,促进煤层气的商业化开发。建议河南省政府效仿山西省,积极申请国家煤层气矿权两级管理试点,同时尽快进行煤层气矿权管理改革的前期调研和评估,制订具体工作方案,选择试点区域,做好试点各项前期准备。另外,建议政府建立煤层气开发的准入和退出机制,提高勘探阶段最低投入标准,实行限期开发制度,做好探矿权转采矿权工作,合理配置资源,提高资源开发利用效率。为加快煤层气的开发利用,建议政府部门全面清理整合涉及煤层气产业建设管理的行政审批事项,简化环节,开辟"绿色通道",为重点煤层气项目提供联合会审"一站式"服务。

加快页岩气资源开发。河南省目前的页岩气开发仍处于起步阶段,建议政府部门组织相关企业和机构加快页岩气资源调查、勘探,以明确区域内的页岩气资源储量,以温县、中牟、东濮、洛阳—伊川、泌阳、南阳、济源、汝州、周口等区域为重点,积极推进页岩气天然气资源勘探开发。同时,建议政府部门组织相关科研机构加快页岩气开采相关技术的科研攻关,及早突破技术障碍。

从页岩气开发管理制度设计来看。建议政府部门尽快制定页岩气开发利用规划,统筹规划区域内页岩气的开发利用,建立和完善页岩气勘探开发监管机制,制订准入门槛和资质,推动矿权招投标制度、区块退出机制及合同管理,大幅度提高最低勘查投入,杜绝"跑马圈地"等现象。同时,建议政府部门加大页岩气开发领域的招商力度,加快引入有实力的企业参与页岩气勘探开发,推进投资主体多元化。另外,建议政府部门在开发初期,即着手解决矿权问题,做好页岩气勘探开发与其他固体矿产矿业权、整装勘查区的衔接,协调处理好矿业权重叠。

(2) 煤炭清洁高效利用行动

由于河南省内煤炭资源储量丰富,在较长时间内河南省以煤炭为主的能源结构难以得到根本性转变。因此,如何实现煤炭的高效和清洁利用是河南省在控制温室气体排放中亟须解决的问题。另外,实现煤炭的高效利用,有利于实现能源消费强度和能源消费总量的"双控"。而区域内煤炭利用主要存在以下问题:一是煤炭直接利用量较大,煤炭入洗率有待提高;二是煤炭高效清洁利用技术有待推广;三是煤炭生产引起的温室气体排放量大。为解决上述问题,本方案提出煤炭清洁高效利用行动。

大力发展煤炭选洗加工。要迅速改变河南省煤炭利用情况,需政府采取一定行政手段对企业进行引导和管理。建议政府部门组织完善煤炭分级利用体系,完善煤炭产品质量和利用技术装备标准,并对相关企业的煤炭分级利用情况进行监督,促使企业按照煤种最佳用途合理配置,用于发电、炼焦、煤化工等领域。在电力热力企业推广配煤掺烧,提高煤炭利用效率。另外,相关企业需要对现有选煤厂进行改造,提高煤炭洗选加工比重,原煤直接利用。推广微泡浮选柱工艺技术等先进煤炭洗选技术,加强褐煤提质技术的研发和示范。严格相关企业的环保排放标准,提高炼焦精、高炉喷吹用煤产品质量和利用效率,提高动力煤入选比例。优化全省范围的洗煤厂的布局,对省内煤炭洗选企业进行有效整合,减少煤炭运输带来的损耗,对不能满足建设大中型矿井需要的区块资源、独立块段资源、关闭矿井呆滞资源等,实施地下气化。

推广煤炭高效清洁利用技术。建议区域内的电力企业重点发展60万千瓦及以上超临界、超超临界高效清洁路口、坑口电站;加快推进以煤气化为龙头的多联产、超临界大型循环流化床等清洁发电示范工程建设,提高洁净煤发电机组比重;加快推进煤矸石、煤泥等低热值煤发电项目建设,提高煤炭利用效率。建议由政府部门牵头组织区域内电力企业积极与相关企业联系,引进整体煤气化联合循环发电技术和碳捕集与封存技术结合的"绿色煤电"技术,并选择适宜地区进行"绿色煤电"技术示范电站建设,引导该项技术的推广。

加快碳捕集、封存和利用技术的应用推广。建议政府部门鼓励在煤化工、火电等行业开展针对高纯度二氧化碳排放源进行捕集的示范项目,在火电厂开展燃烧前、燃烧后、富氧燃烧等各种二氧化碳捕集技术路线的试验示范项目,加强不同二氧化碳捕集工艺路线间的技术和经济比较,不断解决相关技术实现产业化应用面临的各种实际问题。建议政府部门先期组织对中原油田以及省内煤炭主产区的大型电力、化工、建材型企业与产业集聚区的二氧化碳捕集和封存利用技术的应用前景进行评估和调研,扶持相关示范项目的建设,并研究探索有助于推动碳捕集、利用和封存试验示范的引导和激励机制,落实现行有关税收扶持政策。同时建议由政府部门组织对碳捕集、碳利用和碳封存在河南省中长期发展潜力、障碍、风险和影响进行评估,并制定相关的发展规划。

增加煤炭资源引进。建议区域内能源企业在其他煤炭资源丰富的省份投资建设煤炭开采和发电行业,加快省外优质煤炭资源引进,鼓励企业在省外产地投资建设发电厂并将电力输送回省内。

减少煤炭生产排放。由于河南省煤炭生产量较大,煤矿开采产生的甲烷逃逸排放是区域内较大温室气体排放源之一,减少煤炭生产的甲烷逃逸是实现煤炭清洁利用的有效手段之一。结合"气化"河南行动来看,建议相关企业和政府部门加大煤炭生产中煤层气和煤矿瓦斯的开采利用,同时组织相关企业和科研机构加强对减少煤炭生产温室排放的研究,开发相关关键技术,为进一步控制煤炭生产温室气体排放做好前期工作。

(3)电网低碳化行动

随着河南省发展电力在河南省能源消费中的占比日益提高,降低电力排放因子、推进电网低碳化发展是河南省实现能源低碳化的有效途径之一。就区域内电力和电网发展情况来看,目前主要存在以下问题:一是先进技术有待进一步推广;二是电网基础设施尤其是特高压输电线路建设有待加强;三是电力需求缺口日益增加,电力调入结构有待完善;四是电力需求侧管理有待加强。为解决上述问题,本方案提出电网低碳化行动。

加快技术改造。在电力行业,建议加快现役火电机组和电网技术改造,降低厂用电率和输配电线损。同时合理布局高效燃气—蒸汽联合循环电站,发展天然气热电冷联供分布式能源。加快研究出台优先调度发电、电煤质量监管、超低排放环保电价等政策,在推进新建和在建煤电机组同步建设超低排放设施的同时,充分调动煤电企业实施超低排放改造的积极性。

加快基础设施建设。推进建设哈密—河南、呼蒙—河南特高压直流工程,蒙西、陕北—晋中—晋东南—南阳—荆门—长沙和乌兰察布、张北—北京西—石家庄—豫北—驻马店—武汉—南昌两个纵向交流1000千伏特高压大通道,晋中—豫北—徐州、南阳—驻马店—淮南两个横向交流1000千伏特高压通道,远期将规划新建豫西、豫中东2座特高压站,逐步扩建特高压变电站。河南省境内将逐步形成以豫北、南阳、驻马店等特高压交流变电站为枢纽,以直流特高压输入为电源补充,相邻区域间具备较强支援能力的"两纵两横"的特高压网架。这将为河南省提供多条区外电力送入通道,可以满足河南省大规模接受区外电力的需要。

加大清洁电力引进。随着河南省能源消费的日益增长和本地能源生产的下降,河南省电力需求缺口会日益增长,建议政府部门按照"电从远方来"的原则,加强与电网企业和山西、陕西、内蒙古、新疆、甘肃、宁夏等电力生产省份的沟通合作,加快省外电力的调入。优化电力调入结构,减少从排放因子较高的西北电网的电力调入,加强从华中电网等排放因子较低电网的电力调入。

推进热电联产健康发展。建议政府部门以热负荷集中的省辖市及县级中心城市为重点,加快建设大型热电联产机组,满足辖区居民和工业企业用热需要。研究出台加快背压热电发展的政策措施,扶持企业、产业集聚区(园区)和城镇建设背压式供热机组。积极支持郑州、洛阳等空气质量敏感、经济较发达、电价热价承受能力强的大型城市和热电冷负荷中心区域建设燃气热电(冷)联产机组。推进供热管网与热源同步建设、协调发展,加快解决因城市管网建设滞后、燃煤锅炉关停不力等造成的现有热电机组供热能力大量闲置问题,确保热源供热能力充分发挥。

加强电力需求侧管理。目前地方政府已经实施差别电价和峰谷电价等部分电力需求侧管理的措施,但措施类型和实施方式暂时都较为单一,需要进一步完善,同时需要增加部分经济激励措施以提高电力企业进行需求侧管理的积极性。根据目前已有的政策措施,建议地方政府从以下几个方面开展工作:一是进一步完善峰谷电价制度,鼓励低谷蓄能,在具备条件的地市实行季节电价、高可靠性电价、可中断负荷电价等电价制度;二是采取制定区域电网企业的年度电力电量节约指标并加强考核的方式,促进电力需求侧管理的开展;三是开展竞价上网试点,推进大用户与发电企业直接购电试点工作;四是通过鼓励电网企业采用节能变压器,合理减少供电半径,增强无功补偿等方式,引导用户加强无功管理,实现分电压等级统计分析线损等,稳步降低线损率;五是进一步加快智能电网的建设,推进电力资源优化配置和合理布局;六是积极采取经济激励措施促进电力需求侧管理的开展,通过建立电力需求侧管理资金的方式,对电力负荷管理系统的建设、运行维护、实施试点、示范和重点项目进行补贴。

2.5.3 非化石能源利用规模化

通过建设生物质能基地行动、其他非化石能源利用规模化行动,实现非化石能源利用规模化。

(1) 建设生物质能基地行动

河南是全国重要的农业大省、畜牧业大省和食品工业大省,农作物秸秆、畜禽粪便、林木油果、城市生活垃圾和工业有机废弃物等生物质资源丰富。2010年,全省共产生各类秸秆资源8743万吨,各类养殖共产生畜禽粪便1.58亿吨,林木油果种植面积309.2万亩,林业"三剩物"128.8万立方米。造纸、食品、化工、医药、皮革加工等有机废水主要行业产生高浓度有机废水8.5亿吨,有机废渣1106万吨,排放城市生活垃圾1440万吨。为进一步发挥地区资源优势,扩大非化石能源利用规模,将河南省建成全国重要的生物质能基地,本方案提出建设生物质能基地行动。

加快大中型沼气建设和沼气高值利用。以大中型沼气建设为重点,发展工业有机废水生产沼气、农村畜禽养殖粪便与农林废弃物结合生产沼气、城市生活垃圾回收生产沼气等多元化沼气利用途径。

工业大中型沼气建设。建议以酿造、生物化工、淀粉深加工、生物制药等行业为重点,推广高温全混厌氧发酵、中温上流式厌氧污泥床、膨胀颗粒污泥床相结合的工艺,提高厌氧发酵COD去除率,扩大沼气消化液资源化利用规模。对重点行业新开工建设的污水处理项目实行沼气回收利用与主题设施同时设计、同时施工、同时投产的"三同时"制度。建议政府部门将沼气开发利用和"气化"河南行动相结合,积极规划进而协调相关企业,鼓励沼气规模化生产,生物天然气(CBNG)入站入网,用作车用燃气、居民用气及发电。

农村大中型沼气建设。建议政府部门加快发展农村大中型沼气集中供气工程,推动农村新能源体系建设,提高向农户的供气率。积极开展沼液、沼渣综合利用,发展生态循环农业,实现农作物秸秆、畜禽粪便的资源化利用和环境治理双重目标。

城市生活垃圾沼气利用。建议政府部门在郑州、开封等地市建设城市生活垃圾沼气利用示范工程,对生活垃圾进行二次集中分类处理,构建"有机废弃物—厌氧发酵—沼气发电—沼液沼渣制肥"等循环经济链条。在建或新建垃圾填埋场配套建设填埋气回收装置生产沼气,鼓励大中型垃圾填埋场建设沼气发电机组。

推进纤维乙醇产业化发展。以天冠、中石化、中石油等能源骨干企业为依托,完善包括科技研发、装备制造、工程设计建设、生产运营、人才培养和队伍建设在内的产业体系,尽快形成包括秸秆采集、储存、调运、纤维素酶生产制取和配送、纤维乙醇生产与集中脱水加工在内的较为完备的生产经营管理模式,实现纤维乙醇产业化重大突破。同时建议政府部门统筹规划,结合城镇化和新农村建设,以产业集聚区为依托,结合不同地区秸秆资源规模,引导相关企业因地制宜和建设不同产品结构模式的纤维乙醇厂,稳步有序地实现纤维乙醇的规模化生产和集约经营。

加快其他生物质能技术的发展和产业化。根据河南省内生物质能技术的发展现状,建议生物质能源生产企业、装备制造骨干企业和科研院所加快推进以下几个方面技术的发展和产业化:纤维丁醇,生物柴油,航空涡轮生物燃料,生物质快速热解制生物燃料,生物质快速热解生产生物油,生物油催化加氢生产车用燃料。另外,建议采取政府部门组织引导、企业积极参与的方式,在郑州、洛阳、安阳、周口、漯河等废弃油脂富集的地区,加快建立工业废弃动植物油脂回收体系、餐厨垃圾油脂回收体系,推进废弃油脂生产车用生物柴油技术的发展。在南阳、洛阳、三门峡、安阳等多山丘陵地区推进规模化的含油林果原料基地建设,推进以含油林果为主要原料生产航空涡轮生物燃料发展。

改善生物质原料、组织、供应和运行体系。目前河南省已有生物质能企业实现了并网发电,大多数因原料成本过高和原料质量等原因,导致运行效率较低,出现了不同程度的亏损,因此建议政府从完善激励政策和建立生物质回收利用体系两方面入手,改善生物质原料、组织、供应和运行体系。从完善激励政策来看,建议政府部门增加对生物质企业的科技研发补贴,对其技术成果转让或产品销售收入给予一定的减免税优惠,鼓励其与装备制造企业加强联合,实现研究开发与引进、吸收、消化国外先进技术相结合。就生物质秸秆回收体系而言,建议政府进一步落实已有的秸秆综合利用政策,加强秸秆回收利用,同时加强企业和农户之间的信息沟通,引导相关企业采取"预先买断"或"企业收割委托农民保管"等方式来收集秸秆,提高生物质收集效率。将生物质回收利用体系与农业体制改革相结合,通过扩大农业集约经营规模,来提高生物质收集效率。

(2)其他非化石能源利用规模化行动

本方案中的其他非化石能源主要包括风能、太阳能和地热能。就各类非化石能源开发潜力来看,河南省内风能资源相对丰富,部分地区具备开发条件。根据气象部门预测和已测风能资源数据分析,河南省风能资源技术可开发量超过1100万千瓦。太阳能资源属于较丰富区,太阳能年总辐射值超过全国平均水平,平均年日照时数为1848.0~2488.7小时;年理论储量为每平方米1300千瓦时,每年太阳辐射到河南省全部土地上的能量相当于267亿吨标准煤。根据现有勘探资料,河南省地热资源热储面积为整个省内国土面积的25.2%,经济型地热资源量为3367.54×1014千焦。总体来看,河南省风能、太阳能和地热能均有较大开发利用潜力,因此本方案提出其他非化石能源利用规模化行动,分别就三种能源的开发利用提出建议措施。

风能开发利用。为保证风电开发利用的有序进行,建议由政府部门统筹风电资源勘测开发管理,组织有实力、有经验的企业和科研机构开展风能资源勘测开发和风能资源详查与评估。从区域内风能资源的分布来看,建议政府部门以豫西沿黄山地、伏牛山东部丘陵山地、大别山区和太行山东部等风能资源相对丰富地区为重点,加快陕县、浚县等地的风电场项建设。为保证风电项目的顺利开展,政府部门需要进一步加强风电开发规划与电网规划的协调,引导相关电力企业做好套电网建设,确保风电项目与配套电网同步投产,保障风电项目的顺利并网运行和高效利用。加强电力需求侧管理,有效改善系统负荷特性,增强区域电网消纳风电的能力。另外,建议区域内的电网企业,优化区域内电力系统的电源结构和开发布局,提高电力系统的整体调节能力,满足风电并网运行需要。同时,建议相关企业与气象部门协同建立风电功率预测预报体系,以及以风电功率预测为基础的电网调度与风电协调运行机制,促进风电与电网协调运行。结合河南省风电产业技术水平和发展趋势,研究完善风电的发电补贴和费用分摊政策。完善风电相关财税政策,建立鼓励风电开发的税收和财政转移支付制度。

太阳能开发利用。建议政府统一对太阳能发电的规划和项目进行管理,统筹区域内太阳能发电项目发展建设,结合国家新近出台的支持分布式光伏发电的相关政策,加强大型并网太阳能电站建设管理,严格项目前期、项目核准、竣工验收、运行监督等环节的技术管理,统筹协调太阳能电站建设和并网运行管理,促进太阳能发电产业有序健康发展。完善太阳能发电补贴相关财税政策,建立税收和财政转移支付制度。建议采取政府激励和引导的方式,以区域内有条件机关、学校、医院、宾馆等公共建筑以及产业聚集区、高新技术开发区、工业园区内的标准厂房屋顶为重点,建设屋顶光伏电站和光伏发电示范小区;支持区域内的电网企业建立以智能电网为技术支撑的分布式发电运行体系,全方位推进分布式光伏发电的发展;采用市场手段实现资金与技术资源的优化配置,推动离网太阳能发电的运行和技术服务体系建设。同时建议区域内主要城市的城建部门,在城市道路、公园、车站等公共设施及公益性建筑物的建设和改造中推广使用光伏电源。建议城镇机关、宾馆、学校等单位积极实施建筑公用太阳能热水工程,并鼓励在新建高层住宅中推广新型太阳能热水系统。相关科研机构需要进一步加快太阳能中温利用技术研发,逐步实现用于空调系统、商业和工业的中温太阳能集热器的规模化生产和应用。

地热能开发利用。建议政府按照"政府引导、企业参与"的原则开展河南省地热能资源详查和评价,提高资源勘查精准程度,同时由政府部门出台标准规范地热能资源勘查评价方法,编制完成浅层地热能开发利用专项规划,统筹管理区域内的地热能资源开发。对于地热开发利用程度较高的地区,包括郑州、开封、商丘、新乡、安阳,应划为重点保护区,鼓励勘查开发1600~3000米地热能源资源;对于地热开发利用程度一般的地区,包括濮阳、许昌、周口、漯河,应划为一般保护区,可适度开发。其他城市应划为鼓励开发区,结合自身条件,开发利用新近系和古近系的地热能源资源。建议在资源条件适宜地区,以不影响环境为前提,在城镇建筑中加快推广再生水源热泵,积极发展土壤源、地表水源热泵,适度发展地下水源热泵,提高浅层地温能在城镇建筑用能中的比例。建议政府部门在建公益性建筑及大型公共建筑优先采用或改用热泵系统。结合生态园等大型游乐场所建设地热示范田,实现地热的梯级利用和综合利用。为能源资源的高效利用和节能减排起到示范作用。

2.5.4 重点及示范工程

以重点和示范工程为抓手,按照技术先进适用、示范带动效应明显的原则,在能源利用效率提高、化石能源消费结构优化和非化石能源利用三大领域,实施一批重点示范工程和项目,为河南省能源低碳化提供有力支撑。

(1)能源利用效率提高重点工程

节能管理强化重点工程。在工业领域积极开展以合同能源管理为主要方式的节能诊断、融资、改造和运营管理等服务,引导重点用能单位采用合同能源管理方式实施节能改造。加强市、县的节能监察、监测机构能力建设;完善全省能源利用监测信息平台,对重点用能单位实行能源利用状况实时监测;更新节能监测仪器和设备,建立一批节能监测(检测)流动示范实验室。

企业节能技改重点工程。支持工业企业进行燃煤锅炉(窑炉)改造、余热余压利用、节约和替代石油、电机系统节能、能量系统优化等节能技术改造,重点对工业企业高耗能设备进行更新淘汰或采用新技术、新工艺实施节能改造。2015年,全面完成低效工业锅炉、窑炉、电机、变压器等的改造,主要耗能设备能效指标达到国内先进水平。

(2)化石能源消费结构优化重点示范工程

"气化河南"重点工程。"十二五"期间,建成西气东输二线南阳—信阳支线、渑池—三门峡、西气东输三线工程(河南段)、濮阳—开封—薛店、唐河—平顶山—伊川等天然气管道,博爱—洛阳煤层气输气管道、濮阳—中原油田、泌阳—南阳页岩气输气管道以及县域天然气支线管道。开工中石化新粤浙管道及豫鲁支干线项目(河南段)。开展天然气分布式能源发电示范项目建设,新增燃气发电装机容量164万千瓦。实现95%以上县(市)城区及部分镇(乡)用上管道气,城市居民燃气普及率达到85%以上。

"十三五"期间,建设新粤浙管道及豫鲁支干线项目(河南段)、西气东输五线河南段、新鲁线、连云港—商丘海气登陆管道河南段、漯河—周口—商丘LNG资源接替管道、省内天然气配套支线及调峰等附属基础设施,省内伊川—洛阳、济源—焦作等煤层气、页岩气配套储运设施管道等。建成郑州、洛阳吉利、开封西等2×30万千瓦等级燃气热电及一批天然气分布式能源发电项目,新增燃气发电装机容量280万千瓦。

煤层气开发示范工程。"十三五"期间,重点勘查平顶山矿区、太行山东南麓(焦作、鹤壁—安阳)、义马矿区、周口含煤区等区块,新增探明储量500亿立方米。加大安阳、鹤壁、焦作、平顶山、义马等矿区煤层气开发力度,对高瓦斯或煤与瓦斯突出矿井全面实施井上下联合抽采,后备资源全部按照"先采气、后采煤"的原则实施地面煤层气开发,新增生产钻井800口。

页岩气开发示范工程。重点推进温县、中牟、东濮、济源、洛阳—伊川、泌阳、南阳等凹陷区块和太康致密区块勘探开发。"十三五"期间新增探明储量4000亿立方米。

(3)非化石能源利用示范工程

纤维乙醇产业示范工程。重点建设以黄河和京广铁路为基线,豫西、豫东和豫北三个百万吨纤维乙醇产业区。力争到2020年时,纤维乙醇产能将达到300万吨,新增250万吨。

沼气利用示范工程。在郑州、洛阳开展餐厨废弃物生产沼气联产发电试点示范;在郑州、焦作、南阳、鹤壁、济源等地区大型垃圾填埋场配套建设沼气回收装置。扩大餐厨垃圾生产沼气联产发电试点示范,省辖市和较发达县级城市垃圾填埋场配套建设沼气回收装置。工业大中型沼气利用示范工程,重点建设纤维乙醇配套联产沼气、农副产品深加工企业及园区大中型沼气工程。

可再生能源发电示范工程。在三门峡、南阳、信阳、驻马店、平顶山、洛阳等地开展并网风电和一批分散式风电示范项目。重点推进郑州航空港区、许昌新区、洛阳阿特斯、安阳农业大棚等金太阳示范工程,并网型光伏发电工程和以自发自用为主的用户侧光伏发电项目建设。建设与纤维乙醇联产的生物质发电、开封等垃圾发电示范及一批垃圾填埋气发电、大中型养殖场沼气发电。

2.6 政策措施建议

2.6.1 完善考核评价制度

为了保障能源低碳化行动的顺利实施,建议政府部门进一步完善能源相关的考核评价制度,针对相关政府机构和重点企业的党政干部进行更严格的考核评价。首先,建议政府部门增加考核评价体系中能源低碳化的相关指标,除已有的单位 GDP 能耗外,将单位 GDP 碳排放、能源消费总量、非化石能源占比纳入考核评价。其次,建议政府部门落实责任制,将考核结果作为评价政绩、任用及奖惩的重要依据,建立领导干部任期终身追究制。最后,建议政府部门建立能源规划实施考核评价制度,健全规划实施责任机制,建立规划实施协调机制,加强能源规划政策的具体落实。

2.6.2 加快能源体制及政策改革

结合河南省实际情况来看,建议政府部门从能源价格机制和市场化机制两方面加快能源体制改革和从能源开发方面加快能源政策改革。从能源价格机制来看,建议政府部门针对不同种类的可再生能源采取差异化的价格形成机制,对生物质能采取以固定价格为主的形式,对风能、太阳能和地热能则可以采用价格补贴为主的形式。从能源开发政策来看,建议政府部门一方面积极落实国家促进新能源和可再生能源发展的激励政策,制定实施地方税收优惠、临时补贴电价等配套政策,制定非水可再生能源配额目标,鼓励引导社会各界自愿开发利用可再生能源;另一方面完善煤炭与煤层气协调发展机制,推进煤层气矿权管理试点,加快页岩气开发制度的研究和制定。从市场化机制来看,建议政府部门在已有工作基础上,加快建立河南省碳排放和节能量交易体系,尽早实现碳排放和节能量交易,积极开展非水可再生能源配额交易的前期研究,为下一步开展非水可再生能源配额交易奠定基础。

2.6.3 加强基础能力建设

能源利用的监测和统计是节能减碳工作的基础,建议政府部门效仿苏州市"能源管理数字地图"系统,在已有企业能源消费在线监测系统试点基础上,在全省范围内进一步推广,加强碳排放基础数据的监测和统计。而以往能源监测统计中,另一不足之处是"重工业、轻其他",建议政府加强对交通、居民生活、规模以下工业等领域,尤其是其中地市级的能源消费数据的监测统计。

2.6.4 加强科技人才支撑

建议政府部门重点支持生物质能源利用、太阳能光伏发电、煤层气与页岩气勘探开发、煤炭高效清洁利用、控制煤炭生产排放等领域关键技术、关键设备的科研攻关,力争尽早突破关键技术障碍,及时开展产业化示范应用与推广,尽快形成规模化产业基地。加快构建以企业为主体的技术创新体系,鼓励企业加强与高校、科研单位以及省外优势企业的合作与联合,提高科技创新能力。加快低碳能源人才培养,积极引进国内外高层次技术人才和经营管理人才,为河南省能源低碳化发展提供智力保障。

2.6.5 加大宣传教育力度

建议政府部门广泛、深入、持续开展和能源低碳化相关的宣传教育活动,提高社会公众对能源低碳化的认识。深入开展企业社会责任行动,加强企业对能源低碳化的必要性和紧迫性的认识理解,提高企业节能减碳积极性,培养企业家社会责任感,大力宣传先进典型和成功经验。另外,建议政府部门在能源低碳化行动中加强自身的示范带头作用,进一步提高自身能源利用效率和可再生能源利用量,以起到率先垂范的作用,可以实行如"政府屋顶计划"的行动,在区域内的政府部门在机关建筑中推广分布式光伏发电、光伏照明系统和热泵系统等可再生能源利用技术。

2.6.6 加快节能环保产业发展

作为能源低碳化的支撑点和着力点,建议政府部门加快节能环保产业的发展,加快能源低碳化的实现。围绕完善节能环保产业链和提升核心竞争力,鼓励省内现有节能环保企业发展壮大,培育节能环保龙头企业带动总体产业的发展。整合产业资源,推动节能环保装备制造企业与工程公司、设计公司、服务企业的战略合作,打造具有系统成套、工程总承包能力的大型企业集团,增强龙头企业的产业带动能力。引导企业向节能环保产业基地、园区集聚发展,培育壮大产业集群。

| 第 3 章 |
产业低碳化行动方案

3.1 背景意义

3.1.1 研究背景

低碳经济作为以低能耗、低污染、低排放为基础的全新经济模式,是转变经济发展方式的本质要求和有效途径。产业低碳化转型发展,就是通过技术创新,大力推进高碳产业低碳化改造与积极发展低碳新兴产业相结合,降低生产中的能源使用量、污染物排放量,减少经济对生态环境的不利影响。最主要的是在低碳经济发展模式下,产业必须要具有低碳特征,产业链的价值分布要从资源型企业倾斜转向低碳环节倾斜,不断改善产业链低碳与高碳的配比,使产业发展逐步趋向低碳经济的标准。

实现低碳经济的主要途径是发展低能耗的高效产业。不同的产业结构碳排放量可能相差甚远。大量消耗能源的是工业制造业、建筑业和交通运输业,而工业在我国国民经济中的比例会在相当长的时期内占据主导地位。因此,传统产业的低碳化升级改造与调整是当务之急。当前,我国正在深入推进工业化、城市化、现代化,能源需求处在快速增长阶段,基础设施建设还不能停下来,因此造成的"发展排放"问题难以回避。同时,我国经济的主体是第二产业,这也加重了我国经济的"高碳"特征,国内工业化比重不平衡,高耗能、高污染行业所占比重较大。我国的碳排放 70%来自产业,30%来自居民生活消费排放,发达国家正好相反。发达国家发展低碳经济的着力点是削减居民生活消费的碳排放,使社会生活低碳化,而考虑到不同国家碳排放结果的差异,中国发展低碳经济,应该将着力点放在产业经济部门,使产业经济低碳化。"十二五"以来,我国加快调整产业结构,大力发展服务业和战略性新兴产业,提出"到2015年服务业增加值和战略性新兴产业增加值占国内生产总值比例分别提高到47%和8%左右"(2010年服务业增加值和战略性新兴产业增加值占国内生产总值比例分别约为43.1%和4%)。同时积极推进传统产业的低碳化改造,确保实现"到2020年我国单位国内生产总值二氧化碳排放比2005年下降40%~45%",实现低碳发展。

中原经济区作为全国主体功能区规划明确的重点开发区域,产业基础较好,是全国重要的能源原材料基地。从产业结构内部来看,电力、钢铁、有色、煤化工、建材等高载能产业和资源初加工型产业占据较大份额,同时这些产业也是碳排放量比较大的高碳产业。据研究测算,2005年河南省公用电力和热力、建筑材料、固体燃料和其他能源工业、化学工业、钢铁、有色等六个行业碳排放占碳排放总量的67.17%;2010年公用电力和热力、钢铁工业、建筑材料、固体燃料和其他能源工业、有色、化学工业六个行业碳排放占碳排放总量的74.08%。

总体来看,中原经济区虽然资源总量大,但人均资源水平低,资源承载量大。而且存在着资源利用水平不高、单位能耗高、污染物排放量大、环境状况较为严峻等诸多问题。中原经济区作为全国重要的经济板块,当前及未来一定时期内将处于经济加速发展阶段,能源消费和碳排放量必然呈持续增长态势,资源和环境的约束问题将更加突出。因此,要大力发展低碳经济,在推进高碳产业低碳化改造的同时,着力发展低碳新兴产业,降低生产中的能源使用量、污染物排放量,减少经济对生态环境的不利影响,实现经济社会和资源环境的可持续发展。

3.1.2 研究意义

低碳化发展是中原经济区建设的根本要求。《中原经济区规划(2012—2020年)》提出,"以加快转变经济发展方式为主线,探索不以牺牲农业和粮食、生态和环境为代价的新型城镇化、工业化和农业现代化协调发展的路子,着力推动产业结构优化升级",推动产业低碳化发展是转变经济发展方式的本质要求和有效途径,也是"探索不以牺牲农业和粮食、生态和环境为代价的新型城镇化、工业化和农业现代化协调发展的路子"的根本要求。

低碳化发展是建设"三个大省"的现实需要。未来碳排放空间的制约，将给国家以及中原经济区经济社会的可持续发展带来严峻挑战。在新形势下，河南省委省政府提出"建设先进制造业大省、高成长服务业大省、现代农业大省"即"三个大省"的工作思路，以此来推进结构优化升级，全面提升产业竞争力。而产业的低碳化发展，不仅能衍生出新兴产业和适宜技术，而且会促进一系列产业敛合和技术集成创新，为"三个大省"建设提供强劲动力。

低碳化发展是抢占产业制高点和提升核心竞争力的先机。低碳技术与经济将是未来国内外衡量核心竞争力的焦点，孕育着巨大的发展空间。低碳化发展道路紧连未来产业发展的制高点，将催生新技术、引发产业革命。产业低碳化发展为中原经济区推动产业调整提供了全新的思维，为抢占产业制高点、打造未来竞争新优势、引领区域经济大发展赢得了先机、创造了条件。

低碳化发展是打破资源能源瓶颈和实现经济可持续发展的有效手段。当前及未来一个时期内，中原经济区仍然处于工业化中期加速发展阶段，产业发展对资源能源的需求总量持续攀升，资源能源供需矛盾日益加剧，已成为制约持续快速发展的一大瓶颈。产业低碳化发展是推进高碳产业低碳化改造与积极发展低碳新兴产业相结合，降低生产中的资源能源使用量、污染物排放量，实现经济发展与生态环境保护共赢的重要途径。中原经济区地处生态相对脆弱区，经济社会发展中的生态环境保护压力较大，产业低碳化发展是促进经济社会发展与资源环境和谐、实现持续较快发展的有效手段，也是化解资源环境瓶颈约束、实现经济高速增长的必然选择。

3.1.3 研究范围及重点

本方案以中原经济区为研究对象，以河南省为研究重点，由于设置了农业低碳化发展研究专项和产业集聚区低碳化发展研究专项，因此本方案重点对传统高碳产业低碳化转型发展和低碳新兴产业发展进行研究，不再对农业和产业集聚区低碳化发展进行研究。

本方案在分析河南省温室气体排放及产业低碳化发展现状的基础上，借鉴国外产业低碳化发展路径与经验，确定河南省产业低碳化行动方向和目标，研究制定高碳产业低碳化转型、低碳新兴产业提速发展两大重点行动，从政策、资金、科技等方面研究提出产业低碳化发展对策措施建议。

对河南省产业低碳化发展现状进行分析，在对全省温室气体排放分析的基础上,对产业低碳化发展取得的成效进行分析,提出河南省产业低碳化发展存在的问题。

对德国、丹麦、美国、日本等产业低碳化发展的先进经验、做法进行分析借鉴,总结其先进经验,提出可供河南省产业低碳化发展借鉴的经验做法。

研究制订河南省产业低碳化行动方向和行动目标,从高碳产业低碳化转型、低碳新兴产业提速发展、低碳示范区建设等方面研究制定河南省产业低碳化行动方案。

针对河南省高碳产业低碳化转型和低碳新兴产业发展过程中存在的制约因素,从政策、资金、科技等方面研究提出河南省产业低碳化发展对策措施建议。

3.2 现状和存在问题

3.2.1 产业发展现状

近年来,河南省产业结构调整取得较大成效,第二、第三产业所占比重逐年提高,2013年占GDP比重达到87.4%,三次产业结构从2005年的17.9∶52.1∶30.0调整为2013年的12.6∶55.4∶32.0,河南已成为全国重要的经济大省、新兴工业大省和文化大省。

(1)第二产业

河南省以丰富的矿产资源和农产品资源为依托,以产业集聚区为载体,加快工业集聚发展,工业经济内部结构不断调整优化,增长质量明显提高,大企业群体初步形成,高新技术产业规模不断扩大。形成了汽车、电子信息、装备制造、食品、轻工、新型建材等六大高成长性产业,化工、有色、钢铁、纺织等四大传统优势产业以及生物、新材料、新能源、新能源汽车等战略性新兴产业。2013年,全省规模以上工业增加值达15960.60亿元。河南是国家规划的大型煤炭基地和火电基地,原煤产量稳定在2亿吨以上,居全国第3位;发电装机容量达到5800万千瓦,居全国第6位。2013年,全省化工、有色、钢铁、纺织四大传统优势产业增加值占工业增加值的比重达28.1%,煤炭开采和洗选业,化学原料及化学制品制造业,非金属矿物制品业,黑色金属冶炼及压延加工业,有色金属冶炼及压延加工业,电力、热力的生产和供应业等六大高载能行业增加值占工业增加值的比重达 39.9%。

(2) 第三产业

河南省以商贸、文化、旅游、金融、房地产、现代物流等产业为重点,以重大项目建设为抓手,以商务中心区和特色商业区建设为载体,通过政策扶持和资金支持,实施了一批具有示范带动作用的重大项目,促进了服务业的较快发展。"十一五"以来,第三产业增加值年均增长保持在 10% 以上。第三产业中,批发和零售业、交通运输、仓储和邮政业、住宿餐饮业等传统服务业占比较大,占全省服务业增加值的 45% 左右。信息传输、计算机服务、软件业和金融保险业等新兴服务业占服务业增加值比重不断增加。旅游业发展较快,旅游大省地位基本确立。文化产业发展迅猛,成为文化产业增加值超百亿元的省份之一。

(3) 第一产业

河南是全国重要的农产品生产基地、全国粮食生产核心区,种植业中优质专用粮食播种面积占比超过 60%,截至 2015 年,连续 10 年超千亿斤,连续 12 年创新高;用占全国 1/16 的耕地,生产了全国 1/4 的小麦、1/10 的粮食,其中小麦产量居全国第 1 位。玉米、大豆、棉花、油料、蔬菜等产量稳居全国前 3 位,食用菌产量居全国第 1 位,花卉种植面积居全国第 2 位。畜牧业较为发达,肉类产量居全国第 1 位,禽蛋、奶类产量均居全国前列,畜牧业增加值占第一产业增加值的 1/3。

3.2.2 产业低碳化探索

"十一五"以来,河南省全面贯彻落实科学发展观,加强资源节约和环境保护,加快调整产业结构,加快发展方式转变,推动产业低碳化转型发展,取得了较为明显的成效。

(1) 推动高碳产业低碳化转型

抓好重点行业和重点企业节能降耗。以重点行业、重点企业为突破口,制定了"十大重点节能工程"实施方案,发布《河南省"十三五"节能低碳发展规划》,确保完成国家下达河南省的约束性指标。能源消费总量得到有效控制,到 2020 年,全省能源消费总量不突破 2.67 亿吨标准煤,年均能源消费增速控制在 2.88% 以内。能源消费强度和碳排放强度稳步下降,到 2020 年,万元生产总值能源消耗较 2015 年降低 16%,万元生产总值二氧化碳排放降低 19.5%。认真开展"两高"行业自查自纠工作,对涉及"两高"行业的政策进行了认真梳理,对检查中发现的问题及时进行整改。加强重点耗能企业节能管理,筹建全省能源利用状况监测与节能信息管理系统,对重点耗能企业实施年度节能监测,出台能源审计办法,加大能源计量仪表配备的监管力度。

强力推进落后产能淘汰工作。关停小火电方面,在加快大型高效机组建设的同时,在全国率先提出关停小火电,通过试行优化发电调度、大机组补偿小机组、发电权交易等措施促进"上大压小",超额完成了省政府与国家签订的"十一五"期间关停火电机组的责任目标,被国家称为"河南模式"并在全国推广。全省火电机组平均每千瓦时供电标准煤耗从 2005 年的 390 克(比全国平均水平高 16 克)降低到目前的 335 克(比全国平均水平低 5 克),累计节约原煤近 1300 万吨,减少二氧化碳排放 3300 万吨。关停小水泥方面,经过三年综合整治,河南省 2007 年底在全国率先全部关闭普通机立窑,提前实现了国家提出的水泥行业产业结构调整目标,累计关闭机立窑生产线 510 条,淘汰落后产能 5500 万吨。关停小煤矿、铝土矿方面,在全国率先提出对煤炭、铝土矿资源实施资源整合,推动矿产资源向重点企业集中,提高资源回采率。大力开展重点区域、重点流域专项整治,淘汰了大量的钢铁、焦炭、耐火材料、电石、铁合金、酒精等落后产能。

坚决遏制"两高"行业过快增长。坚持把节能环评审查作为项目建设的重要关口,积极支持先进的、坚决制止落后的、严格控制过热的项目建设,新建项目能耗指标必须达到全国先进或领先水平,必须少占和不占环境容量。制定并落实差别电价政策,确定一批限制类和淘汰类的差别电价企业分类名单。按照国家统一要求,调整了高耗能、高排放、资源性产品的出口退税率。实行建设项目污染物排放总量核定制度,严格控制污染物排放增量。凡不符合国家产业政策的项目,一律不批;对没有环境容量的区域或没有经过环境容量置换的项目,一律不批;对未按期完成减排任务、超过总量指标、环境违法突出、主要控制断面不达标,以及没有完成淘汰落后产能的地方,一律区域限批。在限制"两高"行业发展的同时,河南省着力推进服务业和高技术产业加快发展,编制并实施了文化、旅游、金融、现代物流等产业发展规划,在资金引导、政策扶持等方面采取了一系列针对性措施,全省服务业、高新技术产业发展明显提速。

(2)加快发展战略性新兴产业

近年来,河南省战略性新兴产业快速发展,技术水平不断提高,产业规模不断扩大,形成了良好的发展基础。初步统计,2013 年全省战略性新兴产业实现规模以上主营业务收入 6000 亿元、增加值 1360 亿元。新一代信息技术、生物、新材料、节能环保产业占比达到80%,在血液制品、生物医药、生物育种、新型合金材料、智能电网装备、生物能源等领域具有一定的技术和产业优势。以电子信息、生物医药为主的高技术产业快速发展,郑州已经成为全国重要的智能手机生产基地,全省生物医药产业规模居全国第四位,一批国内外行业龙头企业先后在河南省建设生产基地。创新支撑产业发展的能力不断提升,在战略性新兴产业领域拥有省级以上企业技术中心177家,其中国家级16家;省级以上工程实验室和重点实验室66家,其中国家级7家。省级以上工程(技术)研究中心112家,其中国家级7家。一批行业关键技术实现了突破。

(3)大力发展现代服务业

"十一五"以来,河南省将服务业发展摆在重要位置,推进服务业步入加速发展轨道,整体实力和产业素质明显提升。现代物流、文化产业、旅游业等发展态势良好,分别以每年15%、17%和25.8%的速度增长,成为全省经济发展的强劲动力。动漫、设计、现代演艺等创意产业,软件开发、网络服务等信息服务业,电子商务、专业配送等现代商贸业发展势头强劲,成为河南省服务业发展的新亮点。2013年,全省第三产业增加值占GDP比重为32.0%。现代物流体系建设加快推进,文化产业增加值五年翻一番以上,旅游总收入突破2000亿元,金融业也得到了快速发展。

3.2.3 存在的主要问题

经过近几年的发展,中原经济区产业低碳化取得了一定的成就,但仍存在一些问题。

(1)高碳产业占比较大

河南作为全国重要的工业大省,国民经济的主体是工业,2013年河南省第二产业增加值占GDP的比重为55.4%,高于全国平均水平11.5个百分点。工业结构中原材料和资源型工业所占比重较大,煤炭、化工、有色、钢铁、电力等行业占规模以上工业增加值的近60%。研究结果显示,公用电力和热力、建筑材料、固体燃料和其他能源工业、化学工业、钢铁、有色六个行业是河南省主要的碳排放源。2005年,六个行业碳排放占碳排放总量的67.17%。2010年,六个行业碳排放占碳排放总量的74.08%。当前及今后一个时期,河南省正处于工业化进程加快阶段,随着工业化进一步推进,短时期内能源消费和碳排放量必然呈持续增长态势。

(2) 低碳新兴产业规模偏小

虽然近年来河南省战略新兴产业和服务业得到快速发展,但由于基础弱、规模小,对国民经济的支撑作用不强。2013年,全省战略新兴产业增加值仅占全省 GDP 的 4.6%,创新能力较弱,与发达省份相比还存在不少差距。全省服务业占全省 GDP 的 32.0%,低于全国平均水平 12.1 个百分点,服务业发展相对滞后。

(3) 配套政策措施不完善

虽然近年来河南省积极推进产业低碳化发展,但技术、资金、配套政策等方面还存在一些突出问题。对产业低碳化的认识不足,有利于产业低碳化发展的政策体系尚不完善。产业低碳化发展的技术支撑能力不强,部分关键技术缺乏,相关专业人才匮乏。产业低碳化发展资金不足,多元化投融资渠道尚未形成。

3.3 国外发展路径及经验借鉴

3.3.1 先进经验分析

世界各国在本国经济、社会、生态可持续发展问题上反省其工业化过程中"先发展,后治理"的不合理发展方式,通过采取一系列相应政策、法律措施,调动公众的爱护环境、低碳消费的热情,鼓励高碳产业完善产业链,走循环发展道路,以节约宝贵资源、保护生态环境。

(1) 德国实施高碳产业低碳化转型的主要做法

作为保护地球环境应对全球气候变化的发起者,欧盟各国积极推进节能减排。通过《气候变化行动与可再生能源一揽子计划》,引导欧盟区域内高碳产业向低污染、低能耗、高效能方向转型,并在哥本哈根会议上"单方面承诺到2020年将欧盟温室气体排放量在 1990 年基础上至少减少 20%"。欧盟各国在高碳产业转型方面为世界各国提供了许多可借鉴的成功经验,其中最重要的经验就是使高碳产业转型有法可依,产业生产过程中有法必依,对不合格高碳产业生产造成的环境污染依法追究惩处。第二次世界大战后,德国全国一片废墟,环境严重污染,其鲁尔工业区等地环境污染更加严重。由此,德国成为欧盟各国中较早重视高碳产业转型的国家,也是发展低碳经济位于世界前列的国家,拥有很多成功的经验。

政府制定相关法规和计划推动相关产业发展。《物质循环与废物管理法》（1994年）确立了"生产者责任延伸制度"，要求在产品的生产和使用过程中，尽量减少废弃物产生，重点是减少废弃物的产生量及其危害，对不能再回收的废弃物进行环保处理，该法规彻底改变了生产垃圾处理体系。1998年又制订了"绿色规划"，把生态税加入国内金融投资、工业经济界，实行相关税制改革。生态税有利于政府从宏观上调控市场导向，推动市场主体采用先进的技术和工艺，通过经济措施引导市场主体的行为，达到调整产业结构的目的。

政府运用经济手段推动高碳产业低碳化转型。德国政府对用于产业转型的资金支持毫不吝啬，不但政府部门直接投资，还有其联邦经济部联合复兴信贷银行共同创立的节能专项基金。其资金投入分为两个方面，一是投入产业转型升级技术改造，二是政府通过对税收体制进行改革，从1999年起征收能源税，以此提高高碳产业自身蕴藏的巨大节能潜力。对采用先进技术率先转型的企业给予多种方式的优惠和补贴。例如，政府规定到2013年以前，企业的节能管理要与税收优惠挂钩。对于安装环保设施的企业，免征三年环保设施的固定资产税，并允许企业每年度环境保护设施所提折旧比例超过正常设备的折旧比例。这些有力的措施使一些率先转型的高碳企业获得了更强的市场竞争力，通过这种正确的导向，有效推动高碳企业向低碳方向转型。

（2）丹麦高碳产业低碳化转型的"卡伦堡"模式

丹麦的卡伦堡市是目前工业生态系统运行最为典型的代表，丹麦最大的发电厂、炼油厂、生物工程公司都位于这个2万人的小城市。卡伦堡市为了改善本地居民的生存环境、提高企业经济效益，以政府为主导实施了"卡伦堡生态产业共生体系"，此模式是高碳产业低碳化转型较为成功的路径。

关于丹麦的卡伦堡市生态产业共生体系，主要组成部分有：一是有年发电量达1500万千瓦的阿斯耐瓦尔盖热力火力发电厂；二是有年可生产320万吨原油的斯塔朵尔炼油厂；三是有丹麦最大的生物工程公司挪伏·挪尔迪斯克制药厂和微生物公司；四是有每年石膏墙板平均产量为1400万平方米的吉普洛克建筑材料厂；五是有为当地居民供热、供水，兼有修路等业务的废物处理公司和市政服务公司。

生态产业共生体系中的企业相辅相成、互为代谢，既节约了各个企业的生产成本使其经济效益增加，同时也减少了排放，保护了环境。从生态学视角分析,卡伦堡生态产业共生体系中,各企业形成了完整的产业食物链,通过吸收利用彼此的副产品和废弃物演化成为一个相互依存的有机整体。

(3)美国高碳产业低碳化转型的积极举措

美国作为一个经济发展强国,在能源消费上也居世界第1位。为维持国民的高生活水平、保障国内经济运转,美国政府拒绝加入《京都议定书》,同时为了应对资源短缺和环境危机,美国政府对高碳产业向低碳转型采取了一系列积极举措。

政府综合使用立法政策和能源政策,为高碳产业转型创造有利条件。首先,政府通过提供抵税优惠、减税政策、政府优先购买等财税政策,鼓励和支持企业开发利用新技术,以节省能源、保护环境。美国政府通过相关立法,如《小企业创新发展法》,给予中小企业的低碳转型方面的科研创新全面的法律保护。健全的法律体系建设为中小企业的技术研发、推广、转移提供了更多支持。同时政府对积极进行低碳转型的中小企业给予财政专项资金支持和补贴,并对其革新全过程进行监督和管理。由于一些小企业低碳化过程中融资困难,商业银行很少有相关配套金融方案为其提供创新发展的必要资金,美国政府通过有关专家筛选一些中小型的、有潜力的创新型高碳企业为其提供政府低息贷款。该项资金已经为几十万家高碳小企业的低碳化转型注入了发展的动力。早期的苹果公司、英特尔、微软等公司都得到过该项优惠政策。另外基于中小型企业信用薄弱等问题,为促进其发展,美国政府出资建立相关的担保机构,为其更快捷地争取商业银行的贷款提供服务。对于自主实施科技创新活动的企业,美国政府采取了优惠的税收政策,如凡企业的科研经费高于上一年科研投入的,可以获得20%的新增值为基点的退税。

其次,政府在各层次上实施推进循环经济计划。20世纪90年代由联邦政府发起"绿灯计划",该计划的重点领域就是针对一些高碳产业制定的,如工业原材料的循环利用、减少废弃物和产品中的有毒有害物质、对政府办公楼和全国校舍更换采暖系统、进行大规模节能改造等。其中实施煤炭燃烧副产品再利用,目的在于充分利用燃煤电厂煤炭燃烧后的废弃物,如煤渣、煤灰等副产品。

最后,政府积极引导和激励广大企业和公众参与低碳经济的发展。第一,联邦政府制定了严格的环保法律规范,规定企业对其产生的废弃物处理方面承担有明确的社会责任,为高碳企业向低碳生产转型提供了动力。许多企业为了在公众面前树立一个负责任的良好企业形象,也为了今后持续提高经济收益,开始重视节约能源清洁生产,从生产源头减少污染物的产生,对生产过程中产生的污染物进行回收利用,尽可能减少对环境的污染。2009年6月,美国政府发布了《美国清洁能源与安全法案》(American Clean Energy and Security Act),该法案旨在督促美国碳排放企业采用新技术减少碳排放以保护环境,并提出了分阶段分步骤的减排目标。美国杜邦化学公司把"循环经济发展的'3R'原则与化学工业生产结合起来",从而创造了"3R"制造法,极大减少了企业废弃物的排放。第二,为了增强公众环保观念,提高其环保意识,1970年和1990年美国政府先后颁布了两部环境教育法,使公众逐渐意识到环境行动将加速和支持经济的持续增长,对社会发展具有促进作用,并且运用现代科学技术完全可以在经济发展的同时进行环境治理,"来实现经济、社会和环境三者的协调发展"。

(4)日本高碳产业低碳化转型的主要措施

著名的《京都议定书》于1997年在日本签订。气候危机对于日本的负面影响很大,飓风、大旱、大涝等自然灾害发生频率增加,尤其是全球气候变暖引起的海平面上升对其社会经济生活造成巨大的威胁。日本本国能源匮乏,"能源供给主要来源于国外"。20世纪70年代的石油危机对其工业发展的打击使日本政府把其经济工作重点放在了节能减排、提高能效、开发利用新能源上。特别是最近几年,日本自主研发的能源新技术大幅度地提高了现有化石能源的使用效率,在新能源开发领域也有了长足发展。

政府通过能源立法发展绿色能源。日本政府在高碳产业转型上下足了功夫,制订了一系列符合国情的措施。在立法方面,早在1979年,日本政府就颁布实施了《节约能源法》。政府对使用先进环保设备的企业给予税收和金融优惠,对不执行该法规者予以处罚。到目前为止,日本基本形成了金字塔式的能源法律体系,它是以能源政策基本法为基础,以煤炭、石油、天然气等能源的法律为支撑的体系。在国家中长期目标方面,2006年,制定了《新国家能源政策》,大力开发利用新能源和节能技术,减少化石燃料在工业生产中的使用,降低工业对石油的依存度,鼓励多元化的能源消费。加大科研经费投入,鼓励技术创新,建立官、产、学紧密合作的国家研发体系。

政府为高碳产业低碳化转型进行制度革新。在制度革新方面,日本政府推出了四项制度:实行碳排放交易制度,制度规定企业减排后减少的碳排放可以作为排放权在市场上进行交易。实行"领跑者"制度,"领跑者"制度是指高耗能产品中最节能的产品被指定为"领跑者",以此产品为标准,要求同类产品在规定时期内达到"领跑者"产品标准水准。目前日本的家用电器,如电视、空调、冰箱等,均适用该制度。实行节能标识制度,即对不同能耗的产品加贴其相应的能耗级别标识,方便消费者了解其能源消费量、节能标准达标率等。目前日本已有13种产品被纳入了该制度体系。实行企业分类管理制度,就是对不同能源消费量的企业进行分类管理。对于消耗能源大的企业,要求其制定减排机制并由专人负责减排事宜。

3.3.2 先进经验总结

我国产业低碳化进程明显落后于西方发达资本主义国家同类企业,通过对国外高碳产业转型成功模式的研究,可以得出以下几点启示:

(1)政府是产业低碳化发展的主导力量

德国、美国、日本等发达资本主义国家的高碳产业低碳化转型之所以能在短期内获得成效,离不开政府的积极鼓励引导。在市场经济中,政府作为"市场失灵"的监督者和调节者,制定各项经济政策和措施,引导企业摆脱生产的盲目性、自发性,维持社会稳定,推动经济持续健康发展。

社会主义市场经济体制也存在着企业生产的盲目性。一些高碳企业只顾眼前经济利益,不愿进行低碳化转型。这需要政府进行市场干预,制定相应的政策措施,即"政府调控市场,市场引导企业",实现资源的最优化配置。方法如下:第一,政府需向全社会阐明今后国家发展的大政方针,包括重点行业的扶持政策、相关法律的制定等。使高碳产业清楚所处的社会大环境,鼓励其加快转型。第二,政府灵活运用经济杠杆,包括税收、信贷等方法,通过利益让渡,协调、引导高碳产业向低碳化转型。第三,政府也要为应对国际新情况的变化做好高碳产业低碳化转型的各项经济计划,并使其具有科学依据,能够在未来中长期经济发展中发挥指导作用。

(2)产业低碳化发展应转变和更新经营理念

国外高碳产业低碳化转型成功的重点在于这些企业转变和更新了其经营理念。经营理念是一个企业的经营目标,这个目标设定的科学正确与否,关系到企业的未来发展。进入21世纪,世界各国都越来越重视本国的经济发展的可持续性,加大了对环境污染的治理力度,对环境污染企业加大了惩罚力度。民众也日益关注环境问题,响应国家的低碳环保号召。低碳经济正在悄然崛起,高碳产业低碳化转型是时代发展的大趋势。许多高碳企业由于没有认清时代潮流的发展趋势,仍以经济效益获取的多少作为企业经营理念的重要组成部分,势必将被市场所淘汰。

当今日本许多高碳企业研发理念开始由"二战"后的"技术立国"转向"环境立国"。环保产品的开发比例占到其新产品的一半以上。欧美等国高碳产业对其原材料、设备的利用理念由单向使用转变为循环使用,在废旧机械的再利用上下足了功夫,节约了成本,同时增强了企业自身的竞争力。与之相比较,我国的高碳企业大部分是垄断行业,例如火力发电厂、石化企业、钢铁企业等,企业的领导层大都着眼于小集团内部近期可得利益,缺乏对企业的未来市场发展趋势和国家长远利益的考虑,其经营理念僵化,不适合当前的市场发展要求。

(3) 政府应为产业低碳化发展设计综合配套政策

高碳产业低碳化转型需政府为其创造良好的转型外部环境,为高碳产业低碳化转型实施综合配套改革。高碳企业进行低碳化技术革新,是为了降低产品成本、获取未来市场的竞争优势。但改革就会有风险,如新产品上市后不被消费者认可、初期运营投入成本大幅度提高等。风险分担的多少和利益的可获得性直接影响着高碳企业的决策者们能否支持企业低碳化改革。目前,国外在这方面已经有了比较成熟的流程操作,即以金融体系为核心,政府给予支持,企业积极参与,调动社会一切力量为高碳企业低碳化改革创造积极条件。具体说来就是政府或法人、自然人、银行资本等出资组成风险投资公司,提供资金给高碳转型企业。同时引进担保和保险机制对新项目的上马进行承保,减少企业风险,做到风险分散,实现利益均沾。如美国政府积极为高碳转型企业提供财政补贴、财政低息贷款,为刺激商业银行向低碳化转型企业发放贷款,政府成立专门的担保机构为企业承保,并允许金融市场开发此类产品增加其收益。我们应该吸收国外的有益经验,尽快建立起切合实际的金融体系的配套措施。

欧美等地区和国家为加快本国高碳产业低碳化转型,提供了完善的创新服务体系。该体系包括政府职能部门、政府相关服务机构、高碳行业协会等政府与民间团体,其主要职责是帮助高碳企业及时准确地获取相关的产业前沿低碳化信息,定期发布高碳行业的市场动态,使低碳技术的保护、转让、使用的过程更加流畅。

3.4 行动方向与目标

3.4.1 行动方向

按照中原经济区建设要求,坚持源头控制与存量挖潜、突出重点与全面推进、依法管理与政策激励、市场调节与政府调控相结合,加快推进产业优化升级和技术改造,加速淘汰落后产能,创新产业低碳化模式,推动传统产业低碳化转型发展;大力发展战略新兴产业、现代服务业等低碳新兴产业,并努力提高其在国民经济中的比重,形成低碳化特征的产业结构;加快郑州航空港等低碳产业示范区建设,以点带面率先突破;从技术、资金、人才等方面构建有利于产业低碳化发展的政策体系,建立产业低碳化长效机制,着力推进绿色发展、循环发展、低碳发展,形成节约资源和保护环境的空间格局、产业结构和生产方式。

3.4.2 行动目标

产业结构逐步呈现低碳化特征。远期到2020年,产业结构呈现低碳化特征,原材料工业精深加工水平和行业集中度进一步提升,高技术产业增加值占工业增加值比重提高到10%。战略性新兴产业增加值占生产总值比重达到15%以上。服务业发展提速明显,到2020年,全省第三产业增加值占GDP比重达到40%左右。

碳排放强度明显降低。到2020年,碳排放强度进一步下降,单位GDP二氧化碳排放比2015年下降约19.5%(见表3-1)。建材工业、钢铁工业等重点工业产品单位工业增加值二氧化碳排放强度进一步下降。

体制机制逐步完善。加强统筹协调,建立完善产业低碳化发展领导和协调机构,充分发挥专门机构的组织协调作用,加强部门间横向配合,不断加强宏观指导、综合协调和系统管理能力。政府、企业、社会多元化的低碳投融资机制逐步建立,技术、人才等方面支撑能力逐步增强,有利于产业低碳化发展的政策机制逐步完善。

表 3-1　河南省产业低碳化发展规划目标

序号	指标	规划目标	
		2015 年	2020 年
1	单位 GDP 能耗(吨标准煤/万元)	比 2010 年下降 16%	比 2015 年下降 16%左右
2	单位 GDP 二氧化碳排放量(吨二氧化碳当量/万元)	比 2010 年下降 17%	比 2015 年下降 19.5%左右
3	高技术产业增加值占工业增加值比重(%)	7	10
4	战略性新兴产业增加值占 GDP 比重(%)	7	15
5	服务业增加值占 GDP 比重(%)	33	40
6	单位工业增加值综合能耗(吨标准煤/万元)	比 2010 年下降 20%	比 2015 年下降 10%

3.5　重点行动

3.5.1　低碳新兴产业提速发展行动

发展低碳经济是今后经济发展的新动力源和新支撑点,助推经济发展模式由"高碳时代"转为"低碳经济"。所以,低碳新兴产业是中原经济区产业转型升级、培育新的经济增长点的切入点和突破口。中原经济区也有发展低碳经济的产业基础,随着国家对低碳产业发展优惠政策和产业扶持政策的实施,太阳能光伏产业、绿色照明产业、智能网络、生物技术、新材料和先进制造产业、现代服务业等低碳新兴产业会得到更快发展。这些新兴产业不同于传统产业,它们是着眼于未来的,具有能够成为未来经济发展支柱产业的可能性,对经济社会发展和国家安全具有重大和长远影响,在国民经济中具有战略地位。

河南省低碳产业提速发展行动主要包括两方面内容:一是战略新兴产业超倍增发展行动,把加快培育和发展战略性新兴产业放在推进产业低碳化发展的突出位置,努力把新一代信息技术产业培育成为新的支柱产业,把生物、新能源、新能源汽车、新材料等产业培育成为先导产业,促进节能环保、高端装备制造产业成为新的增长点,打造全国重要的战略性新兴产业基地;二是现代服务业提速发展行动,把推动服务业大发展作为产业结构优化升级、减少温室气体排放的战略重点,以商务中心区和特色商业区"两区"建设为契机,着力发展具有比较优势的服务业,加快发展高成长性服务业,建设全国重要的现代服务业基地。

(1)战略新兴产业超倍增发展行动

把加快培育和发展战略性新兴产业放在推进产业低碳化发展的突出位置,着力推进重大产业创新发展工程和示范园区建设,着力培育具有核心技术的龙头企业和产业集群,努力把新一代信息技术产业培育成为新的支柱产业,把生物、新能源、新能源汽车、新材料等产业培育成为先导产业,促进节能环保、高端装备制造产业成为新的增长点,打造全国重要的战略性新兴产业基地。

1)新一代信息技术产业

抢抓新一代信息技术产业加速发展的机遇,坚持承接产业转移与培育新兴服务业态并举,加快建设体现技术升级换代的智能终端、新型显示、半导体照明生产基地,积极发展物联网、云计算、高端软件、新兴信息服务等新一代信息网络技术,推进电子信息产业跨越式发展。

智能终端。发挥龙头企业带动作用,加强与全球领先的智能终端设计、研发及代工企业的合作,努力在河南省建设全球领先的生产基地,积极承接日韩以及东南沿海地区产业集群转移,推动移动通信、网络终端、数字影音等产品扩大规模,加快引进一批电子零组件企业,建设电子零组件展示交易中心,努力培育国内重要的手机制造基地。

新型显示。把新型显示作为电子核心基础产业发展的主攻方向,重点发展高世代液晶显示产业链,积极发展有机发光二极管(OLED)等新型显示产业,加快发展数字微显示产品,培育千亿元新型显示产业。

半导体照明。坚持集群化、规模化、产业化发展方向,重点承接半导体照明(LED)产业转移,加强外延片、芯片、衬底材料制造等产业链薄弱环节,扩大封装与应用产品生产规模,促进半导体照明技术推广应用,形成上下游衔接、竞争力强的半导体照明产业链。

高端软件及新兴信息服务。围绕工业、交通、广播电视、新闻出版、电子商务、电子政务、空间地理信息等领域的紧迫需求,支持发展行业应用软件、嵌入式软件、基础软件产品,培育有竞争力的软件企业和特色软件产业集群。加强与三大通信运营商的战略合作,积极发展面向第四代移动通信领域的移动通信、宽带接入、数字视听等增值业务。做大软件服务外包规模,发展信息技术外包、技术性业务流程外包等。利用信息技术发展数字内容产业,提升文化创意产业,促进信息化与工业化深度融合。

新一代信息网络。加快建设宽带、泛在、融合、安全的信息网络基础设施,推进"三网"(电信网、广播电视网、互联网)融合,实施数字河南、智慧中原、无线城市、中原数据基地和光网城市等重大工程,提升郑州市信息集散中心和通信网络交换枢纽地位。积极争取在河南省部署开展TD-LTE(分时长期演进)试验和IPV6商用试点;扎实推进郑州市"三网"融合试点工作,推动IPTV(交互式网络电视)、手机电视等融合业务发展;积极推动移动互联网、物联网、云计算、下一代互联网业务发展,支持发展电子政务、电子商务、网络购物、网络电视等新型消费业态。强化网络信息安全和应急通信能力建设。

2) 生物产业

充分发挥河南省市场和资源优势,强化龙头企业带动和技术创新驱动,扩大和提升生物医药产业规模和水平,重点突破生物制造产业关键技术,增强生物育种企业育繁推一体化发展能力,加速构建具有国内先进水平的现代生物产业体系。

生物医药。把握医药市场快速发展和实施新医保、新农合制度带来的机遇,推进新产品和新工艺开发和产业化,强化先进技术规范的推广应用,加快产品结构调整和升级,重点发展生物技术药物、现代中药、化学创新药,积极发展新型生物医药材料等生物医学工程技术和产品,实施品牌战略,培育龙头企业,推动企业重组整合,建设国内一流的新型医药产业基地,培育千亿元生物医药产业。

生物农业。围绕国家粮食生产核心区建设,重点发展生物育种产业和绿色农用生物产品,加快提升重大品种创制、良种繁育、产业化及销售等育繁推一体化能力,支持采用基因工程技术培育畜禽良种,积极推进生物兽药、畜禽疫苗、生物农药、生物肥料、生物饲料等绿色农用产品发展,增强产业竞争力,为现代农业发展提供支撑。

生物制造。以培育生物基材料产业、发展生物化工产业和做强现代发酵产业为重点,大力推进酶工程、发酵工程技术和装备创新,重点发展生物基平台化合物、氨基酸、新型酶制剂等产品,大力推动绿色生物工艺在化工、制浆、印染、制革等领域关键工艺环节的应用示范,提高生物产业竞争力。

3）新能源产业

顺应全球新能源开发利用趋势和国家能源结构调整方向，以技术创新和政策机制创新为动力，重点提升生物质能、太阳能产业技术和成本优势，积极发展风电、核电、地热能产业，扩大新能源产业规模。

生物质能。因地制宜，合理布局，有序发展生物质液体燃料和生物质燃气。优化万吨级标准模块设计，降低生产成本，重点推进纤维乙醇规模化生产。积极探索推进以能源植物、废弃油脂为原料的生物柴油规模化生产。结合规模化畜禽养殖场建设，积极发展沼气发电工程。

太阳能。依托骨干企业，重点突破低成本多晶硅生产技术，提升晶硅太阳能产业链竞争优势。以提高转化效率、使用寿命为目标，开发太阳能光伏电池制造新技术和新工艺。加快推进光伏发电、公用太阳能热水工程等示范项目建设，创建太阳能示范城市，带动河南省太阳能利用技术研发和产业发展。

风电、核电和地热能。提高风电技术装备水平，积极发展风电叶片、风电轴承等关键零部件，着力提高大型风电机组整机设计和生产能力。以豫西沿黄山地、伏牛山东部丘陵山地、大别山区和太行山东部等区域风能资源开发为重点，加快三门峡、南阳、信阳、平顶山、驻马店等地风电场建设步伐。积极发展核能发电设备关键部件及控制系统，尽快形成规模化生产能力和系统集成能力。以国家建设"东中部核电带"为契机，积极推进南阳等核电项目前期工作。实施地热资源勘查评价工程，合理布局地热能开发项目，提高地热能利用水平。

4）新能源汽车产业

以纯电驱动为技术发展主导方向，重点突破电池生产核心技术，培育动力电池产业链，以电池突破带动整车发展。以示范运营促发展，重点实现混合动力客车产业化，推动纯电动客车、电动乘用车等产业发展。积极探索新能源汽车电池租赁以及充/换电等多种模式，形成完善的商业市场推广模式。

动力电池。以提高可靠性和能量密度、降低生产成本为主攻方向，重点开发新型动力锂离子电池关键材料，积极开发三元/多元复合等正极材料，发展动力电池产业链，建设国内先进的动力电池产业基地，鼓励发展超级电容技术及产品。

新能源汽车整车。依托整车企业，加快混合动力客车、纯电动整车产业化进程，增加车型储备，争取更多的产品型号进入《道路机动车辆生产企业及产品公告》，形成规模化生产能力。

5）新材料产业

适应新兴产业发展和传统产业升级需要，发挥河南省资源和原材料优势，以高性能化、轻量化、绿色化为主攻方向,突破关键技术,重点发展新型合金材料和新型功能材料,加快发展高品级超硬材料及制品,跟踪发展纳米、超导、智能等新材料,提升新材料产业发展水平,引导全省材料工业结构调整。

新型合金材料。以轻质、高强、大规格为主攻方向,积极开发高性能铝合金,加快发展镁合金制备及深加工、高性能钛合金及大型板带材,推进铝镁合金生产基地建设。合理利用钼矿资源,发展钼钨深加工产品。针对市场需求,积极发展高品质特殊钢和高温合金材料,培育千亿元规模的新型合金材料产业。

新型功能材料。着力提升高性能纤维规模化制备水平,推动特种纤维开发及产业化。强化技术创新,降低生产成本,大力发展新型特种玻璃。加快产业化步伐,扩大高纯稀有金属及靶材、磁敏材料、特种橡胶、高端特塑性弹性体、特种工程塑料等特色优势产品的规模,积极发展高性能稀土功能材料、高性能膜材料、新型半导体材料等新型功能材料。

超硬材料。支持龙头企业不断提升装备水平,提高超硬材料品级,增加品种,形成完整的材料品系。围绕集成电路、汽车、家电等行业急需品,加大技术创新力度,开发精密高效的功能性超硬材料制品,建设具有国际水平的超硬材料产业基地。

6)节能环保产业

重点突破能源资源高效利用、废物资源化利用、生态与生活环境污染防治、清洁生产等关键核心技术,大力发展高效节能、先进环保和资源循环利用的新装备和产品,通过创新服务模式、优化能源管理、鼓励绿色消费,扩大先进适用技术推广应用范围,培育一批在国内具有较大影响的节能环保产业基地和专业化骨干企业。

资源循环利用。大力发展源头减量、资源化、再制造、零排放和产业链接等新技术,提高资源产出率。重点推进开发大型水泥窑协同处理生活垃圾、污泥成套技术和先进节水及水循环利用技术,加快推进低品位矿、共伴生矿产资源、大宗固体废物综合利用,高水平发展汽车零部件及机电产品再制造产业,积极促进农林废弃物、废旧纺织品和废旧塑料制品资源化利用。

高效节能。重点发展高效节能锅炉窑炉、低温低压余热发电、高压特高压节能环保型输变电等节能技术和装备,鼓励开发高效节能电器、高效照明器具、绿色建材等新产品,大力推广高压变频调速、干熄焦、蓄热式加热炉、冰蓄冷等先进适用节能技术,推行合同能源管理,实施一批工业节能综合改造、建筑节能、公共机构节能等重点工程,促进能源的梯级利用和高效利用。

先进环保。以水污染防治、空气污染防治、固体废物处理处置、重金属污染综合治理为重点,强化新技术集成应用,推动成套技术装备开发和产业化,大力推进环境服务业发展,提高环保产业的整体技术水平和配套能力。

7) 高端装备制造产业

适应重大工程建设需求,以提升重大装备的高端制造和整机配套能力为方向,突破核心主机和关键辅机工艺技术,扩大优势产品规模,提高系列化水平,重点发展轨道交通装备,大力发展智能电网和智能制造装备,积极发展航空装备、卫星应用产品等,促进制造业智能化、精密化、绿色化发展。

轨道交通装备。强化与央企的战略合作,依托龙头企业,建设研发设计、生产制造、试验验证平台,壮大轨道交通车辆、站台设备、盾构设备、施工设备等关键装备及部件规模,提升系统集成和工程建设总承包能力,构建轨道交通装备产业链,建设全国重要的轨道交通装备基地。

智能电网装备。深化与国家电网公司的战略合作,加强技术创新,提升关键设备自主化设计和成套化水平,围绕超高压输电、智能变电、智能配电等环节,发展智能电网装备产业链,开展智能电网试点示范,建设具有国内领先水平的智能电网装备研发和制造基地。

智能制造及新能源装备。开展产、学、研、用联合创新,以体现感知、决策、执行三大功能的基础零部件为突破口,重点发展新型传感器、智能仪器仪表、自动控制系统、工业机器人、精密传动装置、伺服控制机构、智能精密机床及模具等智能产品,提高成套系统集成能力,推动智能制造装备在制造业、物流业、节能环保、基础设施、资源开采等领域的广泛应用。

航空装备及卫星应用产品。依托在豫军工企业,加大制造、试验、检测设备投入,提高研发能力和制造水平,突破高端航空航天基础件制造关键技术,重点发展航空航天基础件、机载系统、场站设备及航空新材料等,建设国内领先的航空航天基础件制造基地。加强对外合作,积极发展航空维修、飞机零部件制造等,力争形成飞机总装生产能力。加快发展卫星应急终端、北斗二号授时接收机、应急综合信息通信交换车等新型卫星通信、民用航空通信产品,重点开发应急指挥、交通导航、地铁信息化等城市监控信息系统,气象、水利、生态环境信息系统及粮食遥感等卫星应用技术,建设中西部卫星遥感应用和服务基地。

（2）现代服务业提速发展行动

把推动服务业大发展作为产业结构优化升级的战略重点，以"两区"建设为契机，着力发展具有比较优势的服务业，加快发展高成长性服务业，建设全国重要的现代服务业基地。

1）现代服务业提速工程

着力推动现代物流、信息服务、金融、旅游、文化、科教、商务服务、健康服务、养老及家庭服务等服务业扩量提质发展，逐步成为带动服务业发展的主导力量和战略支撑。

现代物流。全面增强郑州国际物流中心功能，加快航空港、国际陆港和国际物流园区建设，增加、加密国际货运航线航班，支持航空公司和大型货运货代企业在郑州市设立航空物流基地和区域转运分拨中心，推进全国性高铁快运中心和卡车航班基地建设，构建高效衔接的多式联运体系。建成全省联网、与国家边贸口岸联接的电子口岸，拓展综合保税区功能，建设综合保税区进口商品展示平台和肉类、药品、汽车等进口特定口岸，开展跨境贸易电子商务服务试点，建设进出口快递分拣平台，推动郑欧国际货运班列规模化运营，打造郑州国际航空货运枢纽和丝绸之路经济带物流集散中心。构建与电子商务快速发展相适应的现代物流配送体系，建设中国智能骨干网郑州核心节点，建成京东运营中心、河南快递集散交换中心等重大项目，打造全国快递转运集散中心和国际网购物品集散分拨中心。完善区域物流节点体系，依托中心城市、交通枢纽、口岸和产业集聚区，规划建设和改造提升20个货运枢纽、商贸服务、生产服务、口岸服务、综合服务型物流园区，争取1~2家重点物流园区成为国家级物流园区，推进郑州市城市共同配送试点工作，在全省建设一批布局合理、衔接顺畅、高效便捷的城市公共配送中心，增强区域物流集散、分拨和城市配送功能。加快发展冷链、邮政快递、电子信息产品、医药、汽车及零部件、家居建材、农产品及农资等优势专业物流，建设一批具有区域影响力的物流集群。改造提升传统运输和仓储企业，培育发展一批具有较强竞争力的第三方、第四方物流服务商，全面提升物流业与制造业、商贸业联动发展水平。

信息服务。以服务平台建设为基础、新兴业态培育为抓手，加快发展信息传输、计算机服务和软件业，大力发展电子商务，推动信息服务业跨越式发展。实施"宽带中原"战略，建设郑州国家级互联网骨干直联点，推动4G（第四代移动通信技术）网络规模商用，开展下一代互联网示范城市、智慧城市、物联网重大应用示范工程区域试点,加快中国联通中原数据基地、中国移动(郑州)数据中心建设,积极引进知名互联网、物联网、云计算企业设立总部或区域基地,建成全国重要的区域性数据枢纽。推进"三网"(广播电视网、电信网、互联网)融合,扩大移动支付、社交网络、手机游戏等新兴增值业务规模,实施信息惠民工程。加快通信、金融、旅游等领域呼叫中心、后援中心、灾备中心项目建设,建成中国移动(洛阳)呼叫中心、中国电信(信阳)呼叫中心。发展北斗卫星导航与地理信息产业。加快提升软件业支撑能力,高水平建设郑州软件园、郑州金水科教园、惠普(洛阳)国际软件人才及产业基地等园区。壮大电子商务市场主体,实施电子商务示范、园区平台建设、网商培育、名品推广等工程,建设国家电子商务示范城市和示范基地,培育中华粮网、众品商城等综合性、行业性电子商务服务平台,完善物流配送、金融结算等配套体系,推动工业企业与电商企业联动融合,吸引境内外电子商务巨头和中小网商集聚集群发展。

金融业。加快郑东新区金融集聚核心功能区建设,吸引境内外金融机构区域总部入驻,建设金融后台与外包服务产业园区,打造郑州区域性金融中心。壮大金融机构,支持中原信托公司增资扩股,完成省级银行组建,推动设立地方保险法人机构、资产管理公司、金融租赁公司、大型基金公司和区域性股权交易市场。鼓励民间资本入股和参与金融机构改造,发起设立民营银行、村镇银行、消费金融公司等金融机构。推动农村信用社改组为农村商业银行。培育发展多层次资本市场,支持郑州商品交易所丰富期货品种、争取开展境外投资者参与交易试点,在重点领域发起设立创业投资基金和产业投资基金。推动企业上市融资和在全国中小企业股份转让系统挂牌,引进保险资金,做好永续债券、债贷组合、中小企业私募债业务和资产证券化业务试点工作,大力发展信托、委托贷款和承销中期票据、短期融资券等业务。深化郑汴金融同城和农村金融改革,支持发展互联网金融业务,积极发展交通运输、施工、制造等大型设施设备融资租赁服务业,在郑州航空港经济综合实验区内具备条件的金融机构适时开展综合经营试点,支持实验区开展离岸金融业务,设立中原航空港产业投资基金。

旅游业。围绕建设世界知名旅游目的地,整合资源、培育品牌、创新服务,构建以观光旅游为基础、休闲度假为主导、新型业态为特色、精品线路为依托的旅游产业体系,打造一批著名景区和优秀旅游城市。深度发展休闲度假旅游,整体策划、连片开发,着力打造南太行、伏牛山、桐柏—大别山等山水度假旅游集群和沿黄河、南水北调生态旅游带,重点开发建设和改造提升一批核心旅游景区,争创国家级旅游度假区、生态旅游示范区、自然保护区和风景名胜区等。积极发展文化体验旅游,规划建设中原历史文化旅游区,依托各地文化历史资源,重点推介一批具有较强影响力的古都、古城、根亲、功夫等精品文化旅游线路,叫响"老家河南"形象品牌。培育发展城市游憩旅游,在中心城市规划建设一批文化休闲街区和环城游憩带,完善服务功能,满足居民需求。大力发展乡村旅游,保护与开发朱仙镇、神垕镇、荆紫关镇等历史文化和特色景观名镇名村,加快培育休闲农庄,积极开发山居游、民俗游、近郊游、生态游等乡村旅游精品线路。加快培育旅游新业态,支持健康养生游、工业观光游、户外运动游、自驾自助游等发展。推进旅游智慧化、标准化建设,加快完善旅游交通集散体系和公共服务体系,深化中原经济区城市、高铁沿线城市旅游发展联盟合作。壮大产业主体,支持云台山旅游发展有限公司、清明上河园有限公司等企业上市。加强旅游宣传,创新营销方式,强化与国际组织合作,加快发展入境游,提升河南省旅游国际知名度。

文化产业。围绕推进华夏历史文明传承创新区和文化强省建设,发掘历史文化资源,发展创意文化,激活传统文化,提升文化产业核心竞争力。加快郑州区域性文化中心和省文化改革发展试验区、文化产业示范园区建设,实施文化产业"双十"工程,建成一批文化创意、动漫游戏、演艺娱乐、影视制作、文化科技等产业园区,力争培育3~5家业务收入超百亿元的文化产业园区。强化文化传承创新,提升太极、少林等传统优秀文化产业化发展水平。大力发展数字出版、数字内容服务、移动多媒体、交互式网络电视等新兴业态,开发移动文化信息服务、数字娱乐产品等增值服务和产品。支持大型文化企业跨媒体、跨区域、跨行业发展,推动河南日报报业集团等企业上市融资,支持民营文化企业发展,争取培育3~5家年营业收入超过50亿元的企业集团。提升内容产业原创能力,实施文化精品培育工程,每年集中打造3~5部原创文化精品。推进文化科技创新工程,力争把河南省建设成为在全国有较大影响力的区域文化科技融合中心。积极培育外向型骨干文化企业,新建一批省级文化产品出口示范基地。

科技和教育业。大力发展科技研发服务业,以国家技术转移郑州中心、国家专利审查协作河南中心、河南省技术产权交易所为载体,建立完善技术转移网络,加快建设一批研发及技术创新、科技中介、科技金融对接、科技企业孵化等服务平台,培育壮大专业化第三方研发机构,推动科技服务重点项目攻关。

加快综合性工业设计公共服务平台建设,重点在装备制造、服装服饰、现代家居、电子信息、汽车及零部件等领域,实施一批具有自主知识产权的工业设计创新项目,支持具备条件的企业和机构申建国家级工业设计中心。积极发展现代教育,鼓励社会力量办学,提高基础教育水平,优化发展高等教育,大力发展职业教育并开展技能培训,实施全民技能振兴、职教攻坚、技能人才回归工程,加快人力资源强省建设。强化与国内外高校、知名网络教育平台合作,鼓励企事业单位开展知识更新培训,加快中原人力资源服务产业园区、国家级高技能人才培训基地建设,打造一批实训基地和职业教育培训基地,培育一批连锁化、品牌化经营的大型教育培训机构。

商务服务业。加快中原广告产业园和服务外包示范园区建设发展,积极发展经营性租赁业务,引导会计、法律、管理咨询、评估认证、经纪代理等商务服务机构向商务中心区集聚,着力培养具有行业竞争力和社会公信力的大型事务所和中介法人机构,打造一批高端商务服务集群。建立内外贸会展业管理促进体制,推进郑州区域性会展中心建设,吸引国家级、区域性品牌展会落户,培育一批知名会展品牌。

健康服务业。完善社会办医扶持政策,实施社会办医行动计划,支持国内外知名医疗集团连锁经营,积极发展专业性医院管理集团和第三方体检及健康管理咨询机构,大力发展专业化护理服务业,建设郑州区域性医疗中心和高端医疗集聚区,形成一批医疗、保健养生、健康护理、体育健身等服务基地和医疗器械、保健及体育用品等产业园区。

养老及家庭服务业。推动养老服务设施建设,完善"12349"养老服务信息系统,加快发展供养型、养护型、医护型养老服务机构,推进公办养老机构改革试点工作,支持社会力量举办一批大型连锁养老机构,创新养老服务模式。到2020年,符合标准的日间照料中心、老年人活动中心等服务设施覆盖所有城市社区,90%以上的乡镇和60%以上的农村社区建设包括居家养老服务在内的社会综合服务设施和站点。积极发展家政、病患陪护、家庭用品配送、家庭教育等家庭服务业,支持大型家庭服务企业在社区设立连锁便民服务网点。

2) 传统服务业改造提升工程

应用现代管理理念、信息技术和新型业态模式,加快商贸流通、房地产等传统支柱服务业改造提升,培育服务业竞争新优势。

批发零售。优化城镇商业网点布局,推动大中城市中心城区批发市场外迁整合，加快发展电子商务、连锁经营、折扣店、工厂店、奥特莱斯等新型业态，建设一批电商服务平台和生活消费品、生产资料专业市场，支持大型商贸企业建设网上商城、拓展农村经营网络和中小微企业开设网店。鼓励发展社区商业网点，打造一刻钟便民服务圈。

住宿餐饮业。积极发掘培育特色餐饮品牌和"老字号"企业，推动餐饮住宿企业分层错位经营，充分利用网络团购和微博、微信促销等营销方式开拓市场，建成一批传统住宿餐饮与生态游憩、演艺娱乐、文化体验融合发展综合休闲项目，鼓励发展绿色饭店和经济型连锁酒店，丰富面向大众消费群体、年轻消费群体的产品和服务项目，培育形成健康、环保、节约的消费模式。

房地产业。加快住宅产业化进程，推进建筑工业化，大力发展城市综合体、园区地产、文化旅游地产、养老地产等新兴业态，积极发展健康住宅、绿色环保住宅和节能省地型住宅，培育新的增长点。扩大规划设计、建筑节能、营销策划、评估代理、装修装潢、资产保值增值管理等服务业规模，发展壮大一批规模化、专业化的房地产中介服务机构和企业。加快培育房地产品牌企业，推动二手房市场发展，规范房屋租赁市场。

其他公共服务业。积极发展水利、环境和公共设施管理等服务业，不断提升公共管理和社会组织服务水平。

3）加快服务业发展载体平台建设

重点加快商务中心区和特色商业区发展，因势利导推动产业集聚区配套服务区和服务业特色园区建设，形成服务业发展新高地。

商务中心区和特色商业区。强化招商引资，推进有序集聚，突出培育特色产业，着力增强区域服务功能。加快产业集聚，大力引进龙头企业和高端品牌，着力推动金融、管理咨询、中介服务等商务服务机构和企业总部向商务中心区集聚，引导符合居民消费升级换代的综合商业设施和文化休闲项目在特色商业区集中布局。充分挖掘特色产业产品优势和历史人文资源，建成一批业态配比合理、功能复合多元的城市综合体，培育一批税收超千万元的金融、商贸、信息、总部经济等商务楼宇，打造一批商文旅融合发展的知名商业街区，形成一批现代物流、电子商务、展示交易等有机融合的专业市场。结合旧城改造和城乡一体化示范区建设，创新投融资模式，鼓励基础设施和商业项目捆绑建设，引进战略投资者参与连片综合开发。推进省级示范商务中心区、特色商业区创建工作，争取申建一批国家级服务业发展示范区、中国著名商业街区。支持有条件的地方组建精简、统一、高效的工作团队,成立商务中心区、特色商业区管委会。把实际发展水平达到产业集聚区相应星级晋级标准作为按照有关规定考虑干部配备的重要条件。

产业集聚区配套服务区和服务业特色园区。按照规划引领、分类指导、明晰定位、合理布局、集聚集约的原则,建设一批具有较强服务能力和影响力的服务业专业园区。依托产业集聚区,建设以研发设计、物流配送、检验检测、展示交易等生产性服务为重点的区中园,形成一批为主导产业提供社会化服务的配套服务区。支持有条件的地方按照产业发展规划与土地利用总体规划、城市总体规划相衔接的要求,在现代物流、信息及电子商务、金融、文化创意、服务外包、知识产权、养老健康、休闲旅游等领域,建设和改造提升一批特色园区。加快推进园区基础设施建设,搭建公共服务平台,引聚龙头企业,强化集聚融合、创新驱动和链条延伸,培育一批产业高集聚、产出高效益、功能高复合、空间高密度、就业高容量的服务业集群。对符合"三规合一"(产业集聚区规划、土地利用总体规划、城市总体规划精准对接)要求的服务业专业园区,年度考核指标达到省产业集聚区门槛标准的认定为省定产业集聚区,达到晋级标准的晋升为相应星级产业集聚区。

3.5.2 高碳产业低碳化转型行动

从温室气体排放现状分析来看,电力和热力、钢铁工业、建筑材料、固体燃料和其他能源工业、有色、化学工业等六大行业是全省主要的碳排放源。因此,推动电力、钢铁、建材、有色等高碳产业低碳化转型发展对中原经济区经济可持续发展、控制温室气体和应对气候工作具有重要意义。

河南省高碳产业低碳化转型行动主要包括三方面内容:一是加强电力、钢铁、建材、有色、化工等重点高碳产业的低碳化发展,加强低碳技术装备的应用,推动高碳产业的低碳化发展;二是严格建设项目准入,抑制高耗能、高排放产业过快增长,从源头控制温室气体排放;三是加快淘汰高耗能、高排放的落后产能和设备,完善落后产能退出机制,促进经济发展方式转变、节能减排、经济结构调整以及经济增长质量和效益提高。

(1)推动高碳产业低碳化发展

重点推进电力、有色、钢铁、化工、石油石化、煤炭、建材、轻纺等高耗能行业节能,大力加强重点行业低碳技术研发应用,逐步建立有利于低碳产业发展的行业排放标准及低碳产品标准,有效控制工业领域温室气体排放。

电力工业。推进整体煤气化联合循环、以煤气化为龙头的多联产、超临界大型循环流化床等清洁发电示范工程建设,提高洁净煤发电机组比重。合理布局高效燃气—蒸汽联合循环电站,发展天然气热电冷联供分布式能源。结合城市热网规划和工业园区建设,实施小锅炉替代工程,在热负荷集中地区,建设热电联产项目。因地制宜发展分布式能源,加快电网智能化建设。加快现役火电机组和电网技术改造,降低厂用电率和输配电线损。采取综合性、系统性节能措施,建设"能效电厂",形成规模化节电能力。

有色金属工业。淘汰落后产能,加快行业结构调整和产品升级,大力开发和推广矿产资源勘查与高效开发利用等技术,大幅度降低单位产品的二氧化碳排放。电解铝行业要重点推广新型阴极结构、新型导流结构、高阳极电流密度超大型铝电解槽等先进低碳工艺,推广发展大型铝电解系列不停电(全电流)技术及成套装置。铅熔炼行业要发展短流程连续炼铅冶金技术和液态高铅渣直接还原炼铅新工艺,锌冶炼行业要发展新型湿法工艺,镁冶炼要积极推广新型竖窑煅烧技术。

钢铁工业。加快淘汰落后钢铁生产能力,推动产品升级,推进烧结机全部加装余热回收装置,钢铁行业焦炉基本采用干法熄焦,高炉全部配备高效喷煤和余热余压回收装置,提升转炉负能炼钢水平。推广应用干法除尘、蓄热式燃烧、电炉烟气余热回收利用、低温轧制、在线热处理、能源管理中心及优化调控、高炉渣及钢渣显热回收等节能技术。建设废钢回收、加工、配送体系,积极发展以废钢为原料的电炉短流程工艺,建设循环型钢铁工厂。加强钢铁行业温室气体排放监测和统计。

化学工业。合成氨行业要重点推进化肥原料路线和技术路线的改造,发展大型高效造气炉,逐步淘汰固定层间歇式煤气化装置。推进零极距、氧阴极等离子膜烧碱电解槽节能技术改造,淘汰隔膜法烧碱工艺。纯碱行业推广蒸汽多级利用、变换气制碱技术、新型盐析结晶器及高效节能循环泵等节能技术。电石行业要加快采用大型密闭式电石炉,重点推广炉气利用、空心电极等低碳技术。己二酸、硝酸行业要通过改进生产工艺,采用控排技术显著减少氧化亚氮排放。鼓励使用六氟化硫混合气和回收六氟化硫。

石油石化工业。积极探索原料多元化发展新途径,重点发展高端石化产品。原油开采行业实施抽油机驱动电机节能改造,推广不加热集油技术和油田采出水余热回收利用技术,提高油田伴生气回收水平。原油加工行业推广高效换热器并优化换热流程、优化中段回流取热比例、降低汽化率、塔顶循环回流换热等节能技术。

煤炭工业。加快煤层气煤矿瓦斯开发利用,发展选煤厂高效低能耗脱水设备,加大煤炭洗选加工比例,减少低热值煤炭和原煤直接燃烧利用。发展煤炭地下气化、脱硫、水煤浆、型煤等洁净煤技术。优先发展煤泥、中煤等低热值煤和煤矸石、煤层气等综合利用发电。

建材工业。立足省内需求,淘汰落后产能,严格控制总量扩张,优化品种结构,提高能源利用效率,加强资源综合利用,大幅度降低单位产品的二氧化碳排放强度。发展新型墙体材料、绝热隔音材料、建筑防水密封材料和低辐射玻璃等。改造提升大型新型干法水泥生产线,鼓励利用现有2000吨/日及以上新型干法水泥窑炉协同处置工业废弃物、城市污泥和生活垃圾。推广实施水泥粉磨站节能改造。全面提高洛阳浮法玻璃成套工艺技术与装备水平。在新型干法水泥生产线、浮法玻璃生产线、大型煤矸石烧结砖生产线普及纯低温余热发电技术。改善平板玻璃、陶瓷等燃料结构,建设大型煤炭集中制气、分散供应或改造为燃用天然气,淘汰直燃煤为燃料的工艺设备。

轻纺工业。造纸行业,全面推广清洁制浆、余热回收等节能技术,加快淘汰落后造纸产能,促进产业升级。采用生物技术及信息化技术改造提升传统工艺,鼓励沼气利用和废气回收。日用玻璃行业,发展富氧、全氧燃烧等先进节能技术,推广节能技术成熟的玻璃窑炉,加强余热回收利用。日用陶瓷行业,淘汰燃煤窑炉,鼓励使用以天然气、大型煤制气为主的清洁燃料。制革行业,推广节能转鼓等节能设备。棉、毛纺织行业,进一步推广新型纺纱技术。食品、医药、纺织、造纸等行业,加快生物酶催化和应用等关键技术的推广,加快对发酵工艺的绿色低碳技术的改造。

(2)把好项目建设源头控制关口

抑制高耗能、高排放产业过快增长。落实《河南省人民政府批转省发展改革委关于抑制河南省部分行业产能过剩和重复建设引导产业健康发展实施意见的通知》,严格控制"两高"(高耗能、高排放)和产能过剩行业新上项目,进一步提高行业准入门槛,强化节能、环保、土地、安全等指标约束,依法严格节能评估审查、环境影响评价、建设用地审查。坚持高标准建设产业集聚区,严禁污染产业和落后生产能力转入。调整和优化信贷结构,坚持区别对待、有保有压,严格控制"两高"和产能过剩行业项目的信贷投放。认真落实限制"两高"产品出口的各项政策,控制"两高"产品出口。

完善节能评估审查制度。前移能耗控制关口,将固定资产投资项目节能评估审查作为落实先进能耗标准和合理利用能源的重要措施。制定实施固定资产投资项目节能评估审查办法,将节能评估文件及其审查意见作为项目审批、核准或开工建设的前置性条件,以及项目施工和竣工验收的重要依据,未通过节能评估审查的,一律不得审批、核准或开工建设。编制固定资产投资项目节能评估和审查指南,加强对省辖市、县(市、区)节能评估和审查工作的指导和监督。节能审查费用由节能审查机关同级财政部门安排。

健全项目建设部门联动机制。健全项目建设联审联批制度,建立项目信息共享平台,加强沟通衔接,协同把好土地、节能、环保、信贷和产业政策关口。落实项目建设限时办结制度,对符合产业政策、鼓励发展的项目,简化相关程序,完善项目落地条件,力争早开工、见实效。建立健全项目审批、核准、备案责任制,严肃查处越权审批、分拆审批、未批先建、边批边建等行为,依法追究有关人员责任。

(3)加快淘汰落后产能和设备

加大淘汰落后产能力度。落实《国务院关于进一步加强淘汰落后产能工作的通知》和《产业结构调整指导目录》,重点淘汰落后炼钢、炼铁、焦炭、水泥、化纤、电石、电解铝、铅冶炼、锌冶炼、平板玻璃、造纸、铅酸电池等产能。制定淘汰落后产能工作方案,将任务按年度分解落实到省辖市、省直管试点县(市),并加强日常监督和年度考核。完善淘汰落后产能公告制度,各省辖市、省直管试点县(市)每年要向社会公布省下达的淘汰落后产能企业名单、落后产能和淘汰时限及总体进展情况,接受社会监督。对未按期完成淘汰任务的地方,严格控制新建投资项目,暂停对该地"两高"行业建设项目办理审批、核准和备案手续;对未按期淘汰的企业,依法吊销其生产许可证、排污许可证和安全生产许可证;对有虚假淘汰行为的,依法追究企业负责人和政府有关责任人员的责任。

加快淘汰能耗高、污染重的落后设备和工艺。落实国家《高耗能落后机电设备(产品)淘汰目录》,制定公布河南省限期淘汰的能耗高、污染重的落后设备(产品)和工艺目录,对生产和销售列入国家和省淘汰目录的耗能高、污染重的落后设备和产品,限期停止生产和销售。对使用列入淘汰目录的能耗高、污染重的落后设备、产品和工艺的企业,限期更新改造或淘汰。对不按期淘汰的企业,属实行生产许可证管理的,依法吊销生产许可证。

完善落后产能退出机制。每年组织开展"两高"行业淘汰落后产能专项检查,督促各地按要求淘汰落后产能、拆除落后设施装置,防止落后产能转移。坚持淘汰落后产能与产业升级相结合、淘汰落后产品与产品提档相结合,引导企业在淘汰落后产能过程中发展新兴产业和特色产业,加快产品结构升级。将淘汰落后产能任务完成情况纳入市、县级政府节能减排目标责任考核内容,提高考核分值比重。

3.5.3 低碳产业示范区建设行动

当前,河南省坚持把构建"一个载体、三个体系"作为科学发展的重要抓手,着力建设提升产业集聚区、商务中心区、特色商业区等载体,全面推进经济结构优化升级。推进低碳产业示范区建设,为传统产业转型发展和低碳新兴产业规模化发展提供载体平台,有利于河南省产业低碳化发展以点带面率先突破,有利于在更大范围、更高层次形成更大规模。

河南省低碳产业示范区建设行动主要包括两方面内容:一是以郑州航空经济综合实验区为龙头,以点带面率先突破,全力打造全省低碳产业示范区;二是以河南省产业集聚区为载体,打造一批特色明显、带动能力强、示范作用突出的低碳产业示范园区。

(1) 打造郑州航空经济综合实验区低碳产业示范区

发展多式联运。加快陆空联运体系建设,形成航空、公路、铁路高效衔接、互动发展的联运格局。推动建设一批布局合理、功能完备、集疏便捷的综合性场站和设施,提高转运综合服务能力。大力发展卡车航班,建设区域性卡车转运中心,打造航空货物"门到门"快速运输系统。建设完善高铁货运基础设施,积极发展高铁快递业务。加强空陆联运设施建设,发挥海关特殊监管区域货物集拼、转运功能。推动郑州机场与郑州高铁客运枢纽站紧密对接,大力发展空铁联运,逐步发展成为全国重要的客运中转换乘中心。

建设高端航空港经济产业体系。依托航空货运网络,加强与原材料供应商、生产商、分销商、需求商的协同合作,充分利用全球资源和国际国内两个市场,形成特色优势产业的生产供应链和消费供应链,带动高端制造业、现代服务业集聚发展,构建以航空物流为基础、航空关联产业为支撑的航空港经济产业体系。构建开放融合的创新平台,组建产业技术创新战略联盟,加快突破产业核心关键技术。在航空航材制造、智能终端、精密机械、生物医药、信息服务等领域,引进核心技术创新团队,集聚高端人才,打造高水平技术研发队伍,设立高端制造业研发中心或研发总部,形成特色产业技术创新中心。加强产学研合作,集中力量开展重点领域关键共性技术攻关,推动重大科技成果转化。

建设绿色智慧航空都市。借鉴国际经验,规划建设城市综合服务区,为空港、产业发展提供服务支撑,打造畅通高效的交通网络、绿色宜居的生活环境、集约有序的城市空间,建设现代产城融合发展示范区。

(2)打造一批低碳产业示范园区

依托产业集聚区、循环经济园区、高新技术产业开发区以及"双百"企业等载体,着力打造一批特色明显、带动能力强、示范作用突出的低碳产业示范园区。

着力推动低碳新兴产业集聚发展,按照统筹规划、发挥优势、突出特色、集聚发展的原则,依托产业集聚区,围绕电子信息制造、信息服务业、生物医药产业、生物育种产业、太阳能产业、新材料产业、节能环保装备产业、智能电网装备产业、新能源汽车产业等国家和河南省战略性新兴产业发展方向,打造一批低碳产业示范园区。

结合高碳产业低碳化转型发展要求,依托产业集聚区,按照"布局优化、产业成链、企业集群、物质循环、创新管理、集约发展"的原则,统筹规划园区空间布局,调整产业结构,优化资源配置,推进园区土地集约利用,大力推行清洁生产,推进企业间废物交换利用、能量梯级利用、废水循环利用,共享资源,共同使用基础设施,形成低消耗、低排放、高效率、能循环的现代产业体系,打造一批高碳产业低碳化转型示范园区。

3.6 政策措施建议

高碳产业低碳化发展是当今世界各国共同面临的新情况、新任务、新挑战。中原经济区作为全国重要的经济板块和全国主体功能区规划明确的重点开发区域应采取更为积极主动的措施,从法律、政策、资金、技术等方面研究制定有利于产业低碳化转型发展的对策措施,推动中原经济区由"高碳型"向"低碳型"转变。

3.6.1 完善政策体系

政府作为宏观调控的实施者对高碳产业低碳化转型负有积极引导和鼓励其发展的责任,是任何社会组织和个人所不能替代的。政府要对新建、扩建和改建的高碳企业实行更为严格的审批制度,对其投产后对环境和生态的影响要进行严格的评估,对不符合国家发展环保要求的不予立项,对审批过程及结果实行领导负责制。通过政府给予低碳企业优惠政策以及地域经济的科学长远布局,助推高碳产业园低碳化转型发展,发挥其集聚效应和生产规模效应,以降低能耗成本。

税收是一个国家经济发展中重要的宏观调控手段。虽然目前我国已经出台实施了一系列关于高碳产业低碳化转型的税收优惠政策,但不能从整体上把握引导方向,一些政策出台后没有能够针对现实情况及时调整。目前,我国的税收政策主要从增值税减收和企业所得税定额返还方面鼓励中小高碳企业采用先进低碳技术。在企业所得税方面,对于高碳产业技术改造项目,该项目设备投资的40%可以从购置前一年的企业所得税中抵免。要完善市场经济制度,尽快出台相应政策法规,鼓励高碳企业积极淘汰落后产能,转向集约型的清洁生产。

因此,应结合河南省实际,建立差别化、分类指导的产业低碳化发展区域政策。综合运用产业、财税、金融、价格等多种政策手段,发挥产业低碳化发展政策的协同作用,构建有利于促进产业低碳化发展的政策体系。完善地方财政税收优惠政策,加大对经济结构调整的支持力度,鼓励绿色低碳新兴产业发展;研究制定低碳产品认证和标识管理办法,建立政府低碳采购政策,有效增加绿色低碳产品市场需求,引导企业生产方向和公众消费方向;规范地方投资管理政策,在固定资产投资项目节能评估和审查内容中增加碳排放评估内容。创新金融政策,大力发展绿色低碳信贷。深化资源性产品价格和税费改革,建立反映市场供求和资源稀缺程度、体现生态价值和代际补偿的资源有偿使用制度和生态补偿制度。

3.6.2 增强资金保障

高碳产业低碳化转型面临的首要难题就是资金问题,特别是对于一些小型私有企业而言,他们有减排的积极性但缺乏资金,这需要政府给予支持。各级政府应设立专门部门或专人负责对行政区域内高碳产业类型进行统计和摸底。对于国家明令禁止的坚决予以关闭,对于符合国家规定但需要改进的企业给予相应的经济扶持。

因此,应充分发挥市场在产业低碳化发展中的作用,灵活运用投资补助、贴息等引导性资金,大力吸引社会各界资金进入低碳经济领域,引导并带动社会资本广泛参与河南低碳经济建设。积极拓展利用外资渠道,大力争取国外援助和政府优惠贷款。同时,河南省应加大促进产业低碳化发展的资金投入,一方面积极争取中央财政对河南发展"低碳经济"和资源开发保护的转移支付力度,同时充分利用国家清洁发展机制基金、新能源建设基金,开展有关产业低碳化发展相关工作。另一方面,积极整合省内相关资金,用于支持产业低碳化发展基础研究,保障产业低碳化发展工作的开展。

3.6.3 提高科技人才支撑

高碳产业低碳化发展实质上就是使目前的高碳产业能够高效利用现有化石能源,大力提高可再生的清洁能源在能源一次消费中所占的比例。要实现我国政府对国际社会的郑重承诺,其中科研投入、新的先进的技术及管理经验进入高碳产业更显得尤为重要。这有利于我国自主创新能力建设,有利于快速形成高碳产业的生产能力以及其核心竞争力。西方各国政府早在20世纪70年代初就开始运用产学研相结合这一体系指导社会各方面力量为经济发展,特别是科技创新服务。例如,美国20世纪70年代为重振经济、适应全球经济的发展,推出"三重螺旋式"运行方式,即加强产学研联合。美国科学基金会从1971年开始,就相继制定出包括"大学工业联合研究计划""大学工业在材料研究方面的联合计划"等切实可行的产学研联合计划。这些计划的实施使美国走出了70年代初的经济危机,国力大增。英国政府在20世纪80年代改变其一贯的重视科学研究、不重视科研成果转化的观念,推出"连接计划",集中各方力量加快对英国国民经济具有战略意义的信息、生物、新材料等领域的发展。日本的产学研组合有着自有的特点,更为准确的表述应该是产学官联合,一字之差能够深刻揭示出日本产学联合中官方地位的重要性。20世纪90年代以来,日本政府不遗余力地推进产学研联合,把其作为实现国民经济结构变革的有效途径之一,尤为重视优秀人力与科技生产领域的联合,制定并实施多项相关政策,引导和推动国立大学与本国实业界进行重点联合研究。

因此,应结合河南省产业低碳化发展重大技术需求,加强关键技术研究,加快创新成果推广应用和产业化,提高产业低碳化发展的科技支撑能力。加强关键技术研发,重点推进电力、钢铁、建材、有色、化工和石化等高能耗行业的节能技术研发,积极开展新型阴极结构铝电解、中低浓度瓦斯(煤层气)富集、低温余热能量转换器、新型节能换热器、节能电机、高效热电联产等装备研发,开展提高能源梯级综合利用水平和资源利用率技术研发。充分发挥河南在小麦、玉米育种等方面技术力量优势,着力培育产量潜力高、品质优良、综合抗性突出和适应性广的小麦、玉米等新品种。采用实施节能低碳技术示范项目等方式,加强先进适用技术示范应用,加快推进低碳技术产业化、低碳产业规模化发展。增强自主创新能力,加快完善以企业为主体、市场为导向、产学研相结合的技术创新体系,着力突破关键核心技术,推进创新成果产业化,提升核心竞争力。同时,应做好人才培养,依托省内重点高校和科研院所,建设应对产业低碳化科研培训基地,系统培养产业低碳化发展的专业人才,组建具有国际化视野、多学科交叉优势的高层次专家队伍。加强创新型人才培养,加快省内高校产业低碳化发展相关学科专业建设,鼓励企业、科研院所、高校联合建立人才培养基地。建立良好的用人机制,营造良好的创业环境,完善期权、技术入股等多种形式的激励机制,着力引进海内外高层次人才从事相关工作。

3.6.4 探索开展碳排放交易

目前国内北京、上海、天津等地已经成立了碳排放交易市场,逐步建立起符合低碳经济发展需求和我国国情、对接国际规则的自愿性碳排放交易体系,是我国发展低碳经济所面临的重要任务。有了碳排放交易体系,有了完善的供求、竞争、价格、风险等市场机制以及相关的法律,才能创造相对公平透明的交易环境,才能利用市场机制促进低碳产业发展,确保环境资源在低碳产业中得到最有效配置,促进国家低碳技术的创新和应用。适时出台政策措施,建立碳排放交易体系。碳排放交易体系的建立和发展,会鼓励企业使用和投资可再生能源、清洁能源,促成可再生能源领域新技术的开发与产业化投资的紧密结合,降低可再生能源的利用成本,促进可再生能源的规模化发展,为低碳经济提供持续的动力。

因此,河南省应加强温室气体排放核算工作,定期编制温室气体排放清单,建立温室气体排放数据信息系统。开展重点排放企业(单位)碳排放报告与核证工作，为碳排放权交易奠定基础。积极开展碳排放权交易试点，根据形势并结合合理控制能源消费总量的要求，建立碳排放总量控制制度，开展碳排放权交易试点，明确试点的基本规则，制定相应政策和管理办法，研究提出温室气体排放权分配方案，在试点地区建立碳排放权交易登记注册系统、交易平台和监管核证制度，逐步形成区域碳排放权交易体系。同时，加强碳排放交易支撑体系建设。制定碳排放交易市场建设总体方案。研究制定减排量核算方法、相关工作规范和认证规则。加强碳排放交易机构和第三方核查认证机构资质审核，严格审批条件和程序，加强监督管理。充实管理机构，培养专业人才。逐步建立统一的登记注册和监督管理系统。

3.6.5　积极开展区域合作

中原经济区是以河南省为主体，包含山东、安徽、河北、山西等省部分地区的综合性经济区，中原经济区产业低碳化发展应建立省际互动机制，积极开展区域合作。一是探索建立覆盖中原经济区的碳交易市场，碳交易是跨区域低碳经济市场一体化的核心，其建立和运作目的是要打破区域封锁，促进低碳经济生产要素在区域之间的自由流动，从而实现低碳生产要素的优化配置，以确保低碳产业的形成，引导产业由高碳模式向低碳模式的有序转变。二是构建跨区域低碳经济协调发展的动力机制，构建受益地区对受损地区利益的补偿机制、对整体利益损害的约束机制，以及构建协调机构。三是按照各地区国家主体功能区划定位要求，根据比较优势的原则，对跨区域的不同区域产业实行分工协作、错位发展，在实现低碳经济发展目标的前提下，优化区域经济布局。

第4章
农业低碳化行动方案

4.1 背景意义

4.1.1 研究背景

农业是对气候变化最敏感和受影响最大的产业。在全球气候变化带来的诸多挑战中,很大程度上依赖"靠天吃饭"的农业是遭受冲击最大的行业之一。全球气候的任何异常变化,都与农业息息相关。《2010年世界发展报告:发展与气候变化》中指出,气候变化尤其会给农业带来更加复杂、多变、不可预测的生产环境,使之面临着诸多不确定性和负面影响。发展中国家在面对气候变化带来的威胁时会更为脆弱,将承受潜在影响的75%~80%。就气候变化对我国农业生产的影响来看,首先,气候变化造成极端天气事件发生频率增加,农业生产不稳定性增加,产量波动,农作物受灾面积加大,成灾率上升,小麦、玉米、水稻三大作物均以减产为主。其次,气候变暖将导致我国农作物生长期延长,作物品种的布局发生变化,特别是品种类型的变化,畜禽生产和繁殖能力可能受到影响,疫情发生风险加大。再次,气候变暖后,病虫害的流行及灾变规律发生变化,呈现加重的趋势。最后,气候变化使得土壤有机质的微生物分解加快,造成土壤地力下降,需要施用更多的肥料以满足作物的需要。与此同时,大气中二氧化碳浓度增高有利于作物光合提高叶片水分利用效率(WUE);气候变暖有利于提高复种指数,作物种植界限北扩,对于增产潜力较大的中、晚熟作物品种具有较大的适应空间;低温灾害总体减少,大风、冰雹、沙尘暴等灾害事件发生频率减小。

然而,农业又是与自然环境双向互动的产业,在最直接感受着全球气候变化带来影响的同时,也通过自身活动源源不断地向地球排放着温室气体,加剧着全球气候的变化。农业活动温室气体排放源主要包括反刍动物饲养的甲烷排放、粪便管理过程中的氧化亚氮排放、农田氧化亚氮排放,以及稻田甲烷排放。资料显示,农业耕地释放出的温室气体约相当于150亿吨二氧化碳,占全球总量的10%~12%。据IPCC(联合国政府间气候变化专门委员会)第四次评估报告,农业是继能源活动之后的第二大温室气体重要来源,其温室气体排放占全球人为排放源的13.5%。其中,甲烷排放占人类活动造成的甲烷排放量的47%,氧化亚氮占58%。IPCC认为,如果不实施有效的控制措施,预计到2030年,全球农业源甲烷和氧化亚氮排放量将比2005年分别增加60%和45%。除上述直接排放源外,农业生产过程还产生了极大的间接排放源,比较突出的就是化肥、农药、地膜三大农业投入品生产过程中产生的排放。以氮肥为例,中国农业大学研究表明,目前我国每年氮肥生产能耗已达到1亿吨标准煤,在能源开采和氮肥生产过程中排放的温室气体约为3亿吨二氧化碳当量,约占全国排放总量的5.5%。此外,农业机械、运输工具以及农产品加工流通过程中也会因大量消耗能源而产生温室气体排放。

建立在对化石能源严重依赖基础之上的当代农业,使得化肥和农药等化学投入品成为农业生产的支柱。然而,严重依赖化肥和农药的"化石农业"所带来的高能耗、高排放、高污染,不仅严重破坏了生态系统平衡,造成了水体和大气污染,带来了农作物品质下降及农作物残留和食品安全等问题,而且严重破坏了土壤结构,稀释了土壤有机质,造成了土壤酸化、板结、肥力下降、保水性差、耕作困难等一系列生态环境问题,削弱了土壤本身的固碳能力。致力于发展生态、低碳农业则可充分发挥土壤碳库作用,使农业成为温室气体的主要吸收主体,使耕地由大碳源变为大碳库。研究表明,土壤碳库是陆地生态系统最大的碳库,是全球碳循环的重要组成部分,在全球碳吸收中占主导地位。有资料显示,全球土壤有机碳(SOC)储量约为1.55万亿吨,是大气碳库的2倍,是陆地生物质碳库的2~4倍。与自然土壤相比,农田土壤在全球碳库中最为活跃,在自然因素和耕作制度、施肥及灌溉等农业管理措施的作用下,农田土壤碳库在不断发生变化,不仅会改变土壤肥力,而且会影响区域乃至全球碳循环。因此,采取合理的农业措施提高农业土壤固碳能力,对减缓气候变化有着极为重要的作用。鉴于此,农业部于2009年编制了《低碳农业——应对气候变化农业行动》,对我国今后一个时期发展低碳农业做出了前瞻性的安排和部署,这标志着积极应对气候变化、大力发展绿色低碳农业已经上升到国家战略层面。

农业部指出,发展低碳农业,要以发展生态友好型农业为目标,以减缓温室气体排放和提高农业应对气候变化能力为重点,以增强减少碳排放、增加碳汇和适应气候变化技术为手段,通过基础设施建设、产业结构调整、提高土壤有机质含量、做好病虫害防治、发展农村可再生能源等农业生产和农民生活方式转变,实现高效率、低能耗、低排放、高碳汇的农业。发展低碳农业不仅可以节约资源消耗,降低对环境和土壤等农业生产要素的不良影响,增加土壤固碳和作物碳汇能力,而且还可以通过技术创新和制度创新的途径增强产出效益。因此,发展低碳农业的实质,就是要走一条不以牺牲环境和土地为代价的,低消耗、高效益、高碳汇的现代农业发展道路。而这又恰与中原经济区以"两不三新"为核心的三化协调发展整体战略密切关联、相得益彰。

4.1.2 研究意义

作为被纳入国家重要区域规划的中原经济区的主板块,河南省是全国重要的农业大省,是国家粮食核心主产区,粮食、畜产品及副食品产量多年来位居全国之冠,每年在输出粮食、畜产品及大量餐厨食品的同时,也不断地向大气排放着甲烷、氧化亚氮等温室气体。全省温室气体排放清单编制的初步成果显示,2010年,河南省农业温室气体排放总量约折合6000万吨二氧化碳(不包括农业生产和农村居民生活消耗化石燃料产生的二氧化碳),占全省温室气体总排放量的9%。其中,甲烷和氧化亚氮排放量分别占全省同类温室气体排放总量的40%和60%以上。据河南省温室气体清单编制机构预计,到2020年,随着河南国家粮食核心主产区、"国人厨房"乃至"世界餐桌"地位的逐步确立,河南省粮食和畜产品生产规模将会不断扩大,预计农业领域温室气体排放将会达到7500~8000吨二氧化碳当量。因此,采取行之有效的行动和措施,切实控制农业领域里的碳排放,有效增加碳汇,对于全省控制温室气体排放、圆满完成国家下达的"十二五"乃至到2020年碳强度下降目标将起到至关重要的作用。

随着《中原经济区规划(2012—2020年)》的全面实施,河南省将全面贯彻中原经济区"两不三新"的基本发展战略,以不牺牲生态和环境为基础,以推进粮食优质高产为前提,以绿色生态安全、集约化标准化组织化产业化程度高为主要标志,全面推进新型农业现代化,构建具有中原特色的现代农业产业体系,逐步建成国家重要的粮食生产和现代农业基地。这也使得河南省将同时面临着保障粮食等重要农产品供给与资源环境承载能力、不断扩大农业生产规模和与之相适应的农业温室气体排放的刚性增长所带来的多重挑战。因此,加快推进低碳农业发展,走低消耗、低污染、高效益、高碳汇的现代农业发展道路,不仅是中原经济区"两不三新"发展的基本要求,也是河南省促进农业转型升级、构建现代农业体系、促进可持续发展的必由之路。

4.1.3　研究范围及重点

发展绿色低碳农业是创建生态文明的重要组成部分,是一项巨大的生态系统工程。河南省是全国重要的农业大省,作为中原经济区绿色低碳发展在农业领域的专项行动,本方案以河南省全域为对象,以发展绿色低碳农业为导向,以控制农业温室气体排放、保护农业生态、提高农业适应气候变化能力为切入点,通过推动农业节能减排、推进农业生产清洁化、推行保护性耕作、构建绿色低碳农业生态系统,以及组织实施低碳农业重点工程等重点行动,推动河南农业加快转型升级,在保证国家粮食安全和主要农产品有效供给的同时,实现农业生产的清洁、生态、高效、低碳,从而探索出对中原经济区全局具有示范引领作用的绿色低碳农业行动方案。

4.2　现状和存在问题

4.2.1　现状

土地资源。河南省土地总面积16.7万平方公里,其中山区面积4.44万平方公里,丘陵2.96万平方公里,平原和盆地9.3万平方公里。自南向北地跨亚热带和暖温带,分属长江、淮河、海河、黄河四大流域,分布有大别山、桐柏山、伏牛山、太行山四大山脉。全省耕地面积819.20万公顷,占全省土地总面积的49.04%,其中,水田75.90万公顷,占9.28%;水浇地461.25万公顷,占56.29%;旱地282.05万公顷,占34.43%。

气候资源。河南地处中纬度地带,属暖温带—亚热带、湿润—半湿润季风气候。一般特点是冬季寒冷雨雪少,春季干旱风沙多,夏季炎热雨丰沛,秋季晴和日照足。全省年平均气温一般在12℃~16℃,1月为3℃~3℃,7月为24℃~29℃,大体东高西低,南高北低,山地与平原间差异比较明显。气温年较差、日较差均较大,极端最低气温-21.7℃(1951年1月12日,安阳),极端最高气温44.2℃(1966年6月20日,洛阳)。全年无霜期自北往南为180~240天。年平均降水量约为500~900毫米,南部及西部山地较多,大别山区可达1100毫米以上。全年降水的50%集中在夏季,常有暴雨。全省太阳辐射总量1600~5000瓦/平方米,全年日照2000~2400小时,除西部山区的部分地区热量资源略显不足外,其他各地热量资源丰富,其中濮阳、南乐一带在2400小时以上,是河南省光照最充足的地方。

水资源。河南省横跨黄河、淮河、海河、长江四大水系,流域面积50平方公里及以上的河道共1030条,其中海河流域108条,黄河流域213条,淮河流域527条,长江流域182条。海河流域1.53万平方公里,占全省总面积的9.1%;黄河流域3.62万平方公里,占全省总面积的21.7%;淮河流域8.83万平方公里,占全省总面积的52.9%;长江流域2.72万平方公里,占全省总面积的16.3%。根据2005年第二次全省水资源评价计算结果,全省多年平均河川径流量302.67亿立方米,多年平均地下水资源量196.00亿立方米,扣除地表水与地下水重复计算量95.13亿立方米,全省多年平均水资源总量为403.53亿立方米,其中豫辖黄河、淮河、海河、长江流域分别为59.87亿、246.08亿、27.62亿、71.29亿立方米。全省多年平均降水量为771.1毫米,其中76.2%的降水量由植物吸收蒸腾、土壤入渗以及地表水体蒸发所消耗,另有23.8%的降水量形成河川径流量。通过对1956—2000年系列资料的计算,全省多年平均河川天然径流量为302.67亿立方米,折合径流深为182.8毫米,多年平均年径流深的区域分布与降水的总趋势大体一致,呈现南部多于北部,西部山区多于东部平原。豫南大别山区地表水资源最丰富,径流深435.8毫米;豫北东部徒骇马颊河平原最贫乏,径流深仅28.4毫米。

主要农产品资源。河南省地处中原地带,气候条件相对优越,植物生长所需的热量资源丰富,适宜多种粮食和经济作物生长,为河南省成为全国重要的粮食大省和畜产品大省创造了有利条件,主要粮油作物、畜产品及肉类总产量等特色农产品产量多年来稳居全国前三位。2012年,全省粮食总产再创历史新高,达到5638.6万吨,占全国粮食总产量的9.6%,居全国第一位,其中小麦总产量3177.4万吨,占全国小麦总产量的26.3%;油料总产量569.5万吨,占全国油料总产量的16.6%,居全国第一位;大牲畜饲养量942.3万头,占全国总饲养量的8%,居全国第二位;肉猪年出栏5711.3万头,占全国年出栏总量的8.2%,居全国第三位;肉类总产量677.4万吨,占全国肉类总产量的8.1%,居全国第二位。

农业综合生产能力。近年来,河南省以国家粮食核心区建设为契机,狠抓农田水利基础设施,着力实施农业提升工程,使河南省农业综合能力得到了较大提升。根据河南第二次土地调查主要数据,全省819.20万公顷耕地中,有灌溉设施的耕地537.15万公顷,占65.57%;无灌溉设施的耕地282.05万平公顷,占34.43%。

资源能源消耗情况。河南农业在源源不断地为国家输送丰富的粮油和畜产品的同时,也在大量地消耗着各类资源和能源。2012年,全省农业机械总动力达到1.09亿千瓦,占全国农业机械总动力的10.9%,居全国第一位;全省农业用水量135.5亿立方米,占全省总用水量的56.8%;农村用电量达到290.3亿千瓦时,占全省总用电量的10%;化肥施用量(折纯)达到684.43万吨,占全国化肥总施用量的11.7%,居全国第一位;农药、农用塑料薄膜、农用柴油使用量分别达到12.83万吨、15.52万吨和112.3万吨,均居全国同类资源投入的前列。化肥、农药、塑料薄膜等化学投入品的不断增加,不但加剧了河南农业生产成本,也越来越多地消耗着来自各行各业的各类资源和能源。

生态环境状况。近年来,河南积极推进农村生态环境保护,全省农村生态环境持续恶化的趋势得到了控制,在自然保护区、生态示范区和生态文明村建设及农村面源污染控制上取得了一定成效。2012年,全省农村水改受益率达到95.2%,农村自来水普及率达到62.2%,农村卫生厕所普及率达到72.9%,全省农村沼气池产气总量13.89亿立方米,农村太阳能热水器面积444.0万平方米。目前,河南省农村生态环境的形势依然不容乐观,主要污染物排放量仍超过环境承载能力。2012年,河南省秸秆产生量8725万吨,可收集量7750万吨,综合利用率达78%。此外,塑料薄膜、农药、化肥的大量使用,给水体和土壤安全造成了不容忽视的危害。同时,夏收或秋收时节对秸秆的焚烧等也给环境带来较大的压力。

农业温室气体排放现状。按照国家发展改革委《省级温室气体排放清单编制指南》的有关界定,河南省农业温室气体排放源构成主要为稻田和动物肠道发酵及粪便管理过程中的甲烷排放,以及农用地和动物粪便管理过程中的氧化亚氮排放两种温室气体。据河南省温室气体清单编制的初步研究成果,2010年,河南省农业温室气体排放总量约为6000万吨二氧化碳当量,约占全省温室气体排放总量的9%。其中,甲烷排放总量2850万吨,约占全省甲烷总排放量的40.5%;氧化亚氮排放量3100万吨,约占全省氧化亚氮总排放量的62.6%。从农业温室气体排放源构成看,稻田甲烷排放占农业甲烷总排放的11%,动物肠道发酵甲烷排放占农业甲烷总排放的65%,动物粪便管理系统中的甲烷排放占农业甲烷总排放的25%,农用地氧化亚氮排放约占农业氧化亚氮总排放的77%,动物肠道氧化亚氮排放约占农业氧化亚氮总排放的23%。与此同时,2010年全省土地利用变化和林业领域约产生1730万吨的碳吸收能力,占全省温室气体总排放的2.69%。如果综合考虑农业生产和农村居民消费的化石燃料,河南农业成为仅次于工业领域的第二大温室气体排放源。

4.2.2 困难和问题

随着国家对粮食安全问题的高度重视,作为国家粮食生产核心主产区,河南省不仅面临着确保粮食和畜产品产量稳定增长与耕地保护和资源节约等战略性挑战,也面临着推动绿色低碳发展与转变传统耕作模式的观念性变革,同时还面临着农业基础设施薄弱、生态环境脆弱、水资源短缺等诸多困难和问题。

一是农业基础薄弱,适应气候变化的能力不强。河南农业发展方式相对粗放,经营机制仍不适应生产发展的需要,经营主体缺位,规模化、标准化和组织化程度不高,从业人员素质较低。资源浪费严重,投入产出效益不高,农业持续健康发展越来越受到资源环境的制约。农业基础设施薄弱,全省仍有6000余万亩中低产田需要改造,近3000万亩耕地不能得到有效灌溉,农田水利工程老化失修情况严重,农业减灾抗灾能力脆弱,适应气候变化的能力不强。

二是水资源短缺,利用效率不高。河南省农业生产高度依赖的水资源总量不足且区域分布不均衡。一方面,全省人均水量和亩均水量只相当于全国平均水平的近1/8和1/7,属于严重缺水省份;另一方面,因财力困难,各级普遍存在着对农田水利设施建设投入不足的问题,导致现有大多水利设施年久失修,利用效率不高,节水灌溉发展缓慢,全省农业灌溉水利用系数偏低,水资源利用效率不高。

三是农药、化肥、地膜等农资投入大,农业面源污染严重。近年来,河南省化肥、农药、农膜等的使用量不断增加,无论从投入总量还是亩均投入强度上看,都位居全国前列。连续多年大量化学品的投入,不仅向大气中排放了较多的温室气体,而且破坏了土壤结构和蓄水保墒能力,造成土壤板结和水分下降,并使农作物抗逆能力下降。同时,农药残留还危及人类食品安全,给人类健康带来威胁。

四是农业生态系统整体功能脆弱,抵御自然灾害的整体能力不强。多年来河南省森林覆盖率不仅低于全国平均水平,而且在中部(六省)地区中也是最低的,比最高的江西省低38个百分点。截至2013年,全省林地面积504.98万公顷,占总面积的30.24%,森林面积359.07万公顷,占林地面积的71.23%;对生态环境保护极为重要的天然林比重低,林地资源、森林资源总量严重不足。森林生态系统的整体脆弱,导致农业抵御自然灾害的能力不足,水土流失严重,土壤中氮、磷、钾等养分损失加快,造成土壤退化、耕地减少,部分地区生态失调,水旱灾害频繁。

五是广大农民低碳农业意识淡薄,体制机制急需完善。推动低碳农业发展的认识不充分,政策措施不到位,体制机制不完善。占全省绝对人口的农村劳动力普遍存在着受教育程度低、文化素质不高的问题。对以化肥、农药为主要投入物的"化石农业"的高投入、高产出、低强度作业产生了较强的依赖,而对其造成的生态环境危害和农产品质量下降等后果知之甚少,对保护生态环境和农业资源的重要性更是缺乏认识,导致部分地区土地及水资源污染严重,土壤质量及农产品品质下降,农村可持续发展面临极大挑战。

4.3 国外发展路径及经验借鉴

4.3.1 国外低碳农业发展的典型案例

当前,一些西方发达国家正在探索低碳农业发展道路,从发展战略、交易机制、标准制定、经营模式、消费引导等多个层面设计谋划与部署,成为新一轮农业产业竞争的关键点。

(1)制定低碳农业发展战略

有关资料显示,进入21世纪以来,欧洲已有25个国家制定或者着手研究农业适应气候变化的国家战略和低碳农业的发展战略。芬兰、西班牙、法国、瑞典、荷兰、英国、挪威等先后制定了专项农业发展战略,意大利等则将该两项内容纳入到国家整体的气候政策之中。此外,日本农林水产省、农业和农村政策推进本部于2008年发布了《21世纪新农政》报告,提出了加快对农村生物质能源的灵活利用,扩大本国生物燃料的生产。俄罗斯则颁布了《农产品市场调节、农村发展规划》,将改变农业发展方式、保护自然资源、恢复生态环境作为国家发展目标之一。相关国家还制定了相应的财税政策,对低碳农业的关键环节进行扶持,资助生态农业的相关科技创新。

(2) 设立农业低碳度量标准

设立统一的碳减排标准和规则极其重要,有了一致性才能建立更有效的市场,保证交易的公平性。21世纪初,美国专门成立了"环境服务标准委员会",研究制定和设立"农业土壤管理碳汇标准",并由农业部负责该标准的出台、申报以及注册系统的建立。美国环境服务标准委员会由农业部长担任标准委员会的主席,委员会的成员为能源、内务、商务、交通和环保等部门的相关负责人。2007年初,美国农业部拨付5000万美元经费支持大学和研究人员协助农业部制定相关标准。2007年6月,美国环保协会和杜克大学联合发布了名为"杜克标准"的《农业林业低碳经济应用》文件,这是全球第一部关于农业碳排放交易的核定标准和操作手册,该标准已成为全球关于农林业碳排放交易的首部强制性标准。

(3) 搭建农业碳汇交易平台

2003年,包括福特和杜邦等在内的14家公司和机构联合成立了芝加哥气候交易所,这是全球第一个自愿性参与温室气体减排量交易,并对减排量承担法律约束力的碳市场交易平台。2007年,加入该所交易的公司已达到200多家。所有碳交易活动通过电子交易平台进行,每年设定碳价,自愿交易。参与者主要通过农业碳汇项目来弥补其在其他领域里未完成的减排目标。在用作交易的农业项目中,保护性耕作以其可减少翻耕以实现节能,并使土壤有机碳得到有效封存从而实现固碳、减少碳排放等诸多特性,成为最重要的碳汇项目之一。与此同时,美国农业局管理公司和农场主联合会帮助有意愿实施保护性耕作的农民签订合同,并促成他们在芝加哥气候交易所的碳交易。据有关资料,2007年全美共有1230个农户在芝加哥气候交易所注册了农业碳汇项目,并通过实施勉耕项目获得了碳交易收益。

(4) 推广低碳投入模式

对农业生产的各个环节进行技术创新和方式转变,可有效降低农业温室气体排放。法国在提高耕地固碳减碳能力上的主要做法是在农地上种植需氮作物,并施以适量的无机氮肥,提高土壤有机碳的吸存容量。长期施用动物性堆肥,可有效地提升有机碳的储存效果。加拿大进行作物耕作制度改革,实施作物轮作,有效减少了石化能源投入和作业成本,减少了二氧化碳的排放量。澳大利亚推行"精准农业",在精确估计作物需求量的基础上,调整使用比率,控施或减施肥料形态,实施定时跟踪和预报系统,精确定位施肥,大大提高了氮肥利用率,减少了一氧化二氮排放,也间接地减少了氮肥生产导致的温室气体排放。澳大利亚牲畜温室气体排放量占其总排放量的70%,因此,在畜牧业管理上采取了多种综合性措施:一是改进饲料配方,提高家畜饲养和饲料种植的效率;二是建立生物工厂,加强对家畜粪便的循环利用。日本则通过加快畜种和草种的改良步伐及加强养殖环节的管理来获得更好的减排效率,大大减少了每单位畜牧业生产的温室气体排放量。

(5) 改革耕作制度

低碳农业注重发挥农业的光合作用,吸收和固定大气中的二氧化碳并封存在土壤中,以实现土壤碳汇功能。美国早在1935年就成立了土壤保持局,组织土壤、农学、农机等领域专家,研究改良传统翻耕耕作方法,研制深松铲、凿式犁等不翻土的农机具,推广少耕、免耕和种植覆盖作物等保护性耕作技术。在长期耕作及土壤风化腐蚀的农地采取保护性耕作及休耕,并在休耕地地表再次覆盖植被以增加土壤有机碳的存储容量;通过降低耕作幅度与强度、减少土壤的物理性扰动,以改进土壤有机质的比例。目前,美国有近60%的耕地实行各种类型的保护性耕作,其中采用作物残茬覆盖耕作方式的占53%,采用免耕方式的占44%。加拿大从20世纪60年代开始引进保护性耕作技术,80年代开始大规模推广,目前已有80%的农田采用了高留茬、少免耕等保护性耕作技术模式。以巴西、阿根廷为代表的南美洲保护性耕作应用面积也超过70%,欧洲保护性耕作应用面积也达到14%以上。2001年10月初,联合国粮农组织(Food and Agriculture Organization of the United, FAO)与欧洲保护性农业联合会在西班牙召开了第一届世界保护性农业大会,提出全面推进保护性耕作发展的倡议。目前,保护性耕作在美洲、大洋洲、欧洲、非洲、亚洲推广应用总面积达到了25.35亿亩,显示出良好的生态经济效果和发展前景。

(6)实施农业安全生产认证

低碳农业产品在产量、价格上并不具备市场竞争优势,因此,要农户放弃传统生产方式发展低碳农业,政府应在农产品规范、食品标准等方面制定强定性的规定,引导消费者转变观念。欧洲零售商协会于1997年制定了"良好农业规范"食品标准,明确了农产品的可追溯性、食品安全、环境保护、劳工福利和动物福利等,其中环境保护验证重点是降低作物用药量,改善自然资源使用效率,保护自然资源与野生动物,使环境的负面冲击降到最低。此外,还制定了农民行为规则,其中有关控制点与遵从准则的检验重点包括品种与育种来源、农场基地的历史与管理、土地管理、肥料施用、灌溉与施肥、植物保护措施、废弃物处理设施、劳工健康、职业安全与福利等环境问题。这些都从各方面推动了低碳农业的发展。有关资料显示,2004年欧美有机农业的耕作面积达到540万公顷,生物能源作物耕作面积140万公顷,并有60万公顷长期休耕。

4.3.2 国外低碳农业发展的经验启示

低碳农业发展的经典模式启示。实施保护性耕作,推广先进适用耕作技术,发展绿色、有机、生态农业是国外低碳农业发展的基本模式和途径。

模式之一:推行保护性耕作。实施保护性耕作具有培肥地力、节本增效、减少秸秆焚烧和温室气体排放、促进农业可持续发展等作用。经验表明,与传统耕作比较,保护性耕作可节省柴油约48千克/公顷,提高土壤有机质0.03%,减少化肥投入量10%左右,比焚烧秸秆减少30%的二氧化碳排放量。

模式之二:推广科学施肥。提高化肥利用率围绕测土、配方、配肥、供肥、施肥指导5个环节,做到测土到田、配方到厂、供肥到点、指导到户,改变盲目大量施用化肥的习惯,使农民重视有机肥的使用,不但节约了化肥施用量,还间接实现了节能降碳。

模式之三:发展生态农牧业。实现经济循环发展进一步调整农业产业结构,大力发展生态农业和生态养殖业;科学使用农药、化肥和饲料等工业产品,减少化肥施用量和农用机械的能耗量;改善牲畜的饲料结构,改善动物肠道发酵过程;合理使用土地,改善水稻种植方式,增施有机肥。保护农田生态系统,实现农业、养殖业经济的循环、低碳发展。

低碳农业发展的政策机制启示。低碳农业是一种新型农业发展模式,在发展过程中具有政策驱动性,在技术上具有创新性,在市场机制上具有碳汇的可交易性。

政策机制之一:加大政府补贴。补贴是政策扶持低碳农业发展的一种重要机制。低碳农业是一种全新的农业概念,发展低碳农业所追求的不是一般意义上的便捷和高效的农业产出,更多的是农业与生态环境的和谐,是由保护生态环境和促进可持续发展而带来的社会和生态效益。因此,推广低碳农业,政府补贴政策起着非常关键的作用。

政策机制之二:制定相关准则。积极争取国家政策及技术支持,组织科研力量着手研究制定土壤碳汇管理标准、保护性耕作技术规范、标准化畜禽场站建设及管理规范等相关准则,建立减碳固碳和温室气体减量认证等制度标准,并在农产品规范、食品标准等方面制定强制性规定,引导农业生产和农产品消费观念的转变。

政策机制之三:引导信贷支持。借鉴国外低碳项目融资机制,为低碳农业发展中具有商业化发展前景的创新技术建立起良好的信贷资金支持机制,包括建立健全良好的商业信贷、政策性信贷和各种基金支持机制,从信贷规模、期限、利率、本息偿还等方面给予低碳农业发展项目以支持。

政策机制之四:引入农业碳汇市场交易机制。低碳农业通过保有和扩大碳库,以及使用可持续的生物产品,以增加固碳和减碳能力。联合国政府间气候变化专门委员会(Intergovernmental Panel on Climate Change,IPCC)、世界银行等国际机构,分别制定了农业碳汇交易的一些基本准则和相关项目指南。因此,着手研究制定和建立农业碳汇开发交易市场机制,对中原经济区低碳农业发展将起到积极而又重要的支持作用。

政策机制之五:建立低碳农业服务保障机制。鼓励政府及社会专业机构设立专门的低碳农业信息发布、技术咨询、标准研究、评估认证等专业的中介服务机构,构建温室气体减缓对策数据库等信息服务系统,对低碳农业的开发及相关项目运作等全过程进行技术咨询等中介服务。

4.4 行动方向与目标

4.4.1 行动方向

结合中原经济区三化协调发展的总体布局,未来一个时期,河南农业低碳发展战略定位是:通过体制机制创新和技术创新,构建能充分发挥中原农业资源禀赋和农业特色优势,以生态有机农业、循环型农业、节约型农业和环境友好型农业为特征的现代农业体系,推动农业向高效率、低能耗、低排放、高碳汇、友好型的现代农业转变,为中原经济区"三化"协调发展提供坚实有力的支撑。

围绕河南农业绿色低碳发展的战略定位,农业低碳行动的总体思路是:在确保粮食安全和主要农产品有效供给的前提下,坚持以发展低碳农业为导向,以控制温室气体排放、增加碳汇、保护生态和建设气候智慧型农业提升农业适应能力为主线,以体制创新和制度创新为动力,以构建现代农业体系为载体,通过转变方式、调整结构、创新体制、优化投入等多种途径,综合运用节能减排、清洁生产、增加碳汇、循环利用等多种手段,推动河南农业逐步实现"四个转变",即农田管理由单纯依赖化石农业向绿色有机农业方向转变,耕作制度由传统耕作模式向保护性耕作模式转变,耕地利用由以碳源为主向以碳汇为主的方向转变,畜牧养殖由传统养殖模式向标准化养殖模式转变,逐步构建起以绿色低碳和气候智能型农业为特征的现代农业生产体系和推进机制。

4.4.2 行动目标

以控制温室气体排放为目标,通过改善耕作制度、优化施肥结构、保护和治理水土资源、发展有机绿色农业、推进农业清洁生产等手段,使农业温室气体排放得到有效控制,生态环境得到有效改善,农业生态碳汇能力得到有效提升。

以增强资源能源节约为目标,通过大力推进农业清洁生产,深入开展节能、节水、节材、节肥、节地等节约集约利用措施,构建全链条、全循环、高效率的循环型农业生产体系,使农业生产要素及土地等农业资源利用效率显著提高。

以增强农业适应气候变化能力、打造气候智慧型农业为目标,通过强化农田水利基础设施建设、气候预报及检测能力、气象预警发布系统、防灾减灾能力建设,使农业适应气候变化的能力显著提升。

以完善农业低碳发展推进及运行机制为目标,通过制定相关的绿色农产品的标准和准入制度、完善统计核算制度、目标考评奖惩制度、农业碳汇市场交易制度等措施,提升农业发展绿色低碳的保障能力。

到2020年,全省控制农业温室气体排放取得明显成效,单位农业增加值温室气体排放量比2015年下降7%,农业灌溉用水有效利用系数达到0.62,农作物秸秆还田率达到87%以上,畜禽粪便利用率达到95%,森林覆盖率达到25%。

4.5 重点行动

4.5.1 深入开展节能减排

农业生产和农民生活用能是河南省重要的耗能大户,仅以耗电量为例,近年来就一直占据着全省总耗电量的10%以上。然而河南农业和农村又蕴含着巨大的可再生能源资源,有着巨大的开发和节约潜力。充分发挥农业农村的自然条件和生产优势,加强农村户用沼气和沼气工程建设,开发太阳能、风能、水能等清洁能源,适度发展生物燃料,大力发展节油、节电、节煤、节地、节水等机械、设施和设备,推进农业机械节能、畜禽养殖节能、耕作制度节能,通过减量化、再利用、资源化等方式,降低能源消耗,减少污染排放,是河南农业低碳化发展的重要途径。

推进农业机械高效节能。加强节能农业机械和农产品加工设备的推广应用,强化农业机械设备的能耗检测,设计研发节能机械,加快落后农业机械及其装备的更新换代,研究探索淘汰高耗能、高排放农机的经济补偿方式。推广节能型柴油机和余热利用、燃用重油、柴油机喷油泵校准等节能产品和技术。结合实施高标准大田建设工程,推动农村土地有序流转、集约化经营,逐步淘汰高能耗的小型机械,提高大型农业机械使用比例,推广利用复式联合作业农业机械实施,推进农机标准化、规模化作业,降低农业机械单位能耗。推广使用适合当代农艺技术的节能型农业机械,促进农机、农艺结合,减少农业机械设备的重复使用,切实提高农机的使用效率。

推进种植制度高产节能。大力推动高产创建,强化农作物高产种植措施的集成配套,减少高能耗、低效率的种植环节,建立节能型高产种植制度。结合现代农业提升工程、高标准农田百千万工程等工程的实施,加强种植模式标准化研究,建立并推广区域性农作物种植标准化模式,促进农艺与农机的配套节能。加快推进大田作物生产全程机械化,围绕机插秧、机采棉等薄弱环节,实现作物品种、栽培技术和机械装备的集成配套。优化农作物布局,调整种植制度,推进农作物生产区域优势布局和标准化种植,促进农作的增产和节能,实现传统精耕细作与现代物质技术装备相辅相成,实现高产高效与资源生态永续利用协调兼顾。

推动设施农业节约高效。通过试点示范、技术引领、资金支持等各种途径,鼓励发展节能高效型日光温室,逐步建立规模化、节约型、工厂化的现代农业设施体系,推动设施农业实现集约化生产、节约化管理、标准化经营。引导农民引入工厂化农业管理技术,强化设施农业生产管理过程的节约低碳意识、生态环保意识和绿色有机意识,逐步建立绿色低碳产品生产保障体系。加大设施农业节能、节水、节材等环保技术的推广应用,研发推广高起架、大跨度、无柱式标准化温室,研究开发温室冬季生产节能技术、增温保温技术、太阳光热资源利用技术,推广应用水、肥、光、热、湿度等科学利用和监测控制技术,推广应用工厂化设施栽培专用新品种选育技术、水肥一体化栽培技术、病虫害环保型综合防治技术,推动设施农业向优质、高效、环保、节约方向转变。充分利用山区及都市近郊地区自然及区位优势,因地制宜,发展旅游休闲观光农业,推动生态农业的发展。

推进农产品加工企业节能。加强农产品加工等涉农企业能源消耗管理和节能设备更新改造,依法关闭高耗、低质、污染严重、不具备安全生产条件的乡镇企业,进一步更新淘汰土焦、小立窑水泥、黏土实心砖、小冲天炉等落后的技术、工艺和设备。引导和督促乡镇企业严格遵守资源利用标准和能源消耗标准,推广立窑水泥节能节电技术,炼焦清洁型回收余热发电、炉门密封技术,新型铸造熔炼技术,空心砖、新型节能型转窑、窑炉密封制砖技术等,重点推广应用太阳能果蔬干燥技术。

推进农村生活节能。结合推进新型城镇化和美丽乡村建设,加快省柴灶、节能炕升级换代,推广高效低排省柴节煤炉具。加强对农村节能炉灶检测,推广应用保温隔热新材料,推行民用省柴节煤炉灶和生物质炉技术标准,组织标准化生产,实现省柴节能炉灶商品化生产。推动"阳光工程""屋顶工程"等新能源建设工程,推广应用太阳能、风能、微水电等可再生能源和产品。鼓励农民使用太阳热水器、太阳灶,因地制宜发展光伏发电。在适宜地区,积极发展利用风能。在微水电资源丰富的山区,大力发展微水电。鼓励农村建筑推广应用保温、省地、隔热新型建筑材料,引导农民建设节能型住房。

开发农村可再生能源。坚持不与人争粮、不与粮争地的原则,鼓励各地因地制宜,积极开发利用可再生能源,不断提升可再生能源比重。加快农村沼气建设,以"一池三改"为主要内容,积极推广"猪—沼—果"和"四位一体"等能源生态模式,逐步普及农村户用沼气,以集约化养殖场和养殖小区为重点,加快建设养殖场沼气工程,在人畜分离、实行小区集中养殖的村庄,建设沼气集中供气工程。采取有效措施,着力推动秸秆资源能源化,大力推广秸秆固化成型燃料和秸秆气化站等秸秆能源化技术。积极支持南阳天冠依托燃料乙醇生产能力,按照"企业+基地+农户"的模式,充分利用不易生产粮食作物的土地,适度发展能源作物种植,鼓励利用废弃物生产制造生物柴油技术,走中国特色的生物质能源发展之路。

4.5.2 全面推进农业生产清洁化

以"减量化、再利用、再循环"的循环经济理念为指导,转变农业生产和生活方式,大力推广秸秆和畜禽粪便等农业废弃资源的综合利用,逐步强化对农业生产投入品的控制,大力发展节水、节药、节肥、节材农业,加大"沃土工程"投入力度,重点推广测土配方施肥及成熟的病虫害物理和生物防治技术,实现清洁农业生产,达到高效率低消耗、低投入高产出。

(1)推进农业生产过程清洁化

推广节肥、节药、节水技术。深入开展测土配方施肥、精准农业技术,鼓励农民开展秸秆还田、绿肥种植、增施有机肥。优化配置肥料资源,合理调整施肥结构,改进施肥方式,提高肥料利用率。以推动高标准大田建设为契机,大力推广水资源合理开发利用技术、输配水和田间节水灌溉技术、节水增产技术等节水农业新技术,发展节水型灌溉设施,推动节水型农业的发展。科学合理使用高效、低毒、低残留农药和先进施药机械,配置杀虫灯,建立多元化、社会化病虫害防治专业服务组织,大力推进专业化统防统治,推广绿色植保技术,进行病虫抗药性监测与治理,提高防治效果和农药利用率,减少农药用量。大力推广节水农业技术,不断提高水资源利用率,缓解水资源供给矛盾。

发展畜禽清洁养殖。加快畜牧业生产方式转变,合理布局畜禽养殖场(小区),推行农牧结合和生态养殖模式,实现畜牧业与种植业协调发展。科学配制饲料,规范饲料添加剂使用,提高饲料利用率,减少氮、磷等排放。制定畜禽养殖废弃物综合利用规划,推广雨污分流、干湿分离和设施化处理等先进适用的污染防治技术,以生猪、奶牛等标准化规模养殖场(小区)建设项目和大中型畜禽养殖场沼气工程为重点,加强粪污处理设施建设,推进畜禽废弃物的无害化治理和利用。改善饲料(草)结构,积极推广秸秆青贮、氨化和微贮等实用技术,提高反刍动物饲料利用率水平,切实降低反刍动物甲烷排放和投入成本。

(2)强化农产品产地污染源头预防

当前,河南省工业"三废"造成的农业环境污染依然严峻,污水灌溉农田面积不断增加,农业生产产生的大量废弃物和农村生活垃圾、生活污水等废弃资源,严重威胁着农产品质量安全,致使部分地区农业自身造成的面源污染日趋严重,成为水体富营养化的重要原因之一,因此,必须强化农村产地污染的源头预防、过程控制和末端治理,严格控制外源污染,减少农业自身污染物排放,这对防治农产品产地环境污染、保障农产品质量安全具有重要作用。

控制产地加工业"三废"污染。加强对农产品产地周边污染源的监管,严禁向农产品产地排放或倾倒废气、废水、废油、固体废物,严禁直接把城镇垃圾、污泥直接用作肥料,严禁在农产品产地堆放、贮存、处理固体废弃物。在农产品产地周边堆放、贮存、处理固体废弃物的,必须采取切实有效措施,防止造成农产品产地污染。要引导合理规划和建设乡镇工业集聚区,完善相关的排污、治污等综合治理设施,引导乡镇企业实现聚集发展。要加大对污染企业的整治力度,依法"取缔关停一批、淘汰退出一批、限期治理一批",严格控制新上污染企业,加强对重金属污染源的监管。

加强农业生产投入品管理。加强对化肥、农药、农膜、饲料添加剂等农业投入品的监管,健全化肥、农药销售登记备案制度,禁止将有毒、有害废物用于肥料或造田。实施水产苗种生产许可制度,加强水产苗种监督管理,科学投饵,合理用药。加大对违法违禁生产、销售和使用高毒、高残留、有害农业投入品的处罚力度,营造生产、销售和使用安全农业投入品的良好氛围与环境。

(3)加大农业面源污染治理

推进农村废弃物资源化利用。作物秸秆、畜禽粪便、林木三剩物是河南省农村主要的副产资源,但长期以来,缺乏有效利用,造成资源长期废弃,不仅浪费了资源,而且造成了严重的面源污染。应当采取有效措施,加以高效增值利用。全省农业废弃资源的综合利用,应从基层行政村抓起,建立以农村专业合作社为依托、以农户为骨干、以村为单位的废弃资源综合利用体系。因地制宜建设秸秆、粪便、生活垃圾、污水等废弃物处理利用设施,大力发展农村沼气工程,推进人畜粪便、生活垃圾、污水、秸秆的资源化利用。

大力开展农村环境综合治理。充分利用人畜粪便,生产清洁能源和优质肥料,大力推动沼气建设。推广"四位一体"和"猪—沼—果"等能源生态模式,在集约化养殖场和养殖小区以及秸秆资源丰富的地区,建设大中型沼气集中供气工程,实现畜禽养殖废弃物资源化利用和环境治理的双重目标;鼓励采取沼气提纯罐装、专用燃料、发电上网等方式,实现沼气高值利用。以新农村建设为突破口,加大农村垃圾、生活污水的综合整治,推动农村生活废弃物的资源化利用。

大力开展秸秆综合利用。按照"先农后工、先饲后肥、多元利用"的原则,坚持与农业生产相结合推进秸秆的综合利用。在满足农业和畜牧业需求的基础上,利用经济手段,统筹兼顾,合理引导秸秆能源化、工业化等综合利用,不断拓展利用领域,提高利用效益。在推进秸秆肥料化利用的同时,因地制宜建设一批秸秆沼气集中供气工程、秸秆固化成型和秸秆生物炭生产技术示范点,推进农作物秸秆能源化、原料化利用。探索建立有效的秸秆田间处理、收集、储存及运输系统模式。加快建立以市场需求为引导、企业为龙头、专业合作经济组织为骨干、农户参与、政府推动、市场化运作、多种模式互为补充的秸秆收集储运管理体系。

大力开展废旧地膜回收利用。采取政府引导、企业带动、市场运作的方式,推广应用厚度不低于 0.08 毫米的地膜,严格限制使用超薄地膜。加快废旧地膜捡拾技术装备的推广应用,对农民回收利用废旧地膜进行补贴,鼓励和引导农民回收利用地膜,扶持建设一批废旧地膜回收加工网点,建立健全废旧地膜回收加工网络,逐步建立地膜使用、回收、再利用等环节相互衔接的废旧地膜回收利用机制。同时,加大财政支持力度,鼓励建立农药废弃包装物回收、处理机制。

推行农田氮磷拦截和稻田间歇灌溉。在现有农田排灌渠道基础上,通过生物措施和工程措施相结合,改造修建生态拦截沟,吸附降解农田退水中的营养元素,改善净化水质,促其循环再利用,减少农田氮磷流失。推广稻田间歇灌溉技术。稻田甲烷排放主要受土壤性质、灌溉水分状况、施肥以及气候等因素的影响,减少稻田排放的方法主要有施肥、灌溉管理和选择适宜的水稻品种,通过改变稻田的水分管理可以改变甲烷菌生存的厌氧环境,从而控制甲烷的生产和排放。

4.5.3 积极推动农田管理低碳化

推行合理休耕轮作、适度免耕作业,是农田管理实现保护性耕作的重要途径。严格控制化学农药用量,推广生物农药和物理、生物防治,是实现保护性耕作的重要内容。要在以往成功研发的基础上,积极探索化肥、农药、农用薄膜的减量与替代的配套技术,推广农家肥替代化肥、生物农药替代化学农药、可降解农膜替代不可降解农膜等农业清洁生产技术。要集成推广测土配方与精准施肥技术、生物农药与综合防治技术,鼓励农民利用休闲地种植绿肥作物或能源作物,积极发展碳汇农业。

合理施肥,减少碳排放。按照农作物施肥规律和土壤供肥能力,科学配比氮磷钾,使土壤施肥种类、施肥数量、施肥质量与作物生长达到最佳配比。合理控施氮肥,增施有机肥,实现氮肥和有机肥的合理搭配。鼓励大量使用粪肥等农家肥,积极推动秸秆还田,合理控制化肥施用量,以切实培肥地力,改善土壤结构,增加土壤有机质和土壤有机碳含量,提升农田土壤碳库能力。要积极推动测土配方施肥和缓控施肥技术,引导农民转变施肥观念,大力推广以平衡施肥为主导、以化验室为依托、以测配站为载体、以基层推广服务网络为基础的"测、配、产、供、施"一条龙服务体系。

实施秸秆还田,扩大绿肥种植。秸秆是发展现代农业的重要物质基础。秸秆含有丰富的有机质、氮磷钾和微量元素,是农业生产重要的有机肥源。继续推广普及保护性耕作技术,通过鼓励农民使用秸秆粉碎还田机械等方式,有效提高秸秆肥料利用率。绿肥不仅是最清洁的有机肥源,还能有效利用农田残余化肥,减轻污染,改善土质,增加生物覆盖,减少耕地裸露,改善农业生态环境,有效减少化肥施用量,改善土壤结构,促进微生物活力和作物根系的发育。要大力推广秸秆粉碎还田、快速腐熟还田、过腹还田、覆盖免耕等技术,推进秸秆肥料化利用。重点推广"秸秆—家畜养殖—沼气—农户生活用能、沼渣、高效肥料—种植"等循环利用模式,鼓励发展秸秆青贮、氨化,推进秸秆饲料化利用,发展以秸秆为原料的食用菌产业,推进秸秆基料化利用。

推行保护性耕作,增强农田土壤固碳能力。保护性耕作以降水高效利用和环境保护为核心,集成了农机、农艺等多项现代耕作技术。其中的少免耕技术以机械化作业为主要手段,是一种不翻动表土,直接在茬地上播种的栽培耕作制度,它是传统农业的继承和发展,是将免耕、秸秆还田、机收等技术综合在一起的配套技术体系。要综合采用机械化少免更覆盖技术、少免耕覆盖轮耕技术、全方位深松技术等保护性耕作技术,改革铧式犁翻耕土壤的传统耕作方式,实行免耕或少耕;采用免耕播种,对有残茬覆盖的地表实现开沟、播种、施肥、施药、覆土镇压复式作业;将耕作技术同秸秆还田技术有机结合,推行作物秸秆、残茬覆盖地表技术,实行根茬固土,培肥地力,涵养水分,保护土壤;改变传统的翻耕控制杂草作业,逐步实现喷洒除草剂或机械表土作业以控制消除杂草的现代作业手段。鼓励通过选择培育作物品种,采用作物轮作等农艺措施,提高作物产量和土壤有机碳,借鉴国际上采用覆盖作物和豆类作物轮作等措施来提高土壤有机碳的做法,推行在两季作物之间通过种植生长期较短的绿被植物以增加土壤有机碳,吸收上季作物的残留氮,最大限度地减少氧化亚氮排放。

合理推动土地高效流转,促进农田管理集约化经营。以推动现代农业产业化集群培育工程和实施"高标准粮田百千万"工程为契机,以促进农田管理标准化、集约化为目标,以合理推动土地高效流转、培育农业产业化龙头企业为抓手,围绕特色优势农产品生产,全面推进高标准集约化大田建设。到2020年,全省力争建设一批高标准原料生产基地,做强做大一批龙头企业,打造一批以绿色低碳为标志的农产品知名品牌,着力打造一批"全链条、全循环、高质量、高效益"的现代农业产业化集群。

4.5.4 着力构建生态农业系统

进一步加大天然林资源、水资源、土地资源等农业资源保护力度,完善森林、草原、湿地、水土保持等生态补偿制度,推进江河源头区、重要水源地、重要水生态修复治理区和蓄滞洪区生态建设工程,切实保护和改善农业生态环境。

加强天然林资源保护。严格林地保护管理,积极拓展林业发展空间。全面加快山区生态体系、农田防护林体系、防沙治沙、生态廊道、森林抚育改造等重点生态工程建设,高标准建设南水北调中线总干渠沿线生态走廊。继续实行退耕还林,加强城镇、乡村绿化和特色经济林基地、花卉苗木基地建设,确保实现林地面积和森林覆盖率目标。加快建设种类多样、结构复杂、功能强大的山区森林植被,增强森林水源涵养、水土保持和改善局部气候的功能。建立稳固的平原农林复合生态系统,强化综合防护功能。在生态廊道等重要地段,提高常绿树种比例,强化乔灌花草结合,高标准绿化美化,形成集景观效应、生态效应和社会效应于一体的高效林业生态防护体系。优化林地结构,挖掘林地增产增收潜力,全面提升森林的碳汇功能和节能减排效能。

加强水资源保护。统筹水资源利用与生态保护,保证河流生态径流,促进水生态系统休养生息。优化配置水资源,坚持全面节约用水,推广农田灌溉节水技术,到2020年,将灌溉水有效利用系数提高到0.62。建立饮用水源保护区制度,重点加强对丹江口库区和南水北调中线工程输水沿线、承担城市供水任务的大中型水库的保护。实施地下水保护行动计划,加快河流生态修复、雨洪利用、地下水补源和替代水源工程建设,遏制平原漏斗区地下水水位下降和漏斗面积扩大的趋势。搞好水生态信息体系建设,完成淮河、海河流域主要水功能区实时监控系统建设。选择一批有条件的地市开展最严格的水资源管理试点,在全省逐步建立起以水资源总量、用水效率控制、污染物排放总量"三条红线"为核心的最严格的水资源管理制度。

深入推进沙化土地和水土流失治理。坚持按照因地制宜、因害设防的原则,加强黄河故道、沿黄沙地风沙和荒漠化治理。完善小网格林网,积极发展农林间作,大力营造片林,逐步建立完善的防护林体系。普及节水灌溉技术,推广保护性耕作技术,改善生活能源结构,依法限制人为滥垦、滥采、滥挖,逐步形成稳定的沙区生态系统。力争2020年前,全省适宜治理的沙化土地基本得到治理,沙区生态状况显著改善。按照"预防为主、全面规划、综合治理、因地制宜、加强管理、注重效益"的水土保持方针,以小流域为单元,以治理坡耕地为主攻方向,开展豫北太行山、豫西伏牛山、豫南桐柏山和大别山等水土流失严重地区的综合治理。实施山、水、林、田、路、矿综合治理,减少因水土流失造成的面源污染。建立健全水土保持、建设项目占用水利设施和水域等补偿制度。完成易灾地区、革命老区、黄河淤地坝等国家水土保持重点防治工程建设任务。

开展土壤污染修复治理。完善土壤污染风险评价机制,建立土壤环境质量评估与样品备案、土壤风险评估和环境现场评估制度,健全土壤污染防治监督管理制度体系。以重点区域为核心,推进污染产业密集、历史遗留问题突出、风险隐患较大的重金属污染区域综合整治。针对不同土壤污染类型选取有代表性的典型区,以镉、铅、铬、汞、砷等重金属污染场地修复为重点,开展污染场地治理、修复、风险控制试点工作。加强历史遗留土壤污染问题治理。对土壤污染严重、不适宜种植养殖的土地,依法调整土地用途。

实施湿地保护工程,开展退耕还泽,恢复湿地植被和水禽栖息地。加强各类自然保护区生态保护和建设,保护生物多样性。深入推进林业生态省建设,巩固天然林保护、退耕还林等成果,严格林地保护管理,全面加快山区生态体系、农田防护林体系、防沙治沙、生态廊道、森林抚育改造等省级重点生态工程建设。实施矿区生态恢复治理工程,推进矿区农田复耕、新村建设、生态恢复同步。加快建立生态补偿机制,加大重要生态功能区生态补偿财政转移支付力度。

加强土地资源保护。大力发展节地农业，实施优化与合理的立体种养，构建农用地的循环利用体系。推动农作制度创新，推广一批稳粮高效、农牧循环、水旱轮作的发展模式，推广应用成熟可靠的农作物合理间种、套种等立体种植模式，千方百计提高土地利用效率。要坚持实行最严格的土地保护制度，从严控制非农业建设占用耕地。通过积极推进农用地和农村居民点整理、工矿废弃地复垦、适度开发宜耕后备土地资源等途径加大耕地的补充力度。进一步优化基本农田布局，使基本农田由小块变大块、零星变整体、低产变高产。定期开展基本农田质量普查与分等定级，及时对基本农田土壤地力和环境质量变化状况、发展趋势进行动态监测和评价。加强对被占用和补充耕地的质量评价，确保不因建设占用造成耕地质量下降。

4.5.5 不断强化适应气候变化能力建设

要以完善农田水利基础设施建设为突破口，以提高农业抵御自然灾害能力、增强适应气候变化能力为切入点，积极推进水利设施、种子工程、气象服务等农业基础设施和能力建设。

(1)加快水利网络体系建设

坚持兴利除害并重，加大水利基础设施建设力度，形成以南水北调中线工程干渠和受水配套工程为主体，由水库、灌区、河道及城市生态水系组成的复合型、多功能的水利网络体系。积极推广应用节水灌溉、蓄水保水、肥水配合等节水高效农业技术。加快重大洪水控制工程、重要支流和中小河流治理、中小水库除险加固、大中型病险水闸除险加固、蓄洪区等防洪工程建设，提高防洪减灾能力，形成较为完善的防洪减灾体系。加快灌排体系建设，积极开展标准农田建设，完善渠系配套。建立较为完善的灌排体系。加快国家规划的中型水库建设，建设一批规模合理、标准适度的抗旱应急水源工程，建立应对特大干旱和突发水安全事件的水源储备制度。加快水生环境工程建设，实施水土保持、地表水污染治理、地下水保护、城市水源地保护、入河排污口综合整治等工程。

(2)大力提升农业机械化水平

结合推动土地流转和规模化、集约化经营，以节能、集约、高效为核心，加快农业机械装备发展。适应保护性耕作的发展要求，以秋粮机械化为突破口，走农机农艺相结合的道路，重点建设秋粮生产机械化技术集成与示范、根茎类作物生产机械化技术集成与示范、高效低碳农业机械装备技术集成与示范、现代农业机械关键技术研究与装备提升、农机化技术推广示范基地等项目。以加快县级农机服务示范建设为突破口，积极推动县(市、区)农机服务体系建设，支持建设一批农机专业合作社，推进农机服务产业化。建设农机跨区作业信息网络设施和智能调度管理服务平台，提高农机信息化服务水平。到2015年，力争全省农业机械化达到国内先进水平。

(3) 着力培育优良品种

以实施"种子工程"为载体，积极培育抗高温、抗干旱、抗病虫的抗逆品种和高光效、高产量的优良作物品种，改善作物品种和农业种植结构，实现种业发展新突破。巩固和确立河南良种选育在全国的主导地位，坚持"资源保护、良种创新、引进培育、产业化开发"的方针，尽快将河南的科研与品种优势转化为产业优势。加快小麦、玉米超高产新品种选育及超级水稻、特色农作物的新品种开发，持续增强农作物育种创新能力，不断提升种子产业的核心竞争力。整合种业科研资源，依托省农科院，组建产学研结合的种业技术创新战略联盟。"十二五"期间，全省新建农作物品种区域技术创新中心8个，使河南农作物品种区域技术创新中心总量达到12个。

(4) 努力增强气象服务和减灾抗灾能力

建设河南省气象灾害监测预警与防御工程，完善农业气象防灾减灾与保障系统、农村气象灾害防御系统、城市气象灾害监测预警系统、人工增雨消雹系统、气象信息处理及保障系统，建设山洪地质灾害防治和生态环境综合治理气象监测预警系统、河南省突发公共事件信息发布系统。建成空中云水资源开发工程。新建气候变化应对决策支撑系统工程和基层气象台站工程。

(5) 实施信息惠农工程

充分开发"三农"信息资源，积极利用科技、气象、粮食等涉农服务网络，搭建省级农业信息服务平台。积极开发农业生产监测预警系统、农产品和农资市场信息服务系统、农村科技信息服务系统等应用系统，推广电视、电话、电脑"三电合一"农业信息服务模式，建立以省、市、县三级信息网络平台为主体，以乡镇农业技术推广服务站、农业企业、专业合作组织信息服务站为服务窗口的信息服务体系。

(6) 加强农产品质量安全体系建设

抓好农业标准体系建设，制(修)订一批优势农产品、特色农产品、农业生产资料生产标准，加快农业标准的推广应用。强化产地准出、市场准入、质量追溯、召回退出等监管制度。建立生产基地速测室,确保基地售出的农产品质量;推进使用包装标识,落实质量安全追溯制度;加强农业投入品监管,建立农产品质量安全突发事件应急处置机制。建设完善以省级农产品质量检测服务中心为龙头,以省辖市检测服务中心为骨干,以县级检测服务站为基础,乡镇或区域农技推广机构农产品质量检测室配合,以基地、超市检测员速测为补充的农产品质量安全检测体系。健全农产品质量安全检测制度,逐步增加检测品种和检测数量。

4.5.6　科学谋划区域功能特色布局

根据河南省农业区域发展布局、要素配置和传统生产模式等特征,依托实施现代农业示范区试点工程,从区域经济和产业经济学的视角,统筹考虑中原经济区城市群、粮食主产核心区、黄淮海平原,以及豫南、豫西、豫北山丘区的不同特点和资源禀赋,因地制宜,实施差别化的低碳农业发展模式和途径,适当侧重粮食安全与供给保障区、生态防护区、自然景观区、休闲观光区等不同的区域功能定位,打造以都市农业区、规模高效农业区、生态绿色农业区为特色,以现代农业先导示范区为驱动的现代农业发展格局。

围绕中心城市建设都市农业区。拓展农业衍生服务功能,大力发展具有观光、休闲、旅游、生态和科技示范功能的城市服务型农业。实现城镇化与农业现代化的协调推进。围绕中心城市发展定位,对都市农业区进行分层布局:在城市区,以优化环境、改善生态、美化城市、服务城市为目的,重点发展城市景观农业、会展农业、森林公园等绿色生态农业;在城市郊区,则以生产、生态和生活休闲功能为重点,大力发展绿色蔬菜、高档花卉苗木等精准设施农业。结合农业科技创新转化,建设高科技农业示范园区,重点发展集采集、休闲、娱乐于一体的休闲观光农业区。大力发展都市型鲜活、半成品等食品产业和现代农产品物流业。重点开发郑州郊区观光休闲和食品产业基地、许昌花卉产业基地等区域以及沿黄现代观光休闲农业基地。

在黄淮海平原和南阳盆地建设高效农业区。该区重点强化保障性农产品生产功能,以构建工农复合型循环发展体系为平台,以强化规模化、标准化、现代化的农产品生产基地为支撑,以工农融合发展为主要途径,推动农业标准化生产与工业精深加工链条的无缝对接。重点提升大宗农产品的产业化发展水平,积极拓展农产品加工深度,大力提升资源化利用水平。重点打造粮棉油及肉乳等大宗农产品生产基地建设和精深加工基地,建成农业现代化与新型工业化的协调发展示范区。努力把黄淮海平原和南阳盆地建成国家粮食稳定增长核心区、大宗农畜产品生产供应保障区和工农复合型循环发展示范区。

在豫南、豫西、豫北、山丘区建设生态绿色农业区。按照生态规律和绿色农产品标准要求,大力发展绿色农业,突出优势农产品的区域特色,建设成为农业现代化与生态环境协调发展的重点区域。本区应从制订生态农业发展规划入手,重点发展食草型畜牧业,以及果蔬、中药材、茶叶、食用菌、烟叶、桑蚕等特色农产品和绿色粮油食品生产基地。要积极引进、扶持一批特色农产品加工龙头企业,大力培育优质绿色农产品品牌,加强航空物流港物流网络建设,加快特色农产品的市场化,实现农业增效与生态环境的协调发展。

大力发展低碳农业示范园区。以推进新型城镇化为契机,依托产业集聚区及农业产业化龙头企业,围绕构建循环型现代农业产业链,通过整合资源与产业融合,鼓励涉农企业集约承包经营专用农业原料基地、绿色有机农产品基地、特色物流园区等规模化的农产品生产加工物流基地,建设以规模化、集约化、关联化为特征,全链条、全循环的现代农业示范园区。推动产业、人口、土地等生产要素的集聚,促进企业、农户、农民等的融合发展。

4.5.7 精心组织实施一批农业低碳示范工程

以构建绿色低碳农业体系为着力点,围绕发展生态农业、低碳农业,采取工程措施,着力组织实施一批绿色低碳示范试点建设工程,通过示范引路,带动全省农业的低碳化发展。

生态友好型农业示范建设工程。重点在豫南、豫西、豫北、山丘区及都市农业区开展创建生态友好型农业示范基地建设工程。制定和落实最严格的耕地保护制度、节约集约用地制度、水资源管理制度、环境保护制度,强化监督考核和激励约束。按照分区域规模化推进的原则,开展高效节水灌溉示范田建设行动。以大田作物生产全程机械化为目标,大力推进机械化深松整地和秸秆还田等综合利用示范工程,加快实施土壤有机质提升补贴项目,支持开展病虫害绿色防控和病死畜禽无害化处理等项目。加大农业面源污染防治力度,支持高效肥和低残留农药使用、规模养殖场畜禽粪便资源化利用、新型农业经营主体使用有机肥、推广高标准农膜和残膜回收等试点。

农业资源休养生息试点工程。重点在黄淮海平原和南阳盆地等高效农业区推进保护性耕作制度改革试点实验工程,推广应用农田免耕少耕和秸秆留茬覆盖还田、控制土壤风蚀水蚀和沙尘污染、提高土壤肥力和抗旱节水能力以及节能降耗和节本增效的先进农业耕作技术,改善土壤结构,增强土壤碳汇能力。启动重金属污染耕地修复试点。继续在陡坡耕地、严重沙化耕地、重要水源地实施退耕还林还草。开展地下水超采漏斗区综合治理、湿地生态效益补偿和退耕还湿试点。通过财政奖补、结构调整等综合措施,对治理修复区进行适当补偿,确保修复区农民总体收入水平不降低。

农作物秸秆综合利用示范工程。重点在南阳、周口、驻马店、商丘、信阳、新乡、安阳等粮食主产区,推进秸秆规模化、产业化利用示范工程,将秸秆资源综合利用与打造粮食核心区、建设全国优质畜产品生产加工基地、创建国家先进生物质能化示范省有机结合,围绕发展农业的绿色低碳化发展,以扩大秸秆利用规模和提高秸秆利用效率为核心,重点推进秸秆饲料化和肥料化、能源化,兼顾秸秆原料化和基料化,采取工程措施,强化技术支撑,完善收储体系,逐步形成秸秆综合利用的长效机制,促进秸秆的资源化、商品化、产业化利用。到2020年,力争使全省秸秆自愿综合利用率达到90%~95%。

测土配方施肥示范工程。全省范围内继续深入开展测土配方施肥普及技术工程,以扩大配方肥推广应用为重点,以整村、整乡、整县等整建制推进为抓手,以全程服务粮棉油糖高产创建、果菜茶标准园创建、农村专业合作组织和种植大户为切入点,在更大规模和更高层次上推广普及测土配方施肥技术,实现测土配方施肥技术进村入户、施用配方肥到田的推进目标,着力改进粗放施肥方式,努力提升农民科学施肥技术水平。采取培训宣传、示范展示等有效手段,因地制宜、以点带面、整村推进,进一步加强技术指导服务,着力提高测土配方施肥技术入户率、覆盖率、到位率,全面推进测土配方施肥工作深入开展。到2020年,全省推广测土配方施肥技术面积达到1.1亿亩以上,覆盖率提高到90%以上。

规模化生态养殖示范工程。以重点推进水污染防治重点区域内规模化畜禽养殖场建设为重点,以点带面,继续推进规模化生态养殖场污染治理示范工程建设。支持建设常年存栏生猪500头以上、奶牛100头以上、肉牛200头以上、鸡3万羽以上的规模化畜禽养殖场,配套完善的粪便管理和治污设施,积极推广各类适合当地产业发展、符合生态化养殖要求的养殖模式,推广应用低碳的畜禽粪便管理技术、污染防治技术和疫病防控技术,采用过程控制与末端治理相结合的方式,大力推广雨污、粪尿、净污"三分离"技术和工艺,干粪作为有机肥原料,养殖污水经沼气池处理用于农作物和林木的肥料,努力降低处理设施建设和运行成本,提高畜禽养殖场排泄物治理和资源化利用水平。到2020年,全省规模化畜禽养殖场排泄物综合利用率达到75%~85%。

4.6 政策措施建议

低碳农业是一种新型的农业生产模式和技术体系,涉及领域广、创新强度大,不仅需要技术、资金等生产要素的坚强支撑,更需要切实有效的政策主导和法律法规驱动,不断规范和完善市场行为,为低碳农业营造良好的发展环境。

4.6.1 制定低碳农业相关法律法规

低碳农业是一种全新的发展理念,是新时期调结构、转方式的一个重要方向和有效途径。河南省作为全国重要的农业大省,要率先树立低碳农业的发展观,对农业低碳化发展要早谋划、早决策、早行动。长远看,要加快研究制定绿色低碳农业发展的相关政策、法规体系,要逐步建立土壤碳汇管理标准、保护性耕作技术标准、标准化畜禽场站建设管理规范、低碳农产品标准、低碳农产品认证、农业碳汇市场交易标准和规范以及低碳农产品市场监管体系等标准和规范,形成有利于低碳农业发展的投融资体制和农业生态补偿机制。研究制定农业和农村控制温室气体排放的统计指标体系、监测体系、考核体系,建立完善监管考核机制,形成控制农业温室气体排放及农业低碳化发展的目标约束机制和政策激励机制。

当前形势下,根据河南省农业发展的实际及在中原经济区三化协调发展中的定位要求,从战略地位、战略目标、战略重点、战略步骤及战略措施等方面入手,制定具有战略性、实践性和实效性的低碳农业发展战略规划,对低碳模式下的财政体系、投融资体系、产业体系、市场交易体系、约束激励体系等具有前瞻性的战略布局。

4.6.2 创新低碳农业投融资体制

坚持把政府主导、市场主体、社会参与有机结合起来,按照"高效率、低能耗、低排放、高碳汇、友好型"的原则,加大对低碳农业相关项目的投入,建立健全低碳农业投入保障机制。建立政府低碳农业投入保障机制,设立财政激励和支持低碳农业发展的专项基金,引导和鼓励金融机构推动"绿色信贷",加大对低碳农业发展的投入。

研究建立农业碳排放权交易机制,加快推动碳排放交易平台建设。实行碳排放权交易是发展低碳农业重要的市场保障机制,也是国家"十二五"规划部署的一项重大制度创新。河南省要充分发挥全国重要的农业大省、农产品交易大省和拥有全国唯一农产品期货交易平台的巨大优势和潜力,尽快制定和完善《省级温室气体清单编制指南》框架下的农业温室气体清单编制,评估认证及目标考评制度。在此基础上,抓紧开展包括土壤固碳、保护性耕作在内的农业碳汇标准体系建设,设计和制定有关的技术规范和操作手册,开展评估、认证、报批、注册、配额管理等相关的适用性研究。加快引进和培育农村碳汇经纪人、农业碳汇专业合作社、碳交易合作方等全方位、多层次的农业碳经营实体。着手开展农业碳交易补偿机制、碳交易规则以及农业碳汇市场交易平台等碳汇交易市场体系建设的基础性研究和探索,加快推动农业碳汇市场化交易机制的形成,力争到2020年建立起国内首个"农业碳汇交易平台",使河南省农业低碳发展融入市场化的碳金融机制,为河南省低碳农业乃至农业的持续稳定发展开辟一条宽泛的投融资渠道。河南省农业碳汇市场的形成,将有助于促成农业以减碳和增加碳汇为手段,实现对工业及其他高碳产业的碳扣出,从而赋予"工农互补"这一良性发展格局更加丰富的内涵。

4.6.3 强化低碳农业技术支撑

发挥河南省农业科技实力雄厚这一技术优势,整合科技力量,强化低碳农业的研究开发与转化,努力攻克一批关键性技术,打破农业低碳化发展的技术瓶颈。重点在农业机械节能、种子工程、保护性耕作、节约型农业,以及农业面源污染防治、农业清洁生产、农村废弃物深度资源化利用等方面取得突破,尽快形成一整套适合河南农业低碳化发展的模式和技术体系。

一是要提升粮食核心产区的低碳农业发展的技术支撑,重点研发现代设施农业示范园区、生态畜牧业、粮食(叶菜)功能区等领域里关键共性技术,在高产、高效、节约、环保上实现重大突破;二是要加强农作物育种能力,研发培育适应气候变化的高光效、耐涝、耐高温、抗寒、抗旱、抗病虫的优良作物品种,大力推动农作制度创新技术的推广应用,推广一批稳粮高效、农牧循环、水旱轮作的发展模式;三是要大力研发肥效提高且先进、低碳、节约的化肥、农药替代技术;四是以提升秸秆、粪便等主要农业废弃物的综合利用效率为重点,推广应用一批农业废弃物的综合高效利用技术。

4.6.4　营造低碳农业发展氛围

农民是低碳农业发展的主体和生力军,农民的思想观念的转变和对低碳相关知识的理解,对农业低碳化发展起着决定性作用。长期以来,河南省农民发展观念落后,低碳意识不强,缺少基本的低碳、生态、环保知识,循环经济、低碳经济、绿色经济的理念尚未形成。各级政府要充分利用广播、电视、报纸、网络等多种媒体,通过创建绿色乡村、绿色田园、绿色学校、绿色家园等丰富多彩的活动,开展多种形式的低碳知识和相关法规的宣传教育。要结合农业生产实践和农民生活的切实需要,以提高农民整体素质为核心,办好各类培训班,不断增加培训数量,提高培训质量。

要在农村大力倡导节约资源、绿色低碳发展的良好风尚,积极引导农民更新思想,转变观念,倡导生态、低碳、文明、健康的生产和生活方式,不断增强农民的低碳消费意识,逐步使农业生产和农民生活低碳化变成广大农民的自觉行动,为实现河南农业的低碳化发展创造良好的社会环境。

4.6.5　推动中原经济区全域联动发展

作为全国重要的农业大省,河南省要发挥在中原经济区全域的主体地位和带动辐射作用,率先在低碳农业发展中先行先试、创造典型、做好表率,并通过加强中原经济区低碳农业领域里的区域交流、分工与合作,构建全域低碳农业联动发展新机制,实现优势互补。

要充分依托河南省雄厚的农业科技力量,发挥全国重要交通枢纽、物流中心的得天独厚优势,借助农产品期货市场、农业碳汇市场等要素,在晋陕豫黄河金三角地区建立区域协调发展平台,积极完善与周边省份区域合作机制。鼓励焦作、济源、安阳、濮阳等市与晋冀鲁地区加强低碳农业发展的区域合作,进一步发挥粮食核心主产区的带动辐射作用,推动中原经济区全域低碳农业的联动发展。

| 第 5 章 |
生态建设低碳化行动方案

5.1 背景意义

5.1.1 研究背景

生态文明建设已上升为国家战略。党的十八大将生态文明建设与经济建设、政治建设、文化建设和社会建设并列,明确了"五位一体"的中国特色社会主义事业总体布局,并将生态文明建设写进了党章,生态文明建设上升到党和国家的战略层面。党的十八届三中全会要求紧紧围绕建设美丽中国深化生态文明体制改革,加快建立系统完整的生态文明制度体系,推动形成人与自然和谐发展的现代化建设新格局。

生态保护在河南省上升到新高度。2007年,省委、省政府做出了建设林业生态省的重大决策。2008年,河南省成为国家级循环经济试点,2011年,国家环保部正式同意河南省开展生态省创建,环境保护在河南省被摆上了更加重要的战略位置,环境保护已进入经济社会政治生活的主干线、主战场。2013年2月,河南省人民政府印发了《河南生态省建设规划纲要》。

生态建设成为中原经济区绿色低碳的关键环节之一。今后一个时期,是中原经济区全面建设小康社会的关键时期,将进入人均生产总值从3000美元向6000美元迈进的新阶段,工业化、城镇化和农业现代化进程仍将继续加快推进,经济总量仍将快速增加,中原经济区经济增长与人口、资源、环境之间的矛盾仍未缓和,经济的快速增长与资源大量消耗、生态破坏之间的矛盾日渐突出,整体上碳排放量和排放强度较大。同时,随着人民生活水平持续较快提升,群众对环境质量的要求越来越高,环境改善的程度与人民群众对环境要求日益提高之间的矛盾更加突出。目前,中原经济区环境形势同全国一样,总体呈现"局部有所改善,总体尚未遏制,形势依然严峻,压力持续加大"的特点。随着中原经济区工业化、城镇化进程的加快,老的污染问题尚未全部解决,新的环境问题不断出现,且碳排放强度下降成为艰巨而很难完成的任务,应对气候变化也愈加紧迫。因此,只有加快推进中原经济区生态化建设,才能解决好中原经济区生态环境保护与经济社会发展之间的矛盾,切实实现绿色低碳发展,促进中原经济区的可持续发展。

5.1.2 研究意义

生态建设是改善中原经济区森林生态和增加森林碳汇的关键环节。森林具有减缓和适应气候变化的双重功能,通过森林吸收二氧化碳,已经成为国际社会公认的低成本应对气候变化的有效措施。从减缓的方面说,增加森林能增加碳吸收,可以有效减少大气中的温室气体。反过来,森林如果遭到破坏就会成为二氧化碳的释放源,会增加碳排放。森林碳汇在我国已经发挥巨大作用,从20世纪80年代后期开始,通过持续不断地开展造林和控制毁林活动,中国累计减少二氧化碳排放50多亿吨,为减缓全球气候变化发挥了重要作用。目前,中国森林植被总碳储量达到了78亿吨以上,固碳释氧等生态服务功能年价值达10万亿元以上。今后一个时期,中原经济区要实现绿色低碳发展,就要走低碳化、生态化的发展之路,实现同样的经济社会发展目标,比原先排放更少的碳,排放更少的污染物质。拥有更大规模的森林资源,是保障中原经济区绿色低碳发展的重要一环,只有继续完善林业生态系统,提升生态效能,才能增强林业碳汇,提高林业和其他生态系统适应气候变化的能力。

生态建设是实现中原经济区低碳发展的重要推手。随着城镇化进程的加快,机动车污染、土壤污染、水体污染、生态失衡等一系列环境问题呈不断加剧之势。随着消费转型,废旧家用电器、报废汽车和轮胎等回收和安全处置的任务十分繁重。当前,中原经济区正处于城镇化加速推进的阶段。未来,随着城市经济的不断发展和扩张,城市与资源、环境以及人口就业之间的矛盾将逐渐显现。水资源、土地资源、环境容量、能源以及产业发展能否承载今后一个时期中原经济区城镇化的加速推进,亟须深入研究。在中原经济区新型城镇化的推进过程中,环境方面的制约主要体现为:中原经济区产业结构滞重,资源加工型产业占比较大,对环境的不利影响已存在。随着城镇化的进一步发展,城镇人口规模越来越大,随之而来的是生活废水的排放量增加和对能源的需求量增加,对中原经济区生态环境保护形成较大压力。因此,中原经济区要实现绿色低碳发展,就必须建设高水平的生态化城镇,在保护环境中加快推进中原经济区新型城镇化和城市建设,促进绿色低碳发展。

生态建设是增大中原经济区环境容量和提高生态承载力的基础工作。中原经济区人口众多,人均资源较少,生态相对脆弱,环境承载力低,环境容量和生态承载力已基本满负荷,资源环境对经济社会发展的制约越来越大。今后一个时期,中原经济区经济发展水平和城镇化率将进一步提高,如果不加大污染减排力度,主要污染物排放总量将远远高于环境容量。随着经济社会的快速发展,人口规模越来越大,随之带来生活废水的排放量增加,对能源的需求量增加,对中原经济区环境容量和可用的环境指标形成较大压力。根据这一要求,中原经济区在推进城镇化进程中,要坚持经济增长与环境保护并重,做到城镇建设与生态保护同步,使城镇有足够的承载力,走生态化发展之路。

生态建设是协调好中原经济区生态环境保护与经济社会发展的有效途径。今后一个时期,随着中原经济区城镇化和工业化的快速推进,对资源、环境的压力将越来越大。人口规模过大、综合素质不高,资源短缺与浪费并存,开发利用和保护的矛盾仍然突出,环境污染负荷高,污染物排放强度大,生态系统比较脆弱,生态恶化的趋势尚未得到有效控制等一系列问题制约着全省可持续发展。在新的发展阶段和新的形势下,上述问题若无法得到有效解决,经济增长和人口、资源、环境之间的矛盾就将愈加难以调和,经济社会就将难以持续发展。要解决这些问题,就必须按照科学发展观的要求,全面推进中原经济区生态化发展,从河南实际出发,采取切实有效的措施,加强生态环境保护工作,为全省的社会经济和谐发展提供保障。

5.1.3 研究范围及重点

生态环境保护是实现中原经济区经济社会可持续快速发展、低碳发展的重要一环,必须破解生态环境约束,才能实现中原经济区的绿色低碳发展。本章主要开展"中原经济区生态建设并促进区域低碳发展的方案"研究。研究范围和内容如下:

在实现中原经济区绿色低碳发展的总目标下,侧重从低碳发展和绿色发展两方面,探讨中原经济区如何推进生态化发展,以及生态化发展中如何体现并促进区域经济社会的低碳和绿色发展。

主要从减碳和碳汇方面考虑,系统分析中原经济区生态环境质量的现状、生态环境保护取得的阶段性成果,以及生态环境保护中存在的主要问题,并剖析问题产生的原因。

研究国内外在生态环境保护方面的经典案例,分析已经采取的有效措施和可借鉴经验。联系中原经济区实际情况,提出在推进中原经济区的生态建设行动中,可以借鉴的典型经验和做法。

在研究分析中原经济区现实需要的基础上,以森林碳汇、城镇生态、水和大气环境、自然生态、农村环境、示范工程等6个方面为重点,提出今后几年中原经济区生态建设行动的方向和目标。针对每个行动研究提出具体的行动内容。

紧密结合我国最新的生态环境保护和低碳发展要求,研究提出推进中原经济区生态化发展的具体政策措施和建议。

5.2 现状和存在问题

5.2.1 森林资源稳步增长,林业固碳减排能力仍需提升

近年来,河南省森林资源保护和发展成效明显,呈现出森林资源量持续增长、质量明显提高,森林生态状况不断改善的良好态势。2009—2013年5年间,开展了天然林保护、退耕还林、重点地区防护林、造林补贴试点、森林抚育补贴试点等国家林业重点工程项目建设任务;除更新造林外,新增森林面积22.48万公顷、森林蓄积量4158.44万立方米,森林覆盖率增加1.34个百分点。2013年,全省森林面积为359.07万公顷,森林覆盖率达到21.5%,活立木蓄积量为22880.63万立方米,其中森林蓄积量为17094.56万立方米。

森林碳汇成效十分显著。通过森林资源吸收和固定二氧化碳,已成为国际上许多国家实现降耗减排目标的有效途径。河南省森林资源通过光合作用每年固定二氧化碳总量,相当于燃烧4100万吨标准煤排放的二氧化碳量。《河南省林业生态效益公报》显示,全省林业生态效益总价值为4750亿元以上,现有林业资源(森林和湿地)年吸收固定二氧化碳8700万吨以上(只考虑森林碳汇,

森林碳汇和碳源相抵后为1730万吨),减缓了温室效应,实现了间接减排,提高了经济社会发展的环境承载能力。在固定二氧化碳的同时,全省林木资源、湿地植物每年还释放氧气4098万吨,可满足1.5亿成年人呼吸用氧,有效改善大气质量,维护大气平衡,年效益价值410亿元。因此,通过森林碳汇,在不影响中原经济区工业发展的情况下实现减排目标,相当于扩大了中原经济区工业发展的环境容量。

河南省林业资源总量仍不足,林业固碳减排能力仍需提升。根据全国森林资源连续清查结果,河南省森林面积在全国列第21位,人均森林面积为全国平均水平的1/5,森林覆盖率在全国排第20位,人均森林蓄积量为全国平均水平的1/7。森林资源分布不均,60%以上林业用地、森林面积、森林蓄积分布在豫西伏牛山区。森林结构不合理,以纯林居多。林分龄组结构不合理,以幼、中龄林为主。单位面积蓄积量低,只有全国平均水平的一半。山区还有550多万亩地处偏远、立地条件差、造林困难的宜林荒山荒地亟待造林绿化,平原地区农田防护林体系需要完善,生态廊道需要提高建设标准,1600多万亩中幼林和低质低效林亟须抚育和改造。

5.2.2 环境整治取得成效,仍需凸显低碳成效

环境综合整治成效明显。近年来,河南省对重点流域、区域环境污染进行综合整治,重点整治了污染严重、关系群众切身利益的9个重点流域、15个重点区域、15个重点行业以及高速公路沿线国道两侧、郑西高铁沿线河南段、风景名胜区周围敏感区、城市集中式饮用水源地等,重点流域区域环境质量明显改善。如南阳蒲山镇、新乡辉县市"家住在蒲山,一年吃块砖""出门捂住脸,吃饭捂住碗,一年吃块水泥板"的状况已得到根本改变。

工业治污水平不断深化。全省脱硫燃煤发电机组装机容量达到了5000万千瓦,形成二氧化硫减排能力59.8万吨/年。二氧化硫排放量较大的氧化铝、焦化、化工、碳素、铅(锌)冶炼、黄金冶炼等非电行业的100家以上的企业开展了脱硫工程,全省共有近700家制浆造纸、制药、化工、硫酸等生产企业实施了深度治理,并对国家和省级重点监控的338家排污企业进行了清洁生产审核。

今后一个时期,需要进一步凸显环境整治成效对绿色低碳发展的带动力。目前,主要城镇区人均公共绿地面积小于10平方米。全省城镇生活污水处理率不到60%,全省污水处理厂厌氧产生的甲烷气体基本没有回收,产生的氧化

亚氮气体全部自然排入大气中。全省城镇生活垃圾处理率不到60%，垃圾卫生填埋场产生的甲烷气体只有少数几家回收利用，绝大部分生活垃圾卫生填埋场产生的甲烷气体均排空处理。全省每年产生工业废水数亿吨，在处理废水过程中会产生大量的甲烷气体，目前仅有少数甲烷产生量较大的企业，对废水处理过程中产生的甲烷气体进行了回收利用，仍有大量的具备回收利用条件的企业未对甲烷气体进行回收利用。碳捕集利用和封存刚刚开始，仍需加快推进并开展试点示范。

5.2.3 生态环境逐步趋好，改善生态和低碳发展的压力仍然较大

近年来，中原经济区高度重视生态环境保护工作，先后在南水北调中线工程水源地、全省主要饮用水源地和贾鲁河、卫河、惠济河等流域，对小水泥、小造纸、小耐火材料等比较集中的区域以及化工（化肥）、医药、电力等高排放行业实施综合整治，淘汰落后产能，局部地区的污染物排放总量得到大幅削减。强力推动城镇污水处理厂和生活垃圾处理场建设与管理。截至2013年底，河南省累计建成160座污水处理厂和130座垃圾处理场，形成日处理污水700万吨、年削减化学需氧量66万吨、日无害化处理生活垃圾3.6万吨的能力，2010年，在全国率先实现了"县县建成污水处理厂和垃圾处理场"的目标。

环境质量持续改善，主要污染物排放总量显著下降。与2005年相比，2010年全省好于Ⅲ类的水质断面比例从44.6%提高到49.4%，劣Ⅴ类水质断面比例从39.7%降至26.5%；全省主要河流化学需氧量、氨氮平均浓度分别下降41.4%和61.7%。省辖城市环境空气中二氧化硫平均浓度下降了20.7%，省辖城市空气质量好于Ⅱ级标准的天数均超过了292天。全省辐射环境质量保持在天然涨落水平。主要污染物排放总量显著下降。

目前，中原经济区改善环境的压力仍然较大。水环境有机污染问题尚未得到根本解决，传统的煤烟型大气污染依然严重，畜禽养殖等农业污染和农村生活污染比重不断增大，并逐渐向区域复合型污染转变。全省25%的地表水为劣Ⅴ类；增加PM2.5监测后，省会郑州空气环境质量达标天数大大减少；水土流失区仍有3万平方公里；湿地逐年萎缩；矿产开发造成的生态破坏没有得到有效控制；乡镇生活污水处理、垃圾处理设施建设滞后；每年燃煤带来大量的二氧化碳排放。今后一个时期，中原经济区经济总量仍将快速增加，后金融危机时代产业结构调整的路径和态势不确定性较大，结构性污染仍十分突出，将给中原经济区的资源和环境带来极大的挑战。

5.2.4 污染物排放量较大,环境容量增长的空间有限

中原经济区污染物排放强度总体偏高,全省生态环境问题仍然严峻。河南省化学需氧量(含农业源)、二氧化硫和氮氧化物排放量均居全国第5位。中原经济区主要工业地区污染物排放量均满负荷。全省煤矸石年产出量约690万吨,粉煤灰年产生量1700万吨,赤泥年产生量近1000万吨,秸秆年产生量7880万吨,畜禽粪便年产生量1.3亿吨以上。全省煤矿年排水量4亿立方米左右。

污染持续减排的压力进一步加大。今后一个时期,中原经济区经济发展水平和城镇化率将进一步提高。化肥施用不当对土壤结构造成破坏,对水体造成污染;全省化肥平均用量相当于全国平均水平375千克/公顷的1.7倍,大大超过了发达国家设置的225千克/公顷的安全上限。耕层土壤受到重金属、有机物不同程度的污染。

目前,如果不加大污染减排力度,主要污染物排放总量将远远高于环境容量,污染减排任务仍相当艰巨。伴随城镇化的推进,城镇人口快速增长,产生的COD总量将不断增长,但随着中原经济区城镇生活污水集中处理率的不断提高和工业减排的不断推进,减排效果将十分显著。因此,中原经济区在新型城镇化过程中,伴随城镇化的推进,产业规模和人口规模将不断扩大,大气污染物质产生量会不断增长,对环境容量产生很大的压力。

5.3 国内外发展路径及经验借鉴

5.3.1 日本林业生态建设——树立生态优先理念,实施"治山计划"

日本是个南北狭长,气候、地理条件差异比较大的岛国,当今日本的森林覆盖率高达70%,享有"森林之国"的美誉。历史上,600—1670年是日本长达千余年的"森林采伐史",进入17世纪之后,国家开始关注生态建设,实施了"治山计划",使日本的森林得到较快恢复,对国家的生态环境建设起到了至关重要的作用。

政府部门从制定相关政策入手来限制木材采伐,同时林业部门开始加强营林技术的试验,大兴植树造林之风,日本林业的迅速发展正是得益于日本林业政策。首先,在经营理念上日本把森林功能的持续保持和效益的持续发挥作为森林持续经营的前提,体现了生态功能优先,经济、社会效益兼顾的思想。他们

认为森林的生态效益,可以在不损害经济和社会效益的情况下得到持续发挥,关键在于经营措施适当。其次,在国家林业中长期规划中,把森林的可持续经营置于主体地位贯彻始终。再次,在森林经营的技术层面采取一系列措施,推动可持续经营。按照他们的经营理念,唯有健康的森林,才能保证人们可持续地从森林中获得木材和经济利益。最后,充分发挥民有林的作用。日本森林所有制分为国有林和民有林,且国有林少,民有林多,国有林占30%,民有林占70%。日本人工林在全国森林总面积中所占比例较高。

中原经济区建设林业生态,突出森林资源生态功能,即树立"生态功能优先,经济、社会效益兼顾"的理念。在增加森林面积的同时,注重提高森林质量,提高森林蓄积量,增强碳汇能力。

5.3.2 瑞典污水和生活垃圾处理的温室气体回收——推广先进技术,实施"全过程低碳化"

目前,瑞典污水处理厂是其主要的生物甲烷来源,将大型生物甲烷工程与造纸厂、食品加工厂结合的工业化案例在瑞典已有数十年的成功经验。

瑞典生活垃圾分类和处理回收甲烷。瑞典生活垃圾处理的终极目标是留给下一代一个主要环境问题基本解决的社会。因此,所有垃圾都必须根据其特性正确处理,避免给人类和自然造成危害,其处理效果显著,变废为宝,再利用得比较好,值得我国在建设资源节能社会的过程中借鉴。

垃圾回收与处理的五个层次。瑞典将垃圾回收与处理的方法按处理过程对环境影响的多少和再利用的程度由高到低分为预防、再使用、物质再生、能源转化、掩埋五个层次。其中层次之一是转换为能源和其他物质,即将垃圾加工后生成能源和另一种物质。这主要包括两种方法:生物方法和焚烧。生物方法是将生活垃圾中的动植物残余等采用厌氧消化和好氧高温堆肥加工生产出生物气体和残渣,用作燃料和肥料。2005年,瑞典生物处理了454450吨生活垃圾,通过生物处理,生产了约161600兆瓦时的生物气体(主要成分为甲烷和二氧化碳),现主要用于汽车燃料(42%)、加热(38%)、管道燃气(12%)、发电(8%)。

值得借鉴的经验。中原经济区在环境保护过程中,注重树立全过程的低碳化理念,对垃圾卫生填埋场产生的甲烷气体、污水处理厂产生的甲烷气体和氧化亚氮气体进行回收再利用,降低温室气体的排放。

5.3.3 发达国家的大气污染治理模式——创新体制机制,实施"多项联动"

发达国家在20世纪中期也曾集中爆发重大大气污染事件。在此背景下,发达国家对大气污染进行了持续防治,取得了较好的治理效果。本方案在此总结美、英、日三国治理大气污染的经验。

制定完善的大气污染防治法律体系。英国早在19世纪就制定了《阿尔卡利法》和《公共卫生(伦敦)法》,并于1956年颁布了专门针对大气污染的《清洁空气法》,其后制定和修订了《工厂法》《工作场所健康和安全法》《控制公害法》《汽车使用条例》等,构成了完善的大气防治法律体系。美国于1955年以后陆续颁布了《空气污染控制法》《清洁空气法》《机动车空气污染控制法》《能源供应与环境协调法》及一系列修正案等。日本于20世纪50年代颁布了《烟尘限制法》《公害对策基本法》《减少汽车氮氧化物总排放量的特殊措施法》等大气污染治理的综合性法律体系。

明确各级政府大气污染防治的权责。美国1970年修订的《清洁空气法》明确了联邦负责制定全国空气质量标准,州负责制定本州达标方法与时间表,地方负责具体实行并针对本地特殊情况对此进行补充的大气污染防治三级管理体制。英国《环境保护法》和《国家空气质量战略》提出中央政府制定统一的国家空气质量战略,成立空气质量管理区;国家成立空气污染健康影响委员会,评估各空气污染区对人体健康的影响。

划定大气污染控制区域,实行区域(国家)联动。大气污染具有区域性特征,因此各国均采用区域控制的办法。1967年美国《空气质量法》划定了空气质量控制区以协调各州间的大气污染问题。1976年加州率先建立了控制区域空气污染的政府实体"南海岸区域空气质量管理区",并赋予其立法、执法、监督、处罚的权力。英国1956年《清洁空气法》中设立的控烟区为城市内部区域;1995年《国家空气质量战略》中设置空气质量管理区也局限于市郡层面。2008年伦敦区内设立"低排放区"。日本的《大气污染防治法》中也确立了大气污染严重区域制度,对该区域实行更严格的排放标准。

多种形式保障大气污染防治的资金来源。美国大气污染防治经费数额巨大且十分多元。20世纪90年代,美国在空气污染控制领域的支出为每年310亿美元到370亿美元。1990年美国《清洁空气法修正案》正式提出了排放量交易制度,此后,发达国家均开始尝试通过排放权交易制度促进市场对大气污染的调节。英国、日本也十分注重政府投入的引领作用。英国政府投入近1亿英镑设立绿色公交基金;日本环境保护的资金来源,除政府直接补贴外,还包括排污收费、环保税收、环境基金等。日本还建立了独具特色的受害人补偿制度。

中原经济区环境污染防治措施,也应采取多项联动的措施,从完善污染防治法律法规体系、转型产业结构、优化体制机制、多元化增加资金投入,以及优化能源结构、城市重点治理交通污染和工地扬尘污染、绿地建设等多方面开展工作,共同治理环境污染。现阶段,可以首先推进试验"特殊环境质量管理区"的划分,在一定期内划定"环境质量管理区",针对特定环境问题进行集中治理。根据保护需要,在某个区域内设立"低排放区",设定污染物排放限值,从管制时间、覆盖地域、管制对象、运作流程、排放标准与进度安排、收费金额、付费方式、处罚规定、应对措施等方面明确了低排放区的政策要求。

5.3.4　广东省现代林业建设——实现"林业发展和森林生态协调一致"

广东提出要构筑广东现代林业发展模式,发展全国一流世界先进的现代大林业,建设全国绿色生态第一省。广东是"七山一水两分田"的林业大省,2012年全省森林覆盖率达57%以上,生态建设取得巨大成绩,林业产业的生产总值、生产规模、技术水平、品牌培育和经济效益等均居全国前列,为广东省的低碳发展提供了有力支撑。

广东省把林业产业作为规模最大的循环经济体,森林资源可再生性和林产品可降解性,为经济社会发展可持续利用森林资源展示了光明前景。林业产业的发展对调整全省农业结构、增加农民收入、促进经济社会发展发挥了重要作用。广东省推进调整林业产业结构,规范全省林业产业发展模式,加快林业产业发展速度。但是,木材作为经济社会发展中不可或缺的再生性物质材料,已由一般的经济问题逐渐演变为战略资源问题。

广东省在1993年实现绿化达标后,广东省委、省政府及时做出了《关于巩固绿化成果、加快林业现代化建设的决定》,并确定指导思想:以分类经营为方针,以培育资源为基础,以提高效益为中心,遵循生态环境优质化、资源优化布局的原则,推进林业的增容增质,在发展林业产业和推进林业建设中,注重森林生态系统的建设。广东省编制了《广东现代林业发展区划》,为广东现代林业的中长期发展规划、林业生态建设、林业产业建设、林业生态文化体系建设、林业重点工程建设等提供决策依据。

中原经济区发展生态林业，特别是在豫西、豫南山区，现阶段要推进更高水平的林业生态保护建设，把林业的建设与森林生态提升相结合，通过以产业促生态建设，制定多项支撑制度，极大地拓展挖掘个人在生态林业建设中的作用，实现林业产业和森林生态协调一致的双赢效果。

5.4 行动方向与目标

5.4.1 行动方向

立足现阶段中原经济区生态化发展的重点，按照中原经济区构筑"四区三带"区域生态网络的要求，抓住森林碳汇、城镇生态建设、水环境改良、大气污染防治、农村环境整治和生态化工程等重点方向，实施六大行动。

实施林业资源"增量碳汇"行动，提升森林碳汇能力。在多年植树造林且宜林地潜力渐现枯竭的情况下，通过行动持续提升森林碳汇能力，推进山区宜林荒山荒地造林绿化，完善平原地区农田防护林体系，提高生态廊道建设标准，抚育和改造中幼林和低质低效林，实现河南省森林碳汇规模和碳汇能力的提升。

实施城镇生态"提升减碳"行动，建设生态低碳城镇。重点建设高水平的生态化城镇，做到城镇建设与生态保护同步，持续推进城镇集约节约型发展，减缓城镇化过程中温室气体的排放；推进污水和垃圾处理过程中甲烷等温室气体的回收利用；加强城镇环境综合整治，提高能源和资源的利用效率。

实施区域再造"蓝天碧水"行动，实现温室气体的源头控制。重点是要全面深入推进污染物源头控制，强化源头管理，实施结构减排；着力推进绿色低碳技术进步，大力推行清洁生产，降低污染物源头产生量。深化大气污染治理，减少二氧化碳和挥发性有机气体排放；改善水生态环境，提升水环境应对气候变化能力。

实施自然生态"保护修复"行动，提升适应气候变化能力。加强水土流失区、采矿生态破坏区、沙化和石漠化区等生态脆弱区治理与恢复。加大生物多样性保护力度，推进湿地保育与恢复，提升自然保护区建设水平。

实施农村环境"清洁亮丽"行动，消除农村地区环境污染。重点就是通过增加农村环保投入,强化农村生态环境监管能力,控制土壤环境污染和畜禽粪便污染,切实解决农村生态环境问题,改善农村生态环境质量。

实施生态建设"示范工程"行动,带动中原经济区整体生态化发展。重点就是推进中原经济区生态化发展的示范工程建设,推进各地区生态化的项目和工程建设,带动中原经济区整体生态化发展。

5.4.2 行动目标

到2020年,森林覆盖率继续提高,城市绿化水平继续提高,大幅提高林业资源碳汇能力。全省生态保护地面积继续提高,全省主要污染物排放总量持续减少,地表水环境质量全部达到功能区划要求,省辖城市和县城空气质量稳定趋好。城镇生活垃圾无害化处理率、垃圾填埋场和污水处理厂排放甲烷捕集利用率均得到较大幅度的提高。全省省辖市和县城绿化覆盖率达到较高标准。生态文明试点示范工作全面推进,争取在山区、丘陵、平原等不同地区树立一批生态文明试点示范。

为使本方案对河南省低碳绿色发展更具有指导意义,提出部分定量指标,具体如下:到2020年,河南省森林覆盖率提高到25%以上,森林蓄积量达到1.6亿~1.8亿立方米,实现林业资源(森林和湿地)年碳汇能力达到1.1亿吨左右(不考虑林业碳源)。全省城镇污水再生利用率提高至60%以上,城镇生活垃圾无害化处理率达到60%以上,城镇生活垃圾分类回收处理率达到20%以上;垃圾填埋场和污水处理厂排放甲烷捕集利用率达到60%以上,氧化亚氮的捕集利用率达到20%以上。

5.5 重点行动

5.5.1 林业资源"增量碳汇"行动

林业资源"增量碳汇"行动方向及主要内容具体如下:

(1) 行动提出和方向

河南省从20世纪90年代中期以来,大力开展退耕还林,累计造林规模已经相当大,宜林地潜力渐现枯竭。目前,河南省林业资源总量不足,人均森林面积为全国平均水平的1/5,森林覆盖率在全国排第20位,人均森林蓄积量为全国平均水平的1/7。森林结构不合理,以纯林居多;林分龄组结构不合理,以幼、中龄林为主;单位面积蓄积量低,只有全国平均水平的一半。

因此,在多年植树造林且宜林地潜力渐现枯竭的情况下,如何持续提升森林的规模和质量,特别是林木蓄积量,从而提升森林碳汇能力,是中原经济区绿色低碳发展的重要方面。提出林业资源"增量碳汇"行动,就是提升河南省森林规模和质量,增强碳汇能力。

现阶段,"增量固碳"行动主要开展内容包括山区宜林荒山荒地的造林、平原农田防护林提升、生态廊道网络提升和森林质量提升。

(2)行动的主要内容

山区宜林荒山荒地造林工程。根据有关调查,河南省现存的550多万亩宜林荒山荒地基本都分布在山区,主要涉及太行山地生态区、伏牛山地生态区、桐柏大别山地生态区,包括13个省辖市79个县(市、区)。加大困难宜林地造林、立地条件较好的灌木林地改造和未达标造林地的补植补造力度,采用人工造林、封山育林和飞播造林方式,努力增加森林面积,提高林地利用率;结合生态移民,实现人退林进;按照可持续经营理念,开展森林经营活动,加强中幼林抚育和低质低效林改造,提高林地生产力,维护森林生物多样性;注重多树种、多林种、乔灌搭配,形成较为完整的森林群落体系,提高水源涵养和水土保持能力,增强生态防护功能。争取到2020年前,实现现有的550多万亩宜林荒山荒地全部完成新造林,部分实现成林。

平原农田防护林提升工程。经过多年的农田防护林网建设,河南省平原地区的农田林网已经基本成形,今后的任务是要完善农田林网,查找遗漏并填平补齐,部分地区提高建设标准。这类地区主要涉及豫北的新乡、安阳、鹤壁东部和焦作大部分,豫东地区和豫南的平原地区和南阳盆地,现有农田总面积超过1亿亩。

把农田防护林建设与省高标准粮田"百千万"(百亩方、千亩方、万亩方)工程建设相结合,统筹考虑村镇、道路、河流、沟渠、农田,综合治理风、沙、涝、水土流失,全面发展农、林、牧、副、渔;坚持因害设防、因地制宜的原则,优化树种结构,大力发展优良乡土树种,实现农田林网标准化;以乡道、村道和三级支流作为骨干林带,两侧各栽植2行以上乔木;提高乔灌结合比例和绿化树种配置比例,提高综合防护能力。

生态廊道网络提升工程。2013年末,全省廊道总里程13.7万公里,其中现有廊道里程12.7万公里,规划期内新增廊道里程1万公里。在现有廊道里程中,适宜绿化里程10.8万公里,已达标绿化里程7.1万公里,已绿化但未达标里程2.5万公里,未绿化里程1万公里。今后,主要是对绿化未达标的2.5万公里和未绿化里程1万公里开展绿化或者提升绿化水平。

对县乡道以上道路,河流二级支流、支渠及以上廊道,可以按照以下标准建设生态廊道:一是黄河、淮河干流和南水北调中线工程干渠。两侧各栽植宽度100米以上树木。河道植树范围为干支流堤防背水侧以外,无堤段河道管理范围以外,廊道建设尽量少占用基本农田。二是铁路、高速公路、国道、四大水系一级支流及干渠,两侧各栽植10行以上树木。三是省道、县道、景区道路、二级支流及支渠,两侧各栽植5行以上树木。在黄河、淮河干流和南水北调中线工程干渠和铁路、高速公路、国道、省道等廊道的重要地段,把生态廊道建设和城乡绿道建设相结合,在生态廊道中建设满足低碳出行、休闲健身、旅游观光的城市绿道,打造城乡一体的生态绿道网络,使城乡生态廊道和绿道成为生态健身旅游的最佳路线,成为农民增收的新渠道。

森林质量提升工程。森林的建设是"三分造林、七分抚育"。今后一个时期,河南省应启动实施森林抚育改造工作,加快健康森林建设步伐,力争通过一段时间的艰苦努力,全面提高单位面积林木蓄积量和综合效益,同时有效增加森林碳汇,提升林业应对气候变化能力,实现全省森林由面积扩张向量质并举、由粗放经营向集约经营的根本转变,确保绿色低碳建设在更高水平上深入扎实推进。

一是开展森林抚育工作。重点加强全省中幼龄林和绿色通道防护林抚育工作。对于生态公益林,以不破坏原生植物群落结构为前提,采取定株抚育、生态疏伐、卫生伐、景观疏伐、修枝等技术措施,不断提高林木生长势,促进森林生长发育,诱导形成复层群落结构,增强森林生态系统的生态防护功能。对于速生及珍贵用材林,积极推广林粮、林草、林药、林菌、林禽、林牧、林渔、林菜、林苗等林农高效复合经营模式;加强施肥、灌溉、修枝、间伐和病虫害防治等抚育管理措施,促进速生,培育无节良材。到2020年,显著提高单位面积林木蓄积量,力争使全省中幼龄林年均生长量提高10%~15%以上。二是大力开展低效林改造工作。在试点的基础上,逐步推进低产低效林改造工作,提高森林质量,构建结构稳定、景观优美、优质高效、功能完备的地带性稳定森林群落。近年来丘陵岗地林分质量差、生产力低、病虫害严重、森林火灾隐患大的问题比较突出。部分平原地区人工林由于树种选择不当等原因,造成林木生长衰弱,林地生产力低,亟须进行林分改造。今后一个时期重点对生长差、质量低的林分尤其是单一树种纯林、残次林进行改造,通过补植、调整、抚育、封育、更新、复壮和人为干预促进演替等技术措施,改善现有林分状况,提高森林质量。三是加强森林资源保护管理。构建种类多样、结构复杂、功能强大的山区森林植被,优化林地结构,挖掘林地增产增收潜力,全面增强森林的碳汇功能和节能减排效能。认真执行森林采伐限额管理制度,继续推进林木采伐管理制度改革。加强森林防火和林业有害生物防治,强化森林火灾预防、扑救、保障三大体系。减少毁林排放,坚持科学采伐。按照"采劣留优、采残留壮、采密留均"的原则,对具有培养前途的林分,实施间伐或择伐后建设大径材示范基地。中幼林抚育面积采取透光伐、生长伐等抚育措施,对中幼林进行全面抚育,调节林木生长速度,提高林地生产力和林分整体质量。

5.5.2 城镇生态"提升减碳"行动

城镇生态"提升减碳"行动方向及主要内容具体如下:

(1)行动提出和方向

当前,河南省正处于快速城镇化阶段,仍有大量新产生的环境问题和未解决的老问题亟待解决。如目前主要城镇区人均公共绿地面积小于10平方米;全省城镇生活污水处理率不到60%,全省生活污水处理厂厌氧产生的甲烷气体基本没有回收,产生的氧化亚氮气体自然排入大气中;全省城镇生活垃圾处理率不到60%,垃圾卫生填埋场产生的甲烷气体只有少数几家回收利用。全省每年产生工业废水数亿吨,在处理废水过程中会产生大量的甲烷气体,仍有大量的具备回收利用条件的企业未对甲烷气体进行回收利用。随着城镇化进程的加快,机动车污染、土壤污染、水体污染、生态失衡等一系列环境问题呈不断加剧之势。随着城市经济的不断发展和扩张,城市与资源、环境以及人口就业之间的矛盾将逐渐显现。

因此,今后一个时期,面对着城镇人口快速提高,需要进一步加强城镇的环境整治,建设生态城镇是实现中原经济区绿色低碳发展的重要方面。现阶段,城镇生态"提升减碳"行动主要包括以下内容:构建城镇区立体绿化系统;持续推进城镇工程减排;加大城镇区环境综合整治力度等。

(2)行动的主要内容

提升完善城镇生态系统。目前,城区发展草坪的热度不减,虽然在一定程度上美化了城镇环境,但是城镇绿量却没有达标,没有形成合理的绿化模式及立体空间的绿色网络。研究表明:50平方米生长良好的草坪的生态效益仅相当于10平方米乔灌木合理搭配形成的生态效益,因此导致了城镇自然生态环境布局分散、生态结构简单脆弱、环境效能低下的现状。河南省城镇绿化体系的构建,今后就是要大力增加乔木建设,构建立体的绿化体系。

开展城镇林业生态工程。在城镇建成区,按照改善城市生态环境,建设森林城市的总体要求,平面绿化与立体绿化相配合,绿化与美化相结合,城区与郊区相衔接,建设以城区绿化、环城防护林带、城市森林公园为主要内容的城市森林生态防护体系。重点建设大型绿地。在各组团之间和组团中心布置绿地,作为居民休闲娱乐的中心,建设集生态、景观、游憩功能于一体的综合性公园。加强小型植被斑块建设,要新建一批小型游园和休闲广场。积极发展"生态社区"。

完善绿色廊道建设。加强过境道路和工业园区绿化。把公路绿化建设作为近城镇区绿化的重点之一,提高国道、省道、县乡公路城镇区段的绿化水平,按较高标准设置绿化隔离带及路边行道树,并进一步进行景观建设,使之成为绿化和景观亮点,树立城镇新形象。在现有公路通道绿化良好的基础上,进一步提升绿化档次,在重要节点增加绿化和景观建设。在全省产业集聚区、专业园区周边,依托道路建设环绕型防护林带和园区内绿化。建设围绕城镇区的防护林带,依托公路、河流建设防护绿地。

河南省每个城镇,都应根据城市总体规划和发展布局,相应地制定专项的绿地生态规划。2020年,争取实现城镇区人均公共绿地面积到13平方米,主要道路绿化普及率提高到95%。

持续推进城镇集约节约型发展。引导城镇实施开发建设强度控制,控制城镇发展中消耗的资源量,尽量降低发展中污水、垃圾、废气等"三废"物质的排放强度,通过污染物源头控制,减缓城镇化过程中温室气体的排放。

集约节约利用土地和资源,建设紧凑型城镇。统筹规划城乡建设用地,加快转变城镇发展方式,坚持管住总量、控制增量、盘活存量,合理确定城乡建设用地规模,合理布局城市功能要素,建设功能完善、规模适度和结构合理的紧凑型城镇。从严控制城镇新增建设用地规模,优化城镇用地布局与结构。提升产业集聚区集约用地水平。合理利用城镇空间资源,坚持竖向发展、大疏大密、产城一体、资源集约、绿色交通、智慧管理等六大策略,建设低碳型城镇。在城镇化建设中,应高度重视能源的高效利用和合理利用,减少能源使用总量,合理控制人均能源消费量,优化能源供给结构,推广使用清洁能源和可再生能源,以降低污染物的排放。

着力控制城镇发展中污水、垃圾的排放强度。加快城镇供水管网节水改造，科学制定和实施管网改造技术方案，加大新型防漏、防爆、防污染管材的更新力度。推广城市建筑中水利用，在缺水城市建设一批单体建筑和居民小区再生水利用示范工程点，在建筑面积2万立方米以上的旅馆、饭店、公寓等，建筑面积3万立方米以上的机关、科研单位、大专院校、大型文化体育建筑等，推广公共建筑、小区住宅循环用水技术。加强城镇公共用水管理，对城市公共用水实行计量用水，改革水资源费征收管理制度。农村结合人畜饮水安全和新农村建设，逐步实现集中供水，计量用水；园林绿化、环卫用水及单位内部绿地用水应优先使用雨水或再生水，城市公共供水管网覆盖的区域要关停自备井。严禁盲目扩大用于景观、娱乐的水域面积，限制洗浴、洗车等高用水服务业发展。全面推广节水器具，在新型城镇化建设中，加强节水器具的推广与普及。城市强制使用节水器具，政府机关、商场宾馆等公共建筑要全面使用节水型器具。新建、改建、扩建的公共和民用建筑，禁止使用国家明令淘汰的用水器具。引导居民尽快淘汰现有住宅中不符合节水标准的生活用水器具。加强在农村地区推广节水器具，尽快提高普及率。到2020年争取控制在2015年的排放水平。

推进城镇污染处理过程减碳。着力推进城镇生活和工业废水量减排，提高城镇生活废水的有效利用率是减少废水排放量、改善环境质量、增强生态建设和恢复能力的有效手段。基于技术的进步，制定相应的鼓励政策，注重城镇废水回用，有效减少城镇废水排放，注重减少污水处理过程中二氧化碳、甲烷和氮氧化物的排放。

大力推进全省污水处理厂厌氧产生的甲烷气体的回收利用，探索实践产生的氧化亚氮气体的利用。大力推进生活垃圾卫生填埋场产生的甲烷气体的回收利用，支持将甲烷气体用作燃料或者发电。大力支持企业对工业废水处理过程中产生甲烷气体的利用，结合各自企业实践情况，推进甲烷气体作为工业锅炉燃料、用于发电、用于民用燃料等。推进中水回用和污泥处理，建设一批污水处理厂再生水利用工程，大力提升再生水利用能力，实现每个省辖市至少建设一座污泥集中处置处理设施，或者利用危废处理中心实现污泥的无害化、资源化处理利用。争取到2020年前，全省城镇污水再生利用率提高至45%以上，城市污泥无害化集中处置处理率达到95%以上，县城污泥无害化集中处置处理率达到75%以上。到2020年，全省县级及以上城市生活垃圾卫生填埋场产生的甲烷气体的回收利用率达到85%以上;在全省县级及以上城市污水处理厂中(采用厌氧工艺)开展甲烷气体回收利用的比例达到50%。

加强城镇环境综合整治。加快城镇生活垃圾分类回收、储运和处理系统建设,高标准建设城镇垃圾处理设施,最终达到垃圾无害化处理和资源化;提高工业固体废弃物的综合利用率,针对产生量较大的矿山固体废物,积极开展综合利用的研究,逐年削减工业固体废物的存量。提高城乡能源、供暖、供水、环卫设施的建设水平,逐步减少石化能源,发展清洁能源和可再生能源。加快城市管道燃气工程进展,完善城区燃气输配管网,采用天然气、煤气作为城市管道燃气气源,逐步改造城市各类锅炉、炉窑、炉灶和机动车动力源,实现能源升级换代。建立以太阳能、废弃物质再生利用为主体的能源,如太阳能热水器、生活污水的就地分解、无动力地埋式处理与利用;发展煤灰渣、生活有机垃圾、畜禽及人粪、秸秆等固体废弃物的综合利用与处理以及各类废水资源化的生态工程。

5.5.3 区域再造"蓝天碧水"行动

区域再造"蓝天碧水"行动方向及主要内容具体如下:

(1)行动提出和方向

河南省污染物排放量大,污染物排放强度也大,大量污染物产生和处理过程,伴随着大量二氧化碳、氧化亚氮、甲烷等温室气体产生,成为温室气体排放的重要来源。近年来,河南省化学需氧量(COD)、氨氮(NH_3-N)、二氧化硫(SO_2)、氮氧化物(NO_x)等主要污染物排放量均居全国省级区域的前5~8位。2013年,全省化学需氧量(含农业源)、氨氮排放量分别居全国第5位、第8位;二氧化硫和氮氧化物排放量分别居全国第5位、第2位。污染导致水生态问题突出,有约40%以上的河流环境水质恶化,丧失包括水生生物的生境、农灌、景观等所有的生态功能,并威胁到附近的地下水水质。根据2013年监控河段数据统计,全省30%的地表水不能满足地表水功能区划要求,25%为劣Ⅴ类水体。污染导致空气环境质量较差并危害人体健康,2013年省会郑州实施PM2.5监测后,空气环境质量达标天数几乎为零。其他主要城市空气环境质量仍然难以稳定达标。全省各地大气污染持续加重,雾霾天气成为家常便饭,且成因较多,治理难度大。较差的生态环境质量,使得河南省应对气候变化的能力较差。

因此,在中原经济区绿色低碳发展中,以控制源头排放为重点,实施区域再造"重塑蓝天"行动,既是强化生态环境保护工作的重要方面,也是实现社会和谐的重要方面,更是减少温室气体排放、增强应对气候变化能力的重要举措。

(2)行动的主要内容

全面深入推进污染物源头控制。从技术、管理、政策等多方面采取综合措施,大力推进清洁生产,加快淘汰落后产能,支撑清洁绿色低碳技术的推广应用,并根据资源环境承载力确定河南省社会经济发展的污染物排放红线,为区域总体减排提供约束性指标,从区域层面统筹资源优化配置及产业发展模式,切实加强"源头控制",构建区域源头体系。

突出结构减排,着力降低污染物排放强度。要突出结构减排,推动产业绿色发展。因地制宜推行现有企业群集约化和清洁燃料化,对企业群集中地区实行煤改气政策或搬迁企业进园区。严格控制"两高"和产能过剩行业新上项目,进一步提高行业准入门槛,强化节能指标约束,依法严格节能评估审查。加快淘汰落后产能,完善退出机制,制定并落实重点行业淘汰落后产能实施方案和年度计划。坚持高标准建设产业集聚区,严禁污染产业和落后生产能力进入。调整和优化信贷结构,坚持区别对待、有保有压,严格控制"两高"和产能过剩行业项目的信贷投放,严格产业准入,进一步提高行业准入门槛,抑制高耗能、高排放行业过快增长。加强工业园区环境监管,清理不符合规划和区域环评要求的工业园区和园区内企业、项目,按照"高端化、集约化、清洁化、循环化"的思路,积极推进工业园区生态化进程,避免污染转移和聚集。

强化源头管理,严格控制污染物新增量。要遏制高能耗高污染行业过快增长,把总量指标作为环评审批的前置条件,优化区域流域的工业布局。在农副产品加工、煤化工、生物医药等氨氮排放重点行业必须严格执行排放标准,严格控制排放总量。加快电力、水泥等重点行业氮氧化物治理工程的实施进度。各地应尽快制定机动车淘汰计划,明确各年度淘汰数量,坚决按期淘汰。实施重点节能工程,全面加强用能管理,合理控制能源消费总量和利用方式。加大清洁能源推广使用,落实"四气"推进措施。对能源消费总量增长过快的单位实施预警调控,开展固定资产投资项目节能评估和审查工作,对重点用能单位下达年度节能指标,提高能源利用效率,降低能源消耗,减少新增污染物排放总量。

采取综合措施,加强机动车一氧化碳、氮氧化物控制。要优化城市交通,重点城市试点实施机动车保有量总量控制,提高准入门槛,从源头控制机动车氮氧化物排放。要推进"黄标车"加速淘汰和柴油车SCR配套工程,全面提升车用燃油的品质。一次及二次污染控制并重,多污染物协同控制。推进一次污染排放控制的同时,加强二次污染形成机制的研究,将形成二次污染的气态前体物纳入目标容量总量控制。

加强餐饮油烟治理。尽快制定出台餐饮油烟治理办法。近期,实现城镇建成区内饮食服务业清洁能源替代,产生油烟的部位要安装高效油烟净化设施,并强化运营管理。严禁露天烧烤、露天焚烧垃圾和农作物秸秆。

到 2020 年,河南省重点耗能排碳企业的污染物产生排放水平达到国内同行业先进水平。

着力推进绿色低碳技术进步。大力推进技术进步与管理,控制源头污染物产生量。严格技术准入,所有新改扩建项目均要采取先进的、环境友好的生产工艺和污染防治技术,避免低水平建设,用科技进步降低经济发展的环境代价,优化经济发展的整体质量,促进经济总量的绿色增长,增强可持续发展的环境支撑。大力推行清洁生产,开展重点行业强制清洁生产审核,加快运用高新技术和先进适用技术改造提升传统产业,推动产业向环境友好型转化。坚决淘汰落后工艺、设备、产能及达不到清洁生产和排放总量要求的企业。

到 2020 年,争取全省行业骨干工业企业能源消耗、主要污染物产生和排放强度达到国内同行业先进水平。

深化大气污染治理。建立区域空气质量管理机构和协调机制,以火电、冶金、建材(含水泥、玻璃等)、煤化工为重点防控行业,以郑州、开封、洛阳、平顶山、安阳、焦作、三门峡和济源市为重点防控区域,建立区域大气污染联防联控机制。实施城市清洁空气计划,加大产业结构和能源结构调整力度,基于环境敏感区优化工业布局,重度大气污染城市实行建设项目环境影响评价阶段性区域限批,推动局地性污染综合整治。争取经过几年的集中整治,全省空气质量总体改善,重污染天气较大幅度减少,省辖市空气质量明显好转。

降低二氧化碳和挥发性有机气体排放。推进燃煤企业的燃料清洁化发展,用天然气、煤改气代替直接燃煤。全面开展加油站、储油库和油罐车油气回收治理。尽快推进储油库和油罐车按照标准完成油气回收治理,加油站按照标准完成油气回收治理。在石化、有机化工、表面涂装、包装印刷等重点行业开展挥发性有机物综合治理。推进非溶剂型涂料产品创新,减少生产和使用过程中挥发性有机物排放。推广使用水性涂料,鼓励生产、销售和使用低毒、低挥发性溶剂。

改善水生态环境。加大重点流域水污染防治力度,流域统筹,水陆结合,建立控制分区,明确优先单元,建立全面控源的污染防控体系。

加大丹江口库区和南水北调中线工程干渠沿线以及淮河、黄河、海河、长江等重点流域水污染防治力度,逐步落实责任目标考核断面和流域规划水质管理措施。建立健全流域污染联防联控机制,深化工业和生活等污染治理,开展面源污染治理和河道环境综合整治。推进贾鲁河、惠济河、黑泥泉河、卫河等重点河流城市河段的环境综合治理,开展排污口截流、河道清淤疏浚、生态净化和生态湿地等工程建设。加强重点河流县城以上城区河道综合治理。对省政府确定的贾鲁河、惠济河、黑泥泉河、卫河、徒骇马颊河等重点河流的县城以上城区河道,进一步加大综合整治力度,建设生态净化和生态湿地工程,通过天然河道和人工硬质河道的水污染净化技术的研究及应用,大幅提高河道的自净能力,保证流域水污染控制目标的有效实现,提升水环境应对气候变化能力。

5.5.4 自然生态"保护修复"行动

自然生态"保护修复"行动方向及主要内容具体如下:

(1)行动提出和方向

从地貌类型来看,中原经济区处于我国第二阶梯向第三阶梯的过渡地带,气候特点属于北亚热带和暖温带的过渡地带,既有使生物区系复杂、生物多样性丰富的有利一面,又由于地貌类型多、气候变化复杂,造成水资源匮乏以及时空变化不均,旱涝灾害频繁等特点,使中原经济区自然生态环境比较脆弱、生态承载能力比较低。而中原经济区作为古代中国的政治经济中心,在历史的发展过程中,长期经历战乱,资源开发强度大,滥采或破坏森林资源,掠夺性开发矿产资源,造成生态环境破坏严重而又难以恢复。区域内局部水土流失严重而又主要分布在治理难度较大的地区,存在一边治理老流失区、一边继续出现新流失区,一边流失程度因治理降低、一边流失程度因开发活动而加重的情况。矿产资源开发强度大,对生态环境破坏严重。在广大矿区,矿山生态环境破坏和地质灾害普遍,给水土保持、景观地貌都造成了严重影响;矿山生态恢复治理工作进展缓慢,破坏的土地只有极少部分复垦。

因此,在中原经济区绿色低碳发展中,应结合中原经济区太行山地生态区、伏牛山地生态区、桐柏大别山地生态区、平原生态涵养区和沿黄生态涵养带、南水北调中线生态走廊和沿淮生态保育带等"四区三带"的生态网络,实施自然生态"保护修复"行动,加强水土流失区、采矿生态破坏区、沙化和石漠化区等生态脆弱区治理与恢复,加大生物多样性保护力度,推进湿地保育与恢复,增强自然生态系统适应气候变化的能力,确保生态安全,打造中原经济区绿色低碳发展的生态基础。

(2) 行动的主要内容

加强生态脆弱区治理与恢复。加大水土流失治理力度,按照"预防为主,全面规划,综合治理,因地制宜,加强管理,注重效益"的水保方针,以小流域为单元,以治理坡耕地为主攻方向,开展太行山区、伏牛山区、桐柏大别山区等水土流失严重地区的综合治理。要按照新《水土保持法》的要求,加大农业生产结构调整,加快农田林网建设及渠道边坡治理,营造生态防护林,结合土地整理、水土保持工程,积极开展耕地生态建设,大力发展水土保持林建设。加强水利设施建设,进行小流域治理。大力开展水土保持林、水源涵养林、护岸护坡林工程,减少水土流失面积。

加强矿山生态保护与恢复治理。推进矿山环境治理,促进新老矿山的生态恢复。制定和完善有关自然资源开发和旅游资源开发的环境监管规章制度和技术文件。推进矿山环境治理,促进新老矿山的生态恢复。加强旅游开发活动的环境保护,加大对旅游区环境污染和生态破坏情况的检查力度,重点加强对生态敏感区域旅游开发项目的环境监管。推动落实生态功能区划,发挥生态功能区划对资源开发的引导和约束作用。大力开展生态环境监察,落实企业生态保护与恢复的责任机制,规范开发建设与日常运营活动,保护生态环境。加强生态建设示范区工作的指导,大力推进生态文明试点示范。加强水电等资源开发以及公路、铁路、输油(气)管道建设的生态环境监管。加强尾矿库的管理,积极探索尾矿渣综合利用的新方法、新途径,发展尾矿渣综合利用产业。对不能利用的尾矿渣实施严格的管理,按照相关的贮存、处置标准加强对贮存、处置场的污染控制。

深入推进沙化和石漠化土地治理。以豫北、豫东地区的黄河故道、黄泛区为重点,加强黄河故道、沿黄沙地风沙治理。以伏牛山区为重点,推进石漠化治理与恢复。按照"预防为主,全面规划,综合治理,因地制宜,加强管理,注重效益"的水保方针,因地制宜实施造林,推进沙化、石漠化土地治理。对流动、半流动沙丘,以防风固沙为重点,实行封沙造林,改良土壤条件。对一般风沙化农田,营建乔灌相结合的高标准农田林网,实行水田林路综合治理,改善农业生产条件。坚持生态和产业协调发展,在生态较为脆弱的风沙区、石漠化区内积极引导发展速生丰产用材林和名特优小杂果,增加群众收入,增强生态稳定性,着力构建高效多能可持续的生态林业产业体系。

加大生物多样性保护力度。认真履行《生物多样性公约》和实施《中国生物多样性保护战略与行动计划》,制定《河南省生物多样性保护战略与行动计划》。以生物多样性丰富区、重要生态功能区和主要资源开发区为重点,保护生态系统和珍稀濒危物种。

推进湿地保育与恢复。加强湿地资源管理,推进湿地自然保护区建设,积极推进地级市湿地保护条例制定工作,加强湿地资源管理。制定全省湿地保护和可持续利用规划,建设国家和省湿地保护与合理利用示范区,提高对湿地保护的管理、科研和监测水平。在湿地修复与重建的过程中,重在维护系统的现状和功能,或者改变系统的现状并增强功能。重点建设一批国家湿地公园,推进省级和各地市湿地公园建设,采用合理的湿地植被恢复、生境改造措施,恢复湿地。

提升自然保护区建设水平。开展自然保护区基础调查,科学规划发展自然保护区,强化对自然保护区范围和功能区调整的管理,严格对自然保护区核心区和缓冲区开发建设的监管。完成一批自然保护区规范化建设任务,进一步提升自然保护区管理水平,促进自然保护区建设由数量型向质量型转变。加强生物多样性保护,强化野生动植物栖息地保护,健全野生动植物保护管理体系,完善市、县级野生动植物保护管理机构。加快国家级、省级自然保护区建设步伐,逐步完善保护区的基础设施,增强保护区的各种功能。

5.5.5 农村环境"清洁亮丽"行动

农村环境"清洁亮丽"行动方向及主要内容具体如下:

(1) 行动提出和方向

河南是农业大省,农村生态系统在全省的生态环境中占有重要位置。近年来,随着农村地区经济社会发展水平的提高和粮食增产措施强化,以及畜禽养殖业在河南省快速发展,农村地区产生的污染物规模逐年扩大。畜禽养殖等农业污染和农村生活污染比重不断增大;化肥施用不当对土壤结构造成破坏,对水体造成污染;全省化肥平均用量相当于全国平均水平(375千克/公顷)的1.7倍。乡镇生活污水处理、垃圾处理设施建设滞后,秸秆资源化率偏低,畜禽粪便年产生量巨大(1.3亿吨以上),而高水平的资源化率很低。

今后一个时期,随着人民生活水平持续较快提升,农村环境问题日益凸显,农药、化肥使用量居高不下,农村生活污水、生活垃圾处理水平低下,对地表水、地下水和土壤造成长期影响和污染,如何根治污染成为必须且亟待解决的问题。在中原经济区绿色低碳发展中,实施农村环境"清洁亮丽"行动,事关人民群众的切身利益,关系粮食生产和食品安全,是中原经济区绿色低碳发展中必须解决好的民生问题。现阶段,农村环境"清洁亮丽"行动主要开展内容包括深化农村环境综合整治、加强畜禽养殖污染防治和着力做好土壤污染防治等措施。

(2)行动的主要内容

深化农村环境综合整治。继续加强农村生态环境连片整治。继续按照国家要求推进农村环境连片整治,重点围绕南水北调中线工程源头汇水区、黄河中下游沿线和南水北调中线干渠沿线等优先整治区域,开展农村环境连片整治。按照"突出重点,示范带动;区域布局,强化连片;打造亮点,锦上添花"的原则选好示范区域及示范项目。积极推进已建成项目正常运行,指导各地加强项目运行管理,建立资金保障和责任机制,鼓励各地因地制宜建立项目设施运行长效机制。着力解决严重损害群众健康的突出环境问题,开展环境问题的调查工作,开展全省农村严重损害群众的环境问题调查摸底工作。

强化农村生活污染治理。因地制宜开展农村生活污水、垃圾污染治理,加快农村污水和垃圾处理设施建设步伐,提高生活污水、垃圾无害化处理水平。鼓励小城镇和规模较大村庄建设集中式污水处理设施,城市周边村镇的污水纳入城市污水收集管网统一处理,居住分散、经济条件较差村庄采取低成本、分散式处理生活污水。在具备一定条件的农村新型社区,建设集中式生活污水处理设施。加强农村生活垃圾收集、转运、处置系统建设,统筹布局无害化处理设施和收运系统,全面推进农村生活垃圾无害化处置。对城市和县城周边的村庄,采用"户分类、村收集、乡转运、县处理"的模式,在经济基础较差、交通不便的乡镇可采取堆肥或简易填埋;有条件地区应进行无害化处理,或纳入乡镇集中处置系统。参照国家农村户厕卫生标准建设无害化卫生厕所。

加强畜禽养殖污染防治。推进畜禽养殖规模化标准化发展。促进畜禽养殖由传统养殖方式向现代养殖方式转变。着力于标准的制修订、实施与推广,达到"六化",即畜禽良种化、养殖设施化、生产规范化、防疫制度化、粪污处理无害化和监管常态化。要因地制宜,选用高产优质高效畜禽良种,确保品种来源清楚、检疫合格,实现畜禽品种良种化;养殖场选址布局应科学合理,符合防疫要求,畜禽圈舍、饲养与环境控制设备等生产设施设备满足标准化生产的需要,实现养殖设施化。根据养殖规模和污染防治需要,建设和完善相应的畜禽粪便、污水与雨水分流设施,废弃物贮存设施,粪污厌氧消化和堆沤、有机肥加工、制取沼气、沼渣沼液分离与输送、污水处理等综合利用和无害化处理设施。

推进规模化畜禽养殖污染减排。以生猪、肉牛、奶牛、蛋鸡、肉鸡等规模化养殖场(小区)为重点,加快推进污染减排重点工程建设,鼓励建设规模化畜禽养殖场有机肥生产利用工程,继续建设各种实用型沼气工程,积极推进其他方式的畜禽粪便资源化利用。加强养殖密集区污染防治。各地政府制定综合整治方案,对散养密集区域污染进行治理;鼓励和引导养殖专业户适度集约化经营,逐步推行废弃物的统一收集、集中处理。

加强水产养殖业污染防治。开展水产养殖污染调查。强化水产养殖环境监管。根据水体承载能力,确定水产养殖方式,控制水库、湖泊网箱养殖规模。建立标准化水产养殖示范场(区),普及推广生态健康水产养殖方式。推广高效安全配合饲料,大力发展循环水产养殖,减少养殖污染排放。

针对河南省畜禽养殖的实际情况,要切实执行已出台的各项畜禽养殖污染治理制度。针对不同情况养殖场的污染治理,应该因地制宜。如大型规模养殖场建设以沼气为纽带的能源环境工程模式"沉淀—厌氧发酵",沼液经处理后还田,具体可采用"粪便资源化+尿液/冲洗水湿式发酵与生态循环利用+沼气净化与发电"种养结合的方法。规模大但周边无配套土地消纳的养殖场应建设污水处理设施,处理达标后方可排放,具体可采用"粪便资源化+尿液/冲洗水处理达标排放"的方法。一般规模养殖场的粪便污水经一级处理(沼气池或酸化池)后,通过污水管进入集中处理工程,出水用作农田灌溉,或者结合氧化塘、人工湿地等自然处理系统,达标排放。

着力做好土壤污染防治。开展重点地区土壤污染调查。在开展全省土壤污染状况调查的基础上,开展重点地区土壤污染加密调查,进一步查明中原经济区粮食生产核心区、蔬菜基地、集中式饮用水水源地和典型矿产资源开发影响区农用地土壤污染状况。以重污染工业企业关停、搬迁废弃地块为重点,开展被污染地块土壤污染状况和风险调查。建立土壤环境质量定期监测制度和信息发布制度。

严格保护耕地和集中式饮用水水源地土壤环境。将全省耕地和集中式饮用水水源地确定为土壤环境保护优先区域,明确优先区域范围和面积,建设和完善保护设施,建立保护档案。对优先区域及周边污染源进行调查,开展土壤环境质量评估和等级划分。争取"十二五"期间,完成全省优先区域确定和土壤环境质量等级划分。对未落实优先区域土壤环境保护要求、造成土壤环境质量明显下降的地区,实施区域限批等限制性措施。在全省粮食生产核心区涉及的95个县(市、区)开展"以奖促保"政策试点,此后全面推行。

加强被污染土壤的环境风险管控和治理修复。开展被污染耕地土壤环境监测和农产品质量检测,土壤污染较重、农产品质量安全受到影响的,采取农艺措施调控、种植业结构调整等措施,优先确保食用农产品产地土壤环境安全;土壤污染严重且难以修复的,由地方人民政府依法划定为农产品禁止生产区。市、县人民政府逐步推进并完成农产品禁止生产区域的划定。

开展被污染土壤治理与修复试点示范。按照"风险可接受、技术可操作、经济可承受"的原则,以大中城市周边、集中污染治理设施、集中式饮用水水源地周边、重污染工矿企业、废弃物堆存场地及重金属污染防治重点区域的被污染耕地和被污染地块为重点,开展一批土壤污染治理与修复试点示范工程。选择被污染地块集中分布的典型区域,实施土壤污染综合治理,开展综合治理方案的编制工作并开始实施。

争取经过五年努力,基本建立起农村生态环境保护工作的投入机制和监管监督考核机制;基本治理损害群众健康的农村生态环境问题,农村环境综合整治取得显著成效,畜禽养殖业污染得到基本控制,土壤污染得到减缓遏制,农村生态环境质量得到改善。

5.5.6 生态建设"示范工程"行动

生态建设"示范工程"行动方向及主要内容具体如下:

(1)行动提出和方向

根据中原经济区生态化发展的森林碳汇、城镇生态建设、水环境改良、大气污染防治、农村环境整治等重点工作,实施林业提升工程、生态城镇工程、蓝天碧水工程、自然生态保育工程、乡村清洁工程和生态文明示范创建工程,带动中原经济区整体生态化发展。重点就是推进中原经济区生态化发展的示范工程建设,推进各地区生态化的项目和工程建设,带动中原经济区整体生态化发展。

(2)行动的主要内容

林业提升工程。开展山区宜林荒山荒地造林工程,实现现有的550多万亩宜林荒山荒地全部完成新造林,部分实现成林。开展平原农田防护林提升工程,把农田防护林建设与省高标准粮田"百千万"(百亩方、千亩方、万亩方)工程建设相结合,实现农田林网标准化。开展生态廊道网络提升工程,将绿化未达标的 2.5 万公里和未绿化里程 1 万公里的道路、河流全部建设成为具有一定标准的生态防护林带。开展森林质量提升工程,大力开展低效林改造工作,使全省中幼龄林年均生长量提高 10%~15%。

生态城镇工程。开展城镇林业生态工程,在城镇建成区新建一批小型游园和休闲广场,创建"生态社区"。开展完善绿色廊道工程,在全省产业集聚区、专业园区周边,依托道路建设环绕型防护林带。推进城镇集约节约型发展,着力控制城镇发展中污水、垃圾的排放强度,加快城镇供水管网节水改造,在城市强制使用节水器具。开展城镇污水处理设施及配套管网建设工程,推进县(市)、重点乡镇及产业集聚区污水处理设施建设,完善污水管网。开展城镇污染处理过程的减碳工程,大力推进全省污水处理厂厌氧产生的甲烷气体的回收利用,探索实践产生的氧化亚氮气体的利用,推进生活垃圾卫生填埋场产生的甲烷气体的回收利用,支持企业对工业废水处理过程中产生甲烷气体的利用。推进"气化河南"工程,逐步减少石化能源,发展清洁能源和可再生能源。

蓝天碧水工程。从技术、管理、政策等多方面采取综合措施,大力推进清洁生产,加快淘汰落后产能,支撑清洁绿色低碳技术的推广应用。着力降低污染物排放强度,因地制宜推行现有企业群集约化和清洁燃料化。强化源头管理,严格控制污染物产生和排放量。采取综合措施,加强机动车一氧化碳、氮氧化物控制。大力推进技术进步与管理,控制源头污染物产生量,所有新改扩建项目均要采取先进的、环境友好的生产工艺和污染防治技术。持续加强地表水污染防治,推进工业废水深度处理等工作。改善水生态环境,大幅提高河道的自净能力。逐步推进地下水污染防治,有计划地开展地下水污染修复试点。

自然生态保育工程。加强生态脆弱区治理与恢复,全面深入开展太行山区、伏牛山区、桐柏大别山区等水土流失严重地区的综合治理。推进矿山环境治理,促进新老矿山的生态恢复。以豫北、豫东地区的黄河故道、黄泛区为重点,加强黄河故道、沿黄沙地风沙和荒漠化治理。以太行山区、伏牛山区为重点,推进石漠化治理与恢复。加大生物多样性保护力度。加强湿地资源管理,推进湿地自然保护区建设。开展自然保护区基础调查,科学规划发展自然保护区,增强保护区的各种功能。

乡村清洁工程。深化农村环境综合整治,继续加强农村生态环境连片整治。强化农村生活污染治理,加快农村污水和垃圾处理设施建设,鼓励小城镇和规模较大村庄建设集中式污水处理设施。加强畜禽养殖污染防治,推进规模化畜禽养殖污染减排,以生猪、肉牛、奶牛、蛋鸡、肉鸡等规模化养殖场(小区)为重点,加快推进污染减排重点工程建设,鼓励建设规模化畜禽养殖场有机肥生产利用工程,继续建设各种实用型沼气工程。着力做好土壤污染防治,开展重点地区土壤污染加密调查,建立土壤环境质量定期监测制度和信息发布制度。加强被污染土壤的环境风险管控和治理修复。以新增工业用地为重点,建立土壤环境强制调查评估与备案制度。开展被污染土壤治理与修复试点示范。

生态文明示范创建工程。在全省县级区域首先开展生态文明试点示范建设,2017年争取将全省30%的县创建为省级生态县(市、区),并有10个左右的县级区域进入国家级生态文明创建试点。逐步推进开展生态文明乡镇试点示范创建等,优先在县政府所在地的乡镇、乡镇政府所在地的村、移民迁安村、新农村示范点率先创建生态乡镇、村。开展农村生态文明试点示范。打造生态乡镇、生态村的"升级版",建设"生产发展美、生活富裕美、生态环境美、乡风人文美"的美丽乡村,制定河南省省级美丽乡村建设标准和考核办法。

5.6　政策措施建议

5.6.1　强化制度建设,划定河南省生态保护红线

"生态红线"指为维护国家或区域生态安全和可持续发展,根据生态系统完整性和连通性的保护需求,划定的需实施特殊保护的区域。根据《国家生态保护红线—生态功能基线划定技术指南(试行)》,主要分为重要生态功能区、陆地和海洋生态环境敏感区、脆弱区三大区域。第一条是重要生态功能区的保护红线,指的是水源涵养区,保持水土、防风固沙、调蓄洪水等。城市发展需要安全健康的水源,这是一条经济社会的生态保护安全线,是国家生态安全的底线,能够从根本上解决经济发展过程中资源开发与生态保护之间的矛盾。第二条是生态脆弱区或敏感区保护红线,即重大生态屏障红线,可以为城市、城市群提供生态屏障。建立这条红线,可以减轻外界对城市生态的影响和风险。第三条是生物多样性保育区红线,这是生物多样性保护的红线,为保护的物种提供最小

生存面积。红线就是底线,如果再开发就会危及种群安全,非常紧迫。

在有关部门的统一指导下,河南省应积极推进生态保护红线的划定工作。近期,可先行在省内的主体功能区中的限制开发区、禁止开发区划定生态保护红线;也可先行选定南阳、信阳、三门峡具有较为重要生态功能的区域开展生态红线的划定试点开展该项工作。2016年完成全省"四区三带"区域生态网络中桐柏大别山地生态区、伏牛山地生态区、太行山地生态区、沿黄生态涵养带、南水北调中线生态走廊和沿淮生态走廊建设的生态红线划定技术工作,并出台生态红线管控的政策措施和生态红线管理法规,明确各级政府及相关企业、社区和个人在生态红线区域生态保护的责任和义务,对生态红线区域实行最严格的管控制度,努力构建严守生态安全底线、保障生态安全、促进经济社会可持续发展的长效机制。

确立环境和资源有偿使用机制。环境和资源有偿使用的基本思路是:合理调整资源税费政策,促进企业提高资源回采率和承担资源开采的安全成本;不断完善矿业权一级市场,加强资源开发和管理的宏观调控。在国家法律法规体系的框架下,根据全省具体情况制定必要的地方法规和地方环境标准。比如,协调或平衡地方环境资源使用权益的法规;对损害生态环境的产业或经济行为进行限制的法规;根据环境容量制定的地方环境标准;实施区域总量控制和总量分配的管理政策与法规;保护特有资源的法规;鼓励清洁生产技术研究、推广、应用的政策与法规;支持节能、节水的经济倾斜政策;各类生态保护区的管理法规等。建立生态环境保护联合执法机制,重点抓好生态破坏大要案的查处,树立生态环境保护执法权威。制定有利于生态环境保护和资源有偿使用的财税政策,推进资源权和排污权有偿取得,完善排污权和交易试点方案,制定相应的配套措施,实现排污权的有偿取得和出让。全面推行自然资源有偿使用政策,逐步建立矿业生态环境治理和恢复责任制。

研究探索生态补偿政策,拓宽生态保护资金渠道。研究流域上下游之间、资源开发与生态保护之间、自然保护区内外的生态补偿途径,研究建立资源获取与惠益共享机制。各地要落实矿山生态环境恢复治理保证金制度。积极协调发展改革和财政部门,编制和实施自然生态保护专项规划,以规划带动项目,以项目争取资金,将生态保护工作落到实处。

5.6.2 创新政策机制,改革生态建设的管理体制

生态环境保护是一项跨区域、跨部门、跨行业的综合性系统工程,必须在政

府统一领导下,环保、水利、建设、农林、卫生、公路、科技、财政等部门齐心协力、通力合作,共同行动实施。今后,河南省应在国家的统一安排下,有序推进生态环境保护管理体制。

加强组织领导,落实责任主体,强化部门协调配合。各有关部门要各司其职,相互配合,共同落实任务。发展改革部门要制定有利于生态环境保护的产业政策、价格政策和投资政策;财政部门要制定有利于生态环境保护的财税政策;工业和信息化、公安、国土资源、住房城乡建设、交通运输、水利、农业、林业、商务、旅游、安全监管、电监等有关部门要依据各自职责,支持和推进行动全面实施。河南省各级政府部门是实施本行动计划的责任主体,要把行动计划的目标、指标、任务和重点工程纳入本地区国民经济和社会发展总体规划,把计划执行情况作为地方政府领导干部综合评价的重要内容。

创新水环境管理思路。统筹考虑重点流域、饮用水源地、地下水污染防治,按照流域—控制区—控制单元相互对应的控制体系,强化污染源—入河排污口—断面水质相一致的关系,建立淮河、海河、长江和黄河流域的水环境质量控制制度,逐步推进落实流域水质管理目标要求。以流域水资源承载力和水环境容量相应关系为基准,创新"分区、分期、分级、分类"管理的管理体系,推进"水生态、水安全、水景观、水文化、水经济、水功能"六位一体的城市水生态系统建设模式。

创新空气环境管理思路。建立大数据时代公众参与的空气治理模式,将空气监测和政府信息公开、智慧城市建设等机制体制建设相结合,及时、透明、有效地发布空气质量指数和提示信息,从而使空气治理成为可量化、可监测、可预警、可控制的系统性管理工程。在政府、企业、公众三元治理机制中,政府应承担起顶层设计、法制建设、法制监管等责任,企业应主动降低污染排放、遵守相关污染法,民众则应响应低碳生活的倡议,并积极发挥监督作用。通过立法使大气污染诉讼和补偿制度成为空气治理的重要手段,并以此为借鉴不断完善和规范大气污染的标准和治理措施。

推进排污权有偿取得和排污权交易制度改革。引入市场机制,督促企业将环境成本纳入企业生产成本或服务的价格,实现环境外部成本内部化,社会成本企业化。要进一步通过立法明确污染物"总量控制"的原则,使之成为全省所有污染物排放管理的基本原则;要改变排污许可证的行政授予方式,采取有效措施实现排污权有偿取得,并以一级市场实施对环境使用的宏观调控;认真总结排污权交易试点经验,扩大试点范围;按照公共财政原则,加强环境监测、环境标准、环境执法能力建设。

完善中原经济区内跨省的生态建设协调机制。推进中原经济区内跨省城市间建立起协调保护生态的机制,可从以下几个方面进行探索:一是各省明确省际生态建设对接的具体部门,并定时召开省级层面的生态建设协调会,比如五省的生态环保委员会或相关机构、主管领导应该有个一季度一次或者半年一次的联席会;二是30个省辖市外加3个县的主管生态环保建设的县市长定期召开联席会,解决省际涉及的生态环境共同建设问题;三是河南省和周围四省对接的机制以及五省相邻地区的对接机制,比如河南的黄淮四市和皖北城市群之间的生态建设协调,豫北和山东相邻城市的生态建设协调,安阳与河北、山西相邻地区的生态建设协调。

5.6.3 强化目标责任,严格任务计划的监督考评

结合生态文明建设,完善生态保护建设的目标责任制。

明确任务,建立目标责任制。把行动计划任务和指标层层分解,落实到具体部门和责任人,一把手要亲自抓、负总责。并把相关指标纳入各级政府和各部门领导目标考核体系,建立评比机制,对在工程中表现突出的集体、个人予以表彰。建立巡回督导制度,实施领导小组办公室会同省政府督察室,对责任单位定期督办检查,并将检查结果上报领导小组。各县(区)政府也要建立巡回督导制度,定期举行新闻发布会,将年度计划实施情况向社会公布,以督促和推动全省生态建设工作。

严格考核评估。对日常工作实施情况进行评估考核,每年公布一次各地主要污染物排放情况、重点工程进展情况、重点流域区域环境质量变化情况等。分别对实施情况进行中期评估和终期考核,评估和考核结果向省政府报告,对社会公布,并作为考核各级政府工作绩效的重要内容。组织制定《行动计划考核办法》,对各省直有关单位和各地政府实施年度考核,考核结果纳入政府年度目标考核体系,并实行"一票否决"。对未完成"清洁工程"行动计划年度任务的,进行通报批评,实施生态补偿扣款、"区域限批"等,组织、监察部门会同环保部门对有关责任人进行诫勉谈话,督促整改;对工作不力、履职缺位等导致未能有效实施行动计划,以及干预、伪造监测数据的,严格追究有关人员责任。

加强项目管理。根据生态环保计划项目库,强力推进一批能够争取国家支

持的重点领域、重大项目的前期工作,项目建设单位提前编制项目可研报告,深度达到国家资金安排要求,同时完备项目前期手续。加强项目有效管理,形成续建、新开工、拟建、储备四种项目类型的梯次项目库结构,真正做到建设一批、开发一批、储备一批,形成梯次推进、良性循环的项目运行格局,确保重大建设项目持续推进和投资后续增长能力。

5.6.4 完善投资体制,加强生态建设的资金支持

加大资金投入。加大各级财政投入力度,完善政府、企业、社会多元化的生态环境保护投融资机制,保障重点项目建设和运行。

完善投融资体制。深化生态保护投资资本体制改革,在争取中央、省财政资金支持的同时,同时鼓励社会各方自愿参与,鼓励民间资本和社会资本进入农村生态环境保护与污染治理领域。开展企业环境信用评价,引导金融机构加大对环保守信企业信贷支持力度;开展排污权有偿使用和交易工作,推行排污权抵押融资模式;探索节能环保设施融资、租赁业务。推行"能源合同管理""环境合同管理"和污染治理设施投资建设运行一体化的经营体制。

切实做好资金管理。各级政府要善于整合各类资金,统筹安排建设项目,规范资金使用和管理,集中投入重点项目建设。各部门要用好本部门资金,统筹安排,按照职责分工,切实解决重点工程项目建设中的问题。省财政资金重点用于支持以下几方面工作:环境污染防治基础设施建设,包括生活污水处理、生活垃圾收运—处理设施等工程;饮用水源地环境保护;畜禽养殖污染防治与废弃物资源化利用,特别是要支持畜禽养殖场粪便沼气池处理后沼渣、沼液利用;土壤污染治理试点示范;生态县市、生态乡镇、生态村创建;农村环境监测和监管能力建设。

建立适应市场经济体制的生态保护投入机制。要把生态环境保护纳入国民经济和社会发展年度计划,把生态功能保护区、自然保护区、生态示范区、农村污染控制示范工程、生态保护监管能力,以及生态监测站网的建设与运行费纳入各级财政预算,建立固定的生态保护资金渠道;按照事权划分的原则,坚持多渠道、多层次、多方位筹集保护资金。

努力拓宽生态建设和生态环境保护投资渠道,在大力增加国家与地方财政支持的同时,扩大融资渠道,积极利用国际金融组织贷款和外国政府贷款,努力争取国际援助和合作项目,大力支持企业和个体贷款投资,进行市场化运作,引

导民营资本和其他社会资金向环保领域投资,规范合理利用其他行业投资在生态建设与环境保护方面的投入,努力建设生态建设与生态环境保护多元化投资体制,弥补国家生态建设与环境保护专项投资的不足。对资源开发造成的生态破坏,必须坚持由开发单位或个人投资重建和恢复。

5.6.5 推进技术支撑,加强生态保护的能力建设

加强生态环境监测系统的建设。扩大监测领域,增加检测项目。提高人员素质,更新监测仪器设备。建设污染源在线自动监测系统,对主要工业污染源实行实时监控。加速环境监测的信息化建设。加强对各生态功能区的监测评价。

加快建立生态建设与生态环境保护的科技支持体系。包括基础研究和应用研究课题确立以及科研体制的改革,科研机构与生态建设和生态环境保护区的经济技术联合,科研成果的有偿转让和推广应用制度,科技人员经济技术承包责任制及引进先进技术成果、设备、材料的政策规定等。促进提高生态建设和环境保护的科技水平,达到提高生态效益、经济效益、社会效益的目的,将生态建设与环境保护纳入科学化轨道。加强生态保护战略和科学技术研究,重点开展典型地区生态系统演替规律、生态环境状况评价、生态系统服务功能、土壤修复、矿区生态环境恢复治理技术、城市景观生态等研究,为生态环境管理提供科学依据。加强应用技术的推广,提高生态保护科技含量和水平。加强环境科学基础研究,开展环境容量、环境承载力、环境监测等环境科学基础理论研究,建立生态环境保护领域产学研联动机制,支持开发、应用和推广污染控制、生态保护、风险防范方面的高新技术、关键技术和共性技术。

建立完善的环境监测监督体系和环境预警应急体系。加强各级环境保护机构标准化建设,建设环境事故应急指挥及支援保障体系,建设应急指挥辅助决策系统和应急信息管理系统,实现全省信息资源共享。加强环境监控网络体系建设,逐步完善污染源自动监控网络。加强环境质量监测网络建设,加强省辖市水质全分析,环境空气新增因子、重金属、持久性有机污染物及汽车尾气等监测能力。

重视人才,加强环保队伍和能力建设。加强环保机构、队伍和能力建设。各地要完善环境管理体制,建立健全环境保护行政管理、监察、监测、信息、宣教

和应急体系。按照政府机构改革与事业单位改革的有关要求,解决环境执法人员纳入公务员序列问题。进一步总结和探索设区城市环保派出机构监管模式。切实执行环保部门领导班子"双重管理"制度,选派政治觉悟高、业务素质强的领导干部充实环保部门。按照有关要求规范管理,强化培训,造就一支"忠于职守、造福人民、科学严谨、求实创新、不畏艰难、无私奉献、团结协作、众志成城"的环保队伍。

5.6.6 坚持宣传教育,营造生态文明建设的良好氛围

生态建设问题是个社会性问题,需要全社会力量共同参与,这就要求广大的干部群众的思想道德素质要有新的提高,树立强烈的生态文明意识和责任意识。

广泛动员,坚持宣传教育及培训。坚持不懈地开展生态文明建设宣传,开展全民教育,增强生态保护的责任感,进一步增强全民的生态保护意识和公德。要根据全省生态环境形势的变化和生态文明建设战略发展的需要,利用科学、艺术和新闻相结合的方式,定期开展生态环境警示教育;组织开展森林保护、沙尘暴防治、水土保持和矿山环境保护等专题、专项宣传报道,不断提高公众的生态意识、环境意识和搞好生态保护的责任感、使命感。

进一步加强舆论监督,鼓励公众参与。表扬先进典型,揭露破坏生态的违法行为;完善信访、举报、听证和公示制度,鼓励公众和非政府组织参与,充分调动广大群众保护生态环境的积极性。随着对环境保护知识的广泛宣传,民众的环境保护意识日益提高。在环境保护领域发挥着越来越大的作用,并逐步形成了公众参与环境保护的有效机制。同时,建立环境信息发布制度,发挥了新闻舆论的监督作用,进一步拓宽了公众知情参与和监督的渠道。由于环境保护意识深入人心,民众会积极参加到环境保护的行列中,注意身边环境的绿化、美化,形成了保护环境人人有责的良好社会风尚,环境道德水平得到升华。同时,又使民众及各级领导树立了可持续发展战略思想,支持环境执法,促进了污染防治和生态环境保护工作。各类媒体要及时宣传报道在生态环境保护过程中各地涌现出的先进典型和优秀事迹,通过树立典型,引导广大农民群众自觉保护农村生态和环境,形成良好的环境卫生和符合生态环境保护要求的生活、消费习惯,弘扬生态文明,发展生态文化,保护农村环境。

| 第6章 |

绿色建筑行动方案

绿色建筑是指在建筑的全寿命期内,最大限度地节约资源、保护环境和减少污染,为人们提供健康、适用和高效的使用空间,以及与自然和谐共生的建筑。建筑低碳化是推进中原经济区绿色低碳发展的重要方面,对于应对气候变化、转变城乡建设模式、缓解资源环境压力、提高城乡生态宜居水平具有重要意义。为加快推进中原经济区绿色建筑发展,提高生态文明水平,建设美丽中原、绿色中原,制定本行动方案。

6.1 背景意义

6.1.1 研究背景

绿色建筑是顺应世界绿色技术革命的发展趋势,促进我国建筑业走绿色发展之路的重要推动力量。

(1)世界绿色技术革命要求建筑领域做出适应性调整

全球范围内,世界绿色技术革命要求各个领域做出适应性调整。全球经济的迅速发展在给我们带来就业、财富的同时,也给我们带来了巨大的生态环境危机。能源危机、生态危机、温室效应等能源和环境问题正在影响着我们的生活,走可持续发展道路已成为全球共同面临的紧迫任务,向低碳经济转型,加快绿色发展,已经成为世界经济发展的历史性大趋势、大潮流,伴随而来的世界绿色技术革命,要求经济社会各个领域的配合。建筑行业作为一个重点行业首当其冲。随着世界人口增长和经济发展,建筑及其运行的资源消耗和环境效应对全球资源环境的影响日益显著。推进绿色建筑发展,减少建筑能耗和污染排放,节约资源,保护环境,实现建筑与自然和谐共存,是全球面临的共同课题。

(2)资源环境问题倒逼我国建筑产业走绿色发展之路

从全国来看,资源环境问题倒逼产业必须要走绿色发展之路。我国经济的高速发展给建筑业带来了巨大的市场空间,建筑业对国民经济的贡献越来越大,已成为我国国民经济的重要支柱产业。同时,建筑行业也是能耗、用水、占地和造成环境污染、生态失衡的大户。全球气候变化和我国长期粗放式发展导致的资源环境问题倒逼我国建筑行业及建筑材料制造行业走绿色发展的道路。

我国是建筑业大国,每年大约20亿平方米的建筑总量,接近全球年建筑总量的一半。建筑能否实现绿色发展,不仅关系到国家能源战略和资源节约战略的实施,还关系到全球的气候变化与可持续发展。我国政府高度重视资源节约和环境保护,把推进建筑节能减排作为转变经济增长方式,建设资源节约型、环境友好型社会的一项重要举措。

绿色建筑发展逐步由战略规划层面走向实际操作层面。绿色建筑作为战略性新兴产业为我国的节能减排和应对气候变化提供了一种有效的解决方案,已上升为国家战略。《国家中长期科学和技术发展规划纲要(2006—2020年)》把建筑节能与绿色建筑作为城镇化与城市发展领域优先主题和发展重点。科技部印发的《"十二五"绿色建筑科技发展专项规划》要求在"十二五"期间,依靠科技进步,推进绿色建筑规模化建设,显著提升我国绿色建筑技术自主创新能力,改变建筑业发展方式。2012年,国务院发布了《"十二五"国家战略性新兴产业发展规划》,将"节能环保产业"作为第一项重点任务提出,并明确指出要"提高新建建筑节能标准,开展既有建筑节能改造,大力发展绿色建筑,推广绿色建筑材料"。2013年,《绿色建筑行动方案》提出了开展绿色建筑行动的指导思想、主要目标、基本原则、重点任务和保障措施等,标志着绿色建筑发展逐步由规划层面走向了实际操作层面。

(3)河南省推动科学发展需要建筑低碳化发展

河南省是传统的农业大省和人口大省,资源能源匮乏,生态环境脆弱,突出表现在人均资源占有量低、空气和水污染严重、水土流失严重、风沙和旱涝灾害频繁等。近年来,河南省经济社会发展取得了巨大成就,但受长期粗放型经济发展方式的影响,仍然面临着经济结构不合理、发展质量不高、资源环境瓶颈制约严重等问题,迫切需要加快经济发展方式转变,推动科学发展。同时,科学推进新型城镇化也对建筑节能提出了新的要求。新型城镇化应是绿色、低碳的城镇化,城镇化的发展趋势预示着经济结构的调整和绿色人居、建筑节能产业巨大的发展机会。当前,河南省正处于工业化、城镇化加快发展的历史进程当中,对建筑的刚性需求将持续增加,建筑规模仍将快速增长。而建筑业面临着巨大的资源和环境问题,建筑业的物质消耗占全国物质消耗总量的15%左右,直接消耗的能源占全国总能耗的比重接近30%,建筑用水占可饮用水资源的80%左右,建筑垃圾占垃圾总量的40%。同时,推进建筑节能成本小、效果好,促进建筑低碳化发展面临着巨大的空间。

6.1.2 研究意义

应对气候变化的必然选择。当前,全球气候变化深刻影响着人类的生存和发展,是全球关注的问题。河南人口众多,资源能源匮乏,气候条件复杂,生态环境脆弱,容易受气候变化影响。建筑是温室气体排放的主要来源之一,对气候变化有着重要的影响,绿色建筑符合以低能源消耗、低温室气体排放为特点的低碳时代要求,切合节能减排应对全球气候变化的主题。《中国应对气候变化的政策与行动》第四部分"减缓气候变化的政策与行动"中提出:"积极推广节能省地环保型建筑和绿色建筑,新建建筑严格执行强制性节能标准,加快既有建筑节能改造。"推进建筑低碳化发展,不但是实现节能减排的重要方面,而且对应对气候变化也将有重要影响。

转变城乡建设模式的客观要求。推进城乡建设模式转变是经济发展方式转变的重要方面。目前,河南省城乡建设模式仍然是粗放型的,发展质量和效益不高,建筑建造和使用过程中能源资源消耗高、利用效率低的问题比较突出。推进建筑低碳化发展,以绿色、生态、低碳理念指导城乡建设,能够最大效率地利用资源和最低限度地影响环境,有效转变城乡建设发展模式。推进建筑低碳化发展,还能够全面集成建筑节能、节地、节水、节材及环境保护等多种技术,极大地带动建筑技术革新,直接推动建筑生产方式的重大变革,促进建筑产业优化升级,拉动节能环保建材、新能源应用、节能服务、咨询等相关产业发展。

缓解资源环境压力的迫切需要。近年来,随着经济的快速发展,资源消耗多、能源短缺等问题已经成为制约河南省以及我国经济社会持续发展、危及现代化建设进程的重要问题。目前,河南正处于城镇化快速发展阶段,城乡建设规模空前,伴随而来的是严峻的能源资源问题和生态环境问题。建筑能耗约占全社会总能耗的1/3,单位建筑面积能耗是发达国家的2~3倍,同时建筑还消耗大量的水资源、原材料等,无论是能源、物质消耗,还是污染的产生,建筑都是问题的关键所在。绿色建筑在建筑活动及建筑物全生命周期能实现节能、节地、节水、节材,高效利用资源,最低限度地影响环境。因此,推进建筑低碳化发展,是河南缓解资源环境压力的迫切需要。

提高城乡生态宜居水平的重要途径。绿色建筑是生态建筑、可持续建筑,其内容不仅包括建筑本体,也包括建筑内部以及建筑外部环境生态功能系统及建构社区安全、健康的稳定生态服务与维护功能系统,能够提供更加舒适的生活环境,提高城乡居民的生态宜居水平。一方面,绿色建筑通过科学的整体设计,集成绿色配置、自然通风、自然采光、低能耗围护结构、新能源利用、中水回用、绿色建材和智能控制等高新技术,具有选址规划合理、资源利用高效循环、节能措施综合有效、建筑环境健康舒适、废物排放减量无害、建筑功能灵活适宜等特点。另一方面,绿色建筑通过各种绿色技术手段合理地提高建筑室内的舒适性,同时保障人的健康生活,为居民提供良好的生活环境质量。

推进中原经济区绿色低碳发展的重要方面。《中原经济区规划(2012—2020年)》明确提出,坚持绿色、低碳、可持续发展理念,加强生态建设和环境保护,大力发展循环经济,提高资源节约集约利用水平,努力构建资源节约、环境友好的生产方式和消费模式,建设绿色中原、生态中原,增强区域可持续发展能力。可见,推进中原经济区绿色低碳发展,是中原经济区建设的一项重要任务,对于增强应对气候变化的能力、加快河南发展、更好地推进中原经济区建设具有重要意义。随着新型城镇化的加快推进,河南省建筑规模将快速增长,而建筑能耗普遍较高,建筑能耗约占全社会总能耗的1/3。因此,加快建筑节能,推进建筑低碳化发展,是推进中原经济区绿色低碳发展的重要方面。

6.1.3 研究范围及重点

中原经济区包括河南全省、山东西南部、安徽西北部、河北南部和山西东南部共5个省、30个市、10个直管市(县)及3个县区。其中,河南是中原经济区的主体,具有代表性。由于中原经济区面积较大,跨越省份较多,绿色建筑发展的整体情况和相关数据难以获得,本方案将以中原经济区的主体河南省作为研究对象,对中原经济区建筑低碳化展开研究。

本方案在研究中原经济区推进建筑低碳化的背景和意义、分析中原经济区建筑低碳化的现状与问题的基础上，借鉴国内外发展绿色建筑的经验与启示，提出中原经济区推动建筑低碳化的行动方向和目标、重点行动，以及相应的政策建议。

6.2 现状和存在问题

6.2.1 工作进展

近几年，为促进绿色建筑发展，河南省研究出台了一系列政策文件，全面推进绿色建筑节能工作。

(1) 出台了一系列的政策文件

近年来，河南省围绕加快绿色建筑发展的各个方面，出台了一系列的政策法规。例如，为加快推进全省绿色建筑发展，提高生态文明水平，建设美丽中原、绿色中原，制定了《河南省绿色建筑行动实施方案》《河南省绿色保障性住房行动实施方案》。参照国家《绿色建筑评价标准》和《绿色建筑评价技术细则》，制定了《河南省推广节能省地型建筑和绿色建筑实施方案》《河南省绿色建筑评价标准》《河南省绿色建筑评价标识管理办法（试行）》等，指导全省积极发展绿色建筑。此外，还制定了《河南省人民政府关于加强建筑节能工作的通知》《河南省"十二五"建筑节能专项规划》《河南省"十二五"建设科技发展规划》《河南省可再生能源建筑应用"十二五"规划》等，用于指导全省建筑节能工作的开展。及时完善可再生能源建筑应用标准，发布实施了《河南省太阳能建筑应用技术导则》《河南省地源热泵系统建筑应用技术导则》等标准图集和规程。这些政策文件的出台，为推进绿色建筑发展提供了一定的政策依据。

(2) 全面推进建筑节能工作

按照《民用建筑节能条例》和省政府《关于加强建筑节能工作的通知》《河南省"十二五"建筑节能专项规划》等要求，不断提高新建建筑节能标准实施率，加快既有居住建筑供热计量及节能改造，大力推广可再生能源建筑应用示范工作，积极推进墙材革新工作，完善机关办公建筑和大型公共建筑监管体系等，取得了较为明显的成效。

坚持抓好新建建筑节能。通过加强闭合式监督管理，加大执法力度，每年组织一至两次建筑节能专项检查，新建建筑执行节能标准的比例达到98%以上,"十二五"期间,新增节能建筑1.5亿平方米。大力实施既有居住建筑供热计量及节能改造工作,已完成改造面积1380万平方米,占任务量的92%。

积极推进可再生能源建筑应用。全省城镇可再生能源建筑应用面积累计7680万平方米,其中,太阳能光热应用面积4266万平方米,地源热泵应用3594万平方米。获批国家可再生能源建筑应用示范市7个,示范县20个,示范镇1个。示范任务共计2734平方米,已完成2142万平方米,占总示范任务的78%。太阳能光电建筑示范项目34个,建成并验收太阳能光电建筑装机容量达到36.95兆瓦。

不断完善公共建筑节能监管体系建设。2012年8月,河南省被住建部、财政部列为公共建筑节能监管体系建设示范省,获得国家补助资金1000万元。目前13个省辖市和省直的监测平台基本完成,110栋建筑已经实现远程能耗监测,158栋建筑正在建设。

大力推广复合钢筋混凝土剪刀墙保温结构体系。制定下发了《河南省住房和城乡建设厅关于推行建筑保温结构一体化技术实施方案的通知》,在郑州召开了推广"CL建筑体系"现场会。郑州、新乡、长垣等市县出台激励政策,积极推广,全省运用该体系的建筑已超过300万平方米。

(3)逐步完善绿色建筑标准体系

针对河南省气候特点及建筑节能工作的进展,先后编制了《河南省居住建筑节能设计标准(寒冷地区)》《河南省居住建筑节能设计标准(夏热冬冷地区)》(65%节能)和《河南省公共建筑节能设计标准实施细则》(50%节能)两类三本地方标准,以及《河南省民用建筑节能检测及验收技术规程》,是全国最早出全出齐地方标准的省份。配套了技术规程,完善了标准图集,基本形成了以国家和地方标准为主,以规程、图集和规范性文件为补充,涉及设计、施工、监理、检测、验收、认定和节能材料质量控制等各个方面的技术标准框架体系,为河南省建筑节能工作的开展提供了良好的技术保障。此外,河南省先后出台了《河南省绿色建筑评价标准》,印发了《河南省绿色建筑评价标识管理办法(试行)》,成立了河南省绿色建筑评价标识专家委员会和河南省建筑节能与绿色建筑工程技术研究中心,获批开展一星、二星级绿色建筑评价标识资格。全省已有59个建筑项目通过绿色建筑评价标识,12个一星级、45个二星级、2个三星级,总面积836万平方米。

(4)绿色建筑产业发展迅速

一是通过加大民用建筑节能技术、产品、工艺推广限制力度,定期发布技术公告或推广目录,开展建筑节能材料产品的认证和推广工作。二是做好建筑材料产品的推广应用工作。每年优选省内外重点推广项目30余项,召开建筑节能材料产品博览会、推介会、现场会,组织省内知名企业参加建设部组织的智能绿色建筑博览会,为建筑节能新材料、新产品的研发、应用搭建了良好的平台。三是通过积极开展可再生能源建筑应用、光电建筑应用,带动了一大批新型墙材、地源热泵、太阳能热水器、太阳能光电板生产企业在全省发展壮大。据不完全统计,与建筑节能相关的生产厂家已达600多家,生产总值超过800多亿元,产品基本满足全省建筑节能工作的需要。

(5)积极开展绿色建筑宣传引导

充分利用报纸、网络、电视、电台等各种媒体和"条例宣传月""节能宣传周"等时机,采取专题节目、知识竞赛、设置专栏以及宣贯会、推介会、发放宣传册(单)、悬挂条幅等方式,广泛宣传建筑节能的重要意义、相关政策、管理措施。为推动全省建设行业科技创新、技术进步,引导发展绿色建筑,组织了河南省建设科技进步奖和河南省绿色建筑创新奖的评选活动。"河南省保障性住房绿色建筑评价标准"等76个项目获得2013年河南省建设科技进步奖,"置地·天中第一城(一期)"及"汇豪天下"2个示范工程获得2013年河南省绿色建筑创新奖。通过多渠道、多途径的持久宣传,社会各界对绿色建筑的意识明显增强。

6.2.2 存在问题

建筑节能降耗形势严峻。当前,河南省正处于城镇化加快推进过程中,城镇人口的迅速增长,将带动住宅和建筑的规模快速增长。我国建筑直接能耗占全社会总能耗的30%左右,再加上相关建材生产能耗的16.7%,两项相加可以达到46.7%。同时,随着生活水平的提高,围护结构不合理等原因使得夏热冬冷地区迫切需要增加采暖设施,空调和热水器能耗也成为电力紧张的主要因素。可见,随着城镇化进程的日益推进,建筑使用能耗比例会日益提高,能源供应将日趋紧张。

建筑工业化程度低。长期以来,建筑业的劳动生产率提高速度慢,与其他行业和国外同行业相比,大多数企业施工技术比较落后,科技含量和施工效率低,劳动强度大,建设成本不断增大。在城镇化和城市现代化的进程中,建筑业企业必须从提高施工工效、加快工程进度、降低劳动者工作强度的角度出发,在全面提升施工技术水平上下功夫,尽快接近和赶上国外先进施工技术水平。目前,河南省建筑工业化程度还比较低,建筑行业效率不高,必须要走建筑工业化的道路,依靠科技进步,用设计标准化、构件部品化、施工机械化、管理信息化来实现建筑业的现代化。此外,绿色建材产业发展缓慢,新型替代建筑材料不足。

绿色建筑评价体系不甚完善。绿色建筑评价体系涉及广泛,是确保绿色建筑顺利实施的重要技术保障。目前,我国与河南省在这方面都尚处于初期阶段,相关的法律文件以及技术支撑尚不完善。在系统设立之初,主要是鼓励新方法、新材料以及新技术的制定与推广。但是,由于在节能资源开发上缺乏足够的重视,如太阳能发电等,相关的激励政策没有配套完成,从而使得多种节能、环保能源处于低水平的利用阶段。当前,评价体系主要针对建筑物是否满足绿色建筑的概念以及特征,是否采取了合适的生态技术措施,并将评价的重点放到了监督和考察方面。

机制和政策体系尚未形成。近年来,河南省陆续出台了一系列有关绿色建筑方面的政策、标准,但这些法规和政策只涉及绿色建筑目标体系中的某一个方面,尚未形成一个完整的政策体系。尤其是建筑节能与绿色建筑工作缺乏地方法规约束。此外,激励政策不配套,2012年,财政部、住房和城乡建设部印发了《关于加快推动我国绿色建筑发展的实施意见》,该文件明确规定了对符合条件的项目优先给予财政奖励,并制定了具体的奖励标准。但直至现在,该奖励政策仍没有落实,既有建筑节能改造、可再生能源建筑应用、国家机关办公建筑和大型公共建筑监管体系建设等工作,推进起来难度较大,严重影响了全省绿色建筑的推广应用。

对绿色建筑的宣传引导不到位。目前,由于缺乏有效的宣传引导,社会各界对绿色建筑的认识还存在偏差,绿色建筑意识淡薄,缺乏建造和使用绿色建筑的积极性和主动性。一方面,由于绿色建筑初期成本投入大,而长期经济效益不明显,使得建材商生产和推广绿色建材的积极性不高,开发商开发绿色建筑的动力不足,消费者对绿色建筑望而却步。绿色建筑只成为高档住宅的尝试,尚未成为房地产市场的主流产品。另一方面,由于宣传不到位等原因,社会对绿色建筑存在一定的认识偏差,例如认为绿色建筑就是高绿化率。对绿色建筑的误解,也影响了绿色建筑的推广。

6.3 国内外发展路径及经验借鉴

国外对绿色建筑的研究与实践开始得较早,发展绿色建筑是从建筑节能起步的,在建筑节能取得进展的同时,伴随着可持续发展理念的产生和健康住宅概念的提出,又将其扩展到建筑全过程的资源节约、提高居住舒适度等领域,将原有节能建筑改造成绿色建筑的活动越来越广泛。绿色建筑由理念到实践,在发达国家逐步完善,渐成体系,成为世界建筑发展的方向,成为建筑领域的国际潮流。我国绿色建筑发展较为缓慢,尚处于推广阶段,真正意义的绿色建筑尚未进入实质性应用阶段,绿色建筑设计理念和应用实践有待进一步引导。

6.3.1 美国完善绿色建筑政策体系模式

自20世纪90年代起,美国从联邦政府到地方政府围绕着发展绿色建筑这一目标,相继出台了大量的政策法规,体现出美国政府对于建筑可持续性问题的重视,是美国绿色建筑得到较快发展的政策保障。美国推进绿色建筑发展的政策工具主要有三类:强制性的绿色建筑规范和标准、经济激励政策以及自愿性的产品和设备绿色标识等。

强制性法规和标准包括《2005能源政策法案》和"标准189"。其中,《2005能源政策法案》包含了具体的经济激励政策推进节能产品在民用建筑中的应用,规定未来联邦建筑必须达到一定的能效指标,明确了联邦政府能源使用消减目标;对15种产品或设备设立了新的能效标准。"标准189"是除低层住宅以外的高性能绿色建筑的设计标准,格式和结构是按照LEED绿色建筑评价体系来设定的,作为申请LEED绿色建筑的基准线,以帮助绿色建筑逐渐成为社会共识。

经济激励政策包括提供直接的资金或实物激励、税收和补贴以及为绿色建筑发展创建市场(如碳交易)。在美国有多种与绿色建筑发展相关的税收激励政策。在专项资金方面,美国能源部资助LEED绿色建筑评估标准的建立。2003年,世界上第一个温室气体排放权交易机构——美国的芝加哥气候交易所成立。

自愿性项目也是美国推动绿色建筑发展的有效手段。一是"能源之星"项目,"能源之星"建筑节能标识体系中蕴含两大重要认证,即建筑物节能认证和建筑物运行管理节能认证。"能源之星"项目很好地解决了消费者与开发商甚至与政府之间的信息不对称问题,帮助消费者全面认识绿色建筑市场。二是LEED绿色建筑评估体系,具体包括能源和水资源的使用、市政基础设施、交通能源使用、资源节约、土地利用和室内空气质量。该体系被认为是绿色建筑评价体系中最完善、最有影响力的评估标准,已成为世界各国建立各自建筑绿色及可持续评估标准的范本。

经验启示:一是推行绿色建筑标准体系。绿色建筑标准是基础性政策工具。在美国,强制性的国家标准的制定一般采用政府组织、第三方中介机构完成的方法。从美国的实践来看,无论是强制性标准还是自愿性标准都是保障绿色建筑发展的基础。这些标准从制定到实施,相关单位及群体的权、责、利非常明确,这也是标准能产生良好政策效果的关键。二是完善政策法规体系。遵循可持续发展理念制定相关的政策法规,完善政策法规体系,以立法推进建筑低碳化发展。三是加大激励和支持力度。设计合理的政策激励机制,通过税收调节、财政补贴等经济杠杆降低绿色建筑投资者的成本,调动绿色建筑投资者和消费者的积极性,扩大市场需求。

6.3.2 英国推广示范性项目和绿色建筑设计典型案例模式

绿色建筑在英国发展比较早。英国在绿色建筑的发展推广上主要采取强制性措施。根据英国政府的相关规定,从 2008 年 6 月开始,英国对国内所有的公共建筑都划分了节能等级,并且将建筑的能耗情况完全对公众公布。英国除了制定很多绿色建筑的法律法规以及运用先进的绿色建筑评价标准 BREEAM 外,比较有特色的做法是积极推广示范性项目和绿色建筑设计典型案例。

在英国,大量以绿色建筑为主题的示范项目被建立起来,不仅包括牛津生态住宅这样的单体住宅,还包括贝丁顿生态村(Beddin-gton Zero Energy Development)等大规模社区。最新的一个示范案例是金斯潘灯塔住宅(The Kingspan Light-house),它代表了英国"可持续住宅规范"中的最高标准——"零碳排放住宅",英国所有新建住宅在 2016 年全部达到这个标准。英国推行的示范作品大多只使用已经成熟的环保技术和普通材料,简单易行、经济实用,可以立即在市场上进行推广普及。

另外,英国非常重视建筑师绿色建筑理念的培养,其特色做法是将绿色建筑的理念灌输到各高校中,高校老师在设计课程时会将绿色建筑和可持续发展的理念融入其中,培养学生的节约能耗意识,也鼓励学生参与到绿色建筑的设计研究中去。各高校也会积极开展绿色建筑的科研项目,为实际发展提供更专业的意见。

经验启示:强化示范工程建设,建设绿色社区。英国国内推广的示范性项目和绿色建筑设计典型案例是推动绿色建筑发展的一个比较先进的做法。不同于单纯的推广教育,示范项目展示更能给民众直观的体验和感受,河南省可以重点借鉴这一做法,通过绿色建筑的试点示范,来发展绿色建筑市场,推广发展绿色建筑。

6.3.3　日本建立建筑用能管理体制模式

日本能源相对匮乏,所以政府对节能问题相当重视。日本政府很早就开始着手于绿色建筑的发展工作,日本在绿色建筑的发展过程中除了像以上两个国家一样制定法律法规以及精准的评价标准外,特色之处在于它对建筑物用能的管理有独到的做法。

日本建立了建筑用能管理体制,该体制包括能耗统计、能耗监测和用能定额等制度。能耗统计要求资源供应部门以及建筑业主定期上报能源消耗情况。能源监测则是通过对地区具有代表性的建筑物能源消耗情况进行监测,并汇总分类,制定出不同建筑物所对应的能源消耗标准。再通过用能定额制度规定各类建筑物的能源消耗上限,政府会对那些超过能耗上限的建筑物使用者征收更多的管理费,对低于能耗标准的用户给予补贴奖励。这一做法可以帮助政府精确地掌握建筑物温室气体的排放量并因地制宜地制定符合各类建筑物的能耗标准。

另外,日本也非常注重民众参与意识的培养。日本极其倡导民众参与城市的环境规划和项目推广。比如日本政府有施行"绿色点数"的政策和环保积分政策。消费者在购买节能家电时会得到一些"绿色点数",这些"绿色点数"可以供消费者购买其他节能家电,以此类推。住宅环保积分跟"绿色点数"有异曲同工之处,住宅环保积分在民众修建改造环保住宅时获得,积分可用于兑换购买券。日本政府推行的这些政策能激发民众对于绿色建筑的兴趣和购买热情。

经验启示:一是实行能耗监测并制定能耗使用标准。日本推行的能耗监测管理制度为政府了解建筑物的实际能耗水平起到了良好的推动作用,对我国绿色建筑发展也具有一定的借鉴意义。政府可以先根据建筑物的不同使用类型,对建筑物进行分类,然后选取各类建筑物中具有典型代表意义的楼宇实施能源监测,从而了解建筑物的能耗结构。二是培养民众的参与意识。绿色建筑的发展离不开居民的参与,但目前民众对绿色建筑如何节能了解甚少,需要通过电视、网络等媒体扩大对绿色建筑理念与基础知识的宣传、推广,让消费者明了绿色建筑建设和使用过程中的节能、节水、节地、节材、环保、生态等量化为数据的优势,并通过一定的激励机制增强消费者信心。

6.3.4 中新天津生态城建设生态城市模式

中新天津生态城是中国、新加坡两国政府战略性合作项目,生态城的建设显示了中新两国政府应对全球气候变化、加强环境保护、节约资源和能源的决心,为资源节约型、环境友好型社会的建设提供积极的探讨和典型示范。2013年3月,国务院批准中新天津生态城建设国家绿色发展示范区,这也是国家正式批复的首个绿色发展示范区。

中新天津生态城运用生态经济、生态人居、生态文化、和谐社区和科学管理的规划理念,聚合国际先进的生态、环保、节能技术,造就自然、和谐、宜居的生活环境,致力于建设经济蓬勃、社会和谐、环境友好、资源节约的生态城市。

中新天津生态城占地面积31.23平方公里,规划居住人口35万。其发展定位为生态环保技术研发创新和应用推广平台,国家级生态环保培训推广中心,现代高科技生态型产业基地,参与国际生态环境建设交流的展示窗口和资源节约型、环境友好型宜居示范新城。

生态城所有建筑要达到绿色建筑标准。集成使用可再生能源、水资源利用、绿色建材、通风采光、垃圾处理等方面节能减排技术和方案,降低建筑能耗和排放,形成绿色建筑综合实施方案,逐步实现绿色建筑产业化。

经验启示:从规划理念、发展定位、指标体系、低碳技术、低碳产业等多方面整体规划建设中新天津生态城,为全国提供绿色发展示范。绿色建筑是生态城的一个重要方面,集成利用低碳技术,实施绿色建筑综合方案,推进绿色建筑产业化。

6.3.5 杭州低碳科技馆低碳技术应用宣传模式

中国杭州低碳科技馆是全球第一家以低碳为主题的大型科技馆,是集低碳科技普及、绿色建筑展示、低碳学术交流和低碳信息传播等职能于一体的公益性科普教育机构,是公众特别是青少年了解低碳生活、低碳城市、低碳经济的"第二课堂"。

中国杭州低碳科技馆位于杭州高新技术产业开发区(滨江区),总建筑面积33656平方米。科技馆建筑体因地制宜地采用了太阳能光伏建筑一体化、日光利用与绿色照明技术、水源热泵和冰蓄冷等十大节能技术,场馆内部的布展材料及施工、展品材料及制造过程等均坚持绿色低碳。目前,中国杭州低碳科技馆已获得住房和城乡建设部颁发的"三星级绿色建筑设计标识证书",是国内第一家获得此项认证的科技馆,是杭州绿色建筑的典范。

中国杭州低碳科技馆以"低碳生活,人类必将选择的未来"为主题,以低碳为主线,设置了"碳的循环""低碳城市"等七个常设展厅,巨幕和球幕两座特种影院,一个临时展厅和学术报告厅,多个科普实验室。通过"碳的形成与存在""全球变暖"等100余个科学性、趣味性和互动性相结合的展项,向公众弘扬科学精神、倡导科学方法、传播科学思想、普及科学知识。

中国杭州低碳科技馆将低碳设计、低碳施工、低碳排放、低碳运行管理等贯穿系统全过程,坚持"生态、节能、减碳",不断丰富展示内容,提升展教水平,完善各种服务,积极开展国际交流与合作,充分表现杭州打造低碳城市的理念,将中国杭州低碳科技馆打造成低碳科技普及中心、绿色建筑展示中心、低碳学术交流中心和低碳信息资料中心。

经验启示:一是充分利用低碳绿色建筑技术。低碳绿色建筑技术更加注重经济、环保、节能、低碳,是未来建筑业发展的主流。要充分利用太阳能、地源热泵、外墙保温、中水回用、活动外遮阳、透水地面、导光筒采光、冷凝热回收、垂直绿化、隔声措施、雨水收集、诱导通风等低碳技术在绿色建筑的应用。二是加强绿色建筑的展示和宣传。杭州低碳科技馆的建成和展出,对低碳技术、绿色建筑、低碳城市、低碳生活等方面起到了良好的宣传作用。

6.4 行动方向与目标

6.4.1 行动方向

以科学发展观为指导,把生态文明融入城乡建设全过程,紧紧抓住新型城镇化和新农村建设的重要战略机遇期,以绿色建材与可再生能源规模化应用、新建建筑市场准入和既有建筑节能改造为重点方向,着力发展节能环保新型建筑材料,壮大绿色建材产业规模;着力推进绿色建筑规模化发展,加快转变城乡建设模式。着力创新绿色建筑发展机制,发挥市场配置资源的基础性作用,引导建筑工业化、住宅产业化发展,努力营造有利于绿色建筑发展的市场环境,促进城乡建设、人民生活和生态环境的协调发展,为中原经济区绿色低碳发展提供有力支撑。

6.4.2 行动目标

新建建筑节能。城镇新建建筑严格落实强制性节能标准,2015年设计阶段节能标准执行率达到100%,施工阶段实施率达到98%以上,新建绿色建筑比例达到20%以上。到2020年,新建绿色建筑比例达到30%以上。

既有建筑改造。加快既有建筑的节能改造,到2020年,基本完成采暖地区有改造价值的城镇居住建筑节能改造任务。

绿色新型建材。积极推广绿色新型建材,不断提高新型墙体材料、钢结构构件、高性能防火保温材料、新型建筑防水材料、绿色装饰装修材料等生产和应用比例。2020年新型墙体材料产量占墙体材料总量的比例达到80%以上,建筑应用比例达到90%以上。

可再生能源建筑利用。推进太阳能、浅层地热等可再生能源建筑的规模化应用,2020年实现可再生能源在建筑领域消费比例占建筑能耗的15%以上。

6.5 重点行动

6.5.1 新建建筑节能行动

农业人口多、城镇化水平低已成为制约河南省经济社会发展的重要原因。科学推进新型城镇化是实现中原崛起、河南振兴、富民强省的必然选择。随着全省新型城镇化的科学有序推进,到2020年,全省的城镇化率将由现在的43.8%提高到56%,对建筑的刚性需求将持续增加,新建建筑面积将持续呈现出快速增长的趋势。同时新建建筑实施全生命周期建筑节能,从源头开始控制,具有成本低、效益好的特点。因此,新建建筑节能是实施建筑节能的关键,而建筑节能是推进建筑低碳化发展的重要方面。为此,有必要实施新建建筑节能行动,加强城乡建设规划管理,大力促进城镇绿色建筑发展,严格执行新建建筑节能标准。到2020年,新建绿色建筑比例达到30%以上。

加强城乡建设规划管理。树立建筑全寿命周期理念,将绿色建筑比例、空间利用率、绿化率、可再生能源利用率、绿色交通比例、材料和废弃物回用比例、非传统水资源利用率等指标体系纳入总体规划、控制性详细规划、修建性详细规划和专项规划。

大力促进城镇绿色建筑发展。自 2014 年起,全省新建保障性住房、国家可再生能源建筑应用示范市县及绿色生态城区的新建项目、各类政府投资的公益性建筑以及单体建筑面积超过 2 万平方米的机场、车站、宾馆、饭店、商场、写字楼等大型公共建筑,全面执行绿色建筑标准。引导商业房地产开发项目执行绿色建筑标准,鼓励房地产开发企业建设绿色住宅小区。鼓励城市新区集中连片发展绿色建筑,建设绿色生态城区,其中二星级及以上绿色建筑达到 30% 以上。

积极推进绿色农房建设。加强农村村庄建设整体规划管理,制定符合绿色生态发展要求的新农村规划,将大中型沼气集中供气工程、太阳能热利用工程等纳入规划,编制农村住宅绿色建设和改造推广图集、村镇绿色建筑技术指南,科学引导农房执行建筑节能标准。组织开展农村土地利用、建设布局、污水垃圾处理、能源结构等基本情况调查,在此基础上确定村镇绿色生态发展重点区域。大力推广太阳能热利用、围护结构保温隔热、省柴节煤灶等农房节能技术和产品;推进生物质能利用,发展大中型沼气集中供气,加强运行管理和维护服务。选择资源禀赋条件较好的地方开展绿色重点小城镇试点示范,创建绿色能源示范县和绿色低碳重点小城镇,鼓励农民在新建和改建农房时执行绿色建筑评价标准。结合实施建材下乡政策,组织农民在新建、改建农房时使用适用材料和技术。

严格执行新建建筑节能标准。全面贯彻落实《民用建筑节能条例》,严格执行《河南省居住建筑节能设计标准(寒冷地区)》《河南省居住建筑节能设计标准(夏热冬冷地区)》《河南省公共建筑节能设计标准实施细则》《建筑节能工程施工质量验收规范》等相关标准规程,加强闭合监管,严格过程管理,新建建筑全面执行居住建筑节能和公共建筑节能标准。落实固定资产投资项目节能评估和审查制度,严格执行建筑节能强制性标准,加强施工阶段监管和稽查。严格建筑节能专项验收,对达不到强制性标准要求的建筑,不得出具竣工验收报告,不允许投入使用,强制进行整改。实行民用建筑绿色信息公示制度。

6.5.2 既有建筑节能改造行动

建筑能耗指建筑使用能耗,包括采暖、空调、热水供应、照明、炊事、家用电器、电梯等方面的能耗。其中采暖、空调能耗约占 60%~70%。从建筑围护结构和采暖空调系统来衡量,河南省既有建筑中的大部分建筑属于高耗能建筑。单位面积采暖所耗能源相当于纬度相近的发达国家的 2~3 倍。这是由于中国的建筑围护结构保温隔热性能差,仅有采暖用能的 1/3 被有效利用。既有高耗能建筑用能浪费极其严重,必须要开展既有建筑节能改造行动,对不符合民用建筑节能强制性标准的既有建筑的围护结构、供热系统、采暖制冷系统、照明设备和热水供应设施等实施节能改造,提高既有建筑的能源使用效率。

加快推进采暖地区既有居住建筑供热计量及节能改造。采暖省辖市要以围护结构、供热计量和管网热平衡为重点,落实改造项目,积极推进实施。积极探索实施夏热冬冷地区居住建筑节能改造。位于夏热冬冷地区的信阳、南阳、驻马店、平顶山四市及所属县(市)要以建筑门窗、外遮阳、自然通风等为重点,探索成本低、效果好的适宜改造模式和技术路线。对大型公共建筑和公共机构办公建筑围护结构和空调、电梯、采暖、通风、照明、热水等用能系统进行综合节能改造。推进节约型高等学校建设,积极争取国际公共建筑节能改造合作项目。

开展城镇供热系统改造。组织实施城镇供热系统综合节能改造,因地制宜地推广热电联产、生物质锅炉、工业废热利用和分布式能源等供热技术和产品,推广吸收式热泵和吸收式换热技术,加快淘汰低能效、高污染的燃煤供热小锅炉,更新改造老旧供热管网系统。在集中供热管网覆盖区域内不得新建供热锅炉,并立即淘汰各类供热小锅炉(有特殊用途且经批准保留的除外)。

创新既有建筑节能改造工作机制。住房和城乡建设部门要会同有关部门组织开展既有建筑的建设年代、结构形式、用能系统、能源消耗指标、寿命周期等调查统计和分析,编制既有建筑节能改造工作方案,明确节能改造的目标、范围和要求,并负责组织实施。在旧城区综合改造、城市市容整治、既有建筑抗震加固中,要同步开展节能改造,实现"三改三提升"(改造老旧小区环境和安全措施,提升环境质量和安全性;改造供热、供气、供水、供电管网管线,提升运行效率和服务水平;改造老旧建筑的节能和抗震性能,提升建筑的健康性、安全性和舒适性)。推行既有建筑与绿色建筑相结合的改造模式,鼓励采取合同能源管理模式对既有建筑实施节能改造,按照《河南省合同能源管理财政奖励项目资金管理实施细则》规定给予节能服务公司财政奖励,对其中属财政供给的公共机构,按《河南省公共机构合同能源管理暂行办法》规定给予财政奖励。

6.5.3 绿色建材和绿色建筑产业化行动

绿色新型建材是指采用清洁生产技术,不用或少用天然资源和能源,大量使用工农业或城市固态废弃物生产的无毒害、无污染、无放射性,达到使用周期后可回收利用,有利于环境保护和人体健康的建筑材料。在建筑行业推广使用绿色新型建材,是促进建筑行业创新转型、实现建筑节能与推进建筑低碳化的一大有效途径。近年来,轻质墙体材料、保温隔热材料、太阳能相变温控材料、低碳节能蓄热保温材料等各种新型建材在国家政策鼓励下获得了较快的发展,技术日趋成熟,已受到部分建筑商的青睐。目前,河南省也在大力推广节能环保的绿色新型建材,逐步淘汰传统的黏土砖、瓦,减少水泥的使用量,充分利用可再生资源,加以综合利用。一大批新型墙材、地源热泵、太阳能热水器、太阳能光电板生产企业在河南省发展壮大。但在整个建筑行业,绿色新型建材的生产和应用比例还不高,绿色建筑产业化程度不够,亟须实施绿色建材和绿色建筑产业化行动,调整建材产品结构,推动建材产业改造升级,引导建材、建筑产业化发展。

调整建材产品结构。结合各地资源条件和市场需求,因地制宜发展节能利废、生态环保、安全耐用的绿色建筑材料,促进建筑垃圾的回收利用。引导新型墙体材料轻质化、高强化、复合化发展,推动防火隔热保温体系和材料规模化发展,支持建筑防水材料集聚化、品牌化发展,做强做优建筑装饰装修材料产业,积极发展高性能建筑结构钢材、高性能混凝土。研究建立绿色建材认证制度,编制发布绿色建材产品目录,对绿色新型建材企业给予扶持,引导产业合理布局,扩大绿色建材应用范围和规模。

推动建材产业改造升级。适当提高新上建材项目规模、节能、环保、土地和技术等准入门槛。鼓励使用清洁能源或实行集中供气,对污染物进行集中治理。建立墙体材料、保温绝热材料、建筑防水材料、建筑装饰装修材料等建材产品落后产能退出机制,加快淘汰黏土墙材制品。适时调整发布鼓励、限制、淘汰的建材生产技术、工艺、设备及产品目录。加快太阳能热水器、热泵机组、高效换热器等关键节能设备发展,升级节能门窗制造和配套技术。

建设绿色建材生产基地。依据各地产业基础、资源禀赋和市场需求,合理布局建设绿色建材生产基地,重点做大做强一批生产标准化、管理现代化、装备自动化、产品先进化的龙头建材企业。在洛阳、安阳、鹤壁、焦作、济源等产业废弃物排放量大省辖市重点培育新型墙体材料示范基地；依托河南省页岩、煤矸石资源及制造业优势，重点培育新型保温绝热材料生产基地；在郑州、平顶山、许昌等地重点培育建筑废物资源化产品示范基地；依托信阳市丰富的珍珠岩尾矿资源，重点培育节能保温隔热材料生产基地；等等。

推动绿色建筑产业化发展。组织开展住宅建筑产业化技术体系研究，支持住宅建筑产业化发展和全装修住宅建设，逐步建立促进住房建筑产业化的设计、施工、部品生产等环节的住宅建筑产业现代化标准体系，实现住宅部品通用化。推广适合产业化生产的预制装配式混凝土、钢结构等建筑体系，保障性住房率先采用装配方式建造，开展保障性住房产业化市（区）县试点示范，推广产业化建筑体系。开展集设计、生产、施工于一体的产业化基地建设，选择大型建筑企业开展产业化基地示范试点。

重视建筑废弃物资源化利用。落实建筑废弃物处理责任制，鼓励因地制宜使用建筑废弃物生产墙体材料等建材。创建合适的建筑废弃物分类处理和再生利用模式；结合实际做好建筑废弃物处理、利用。在满足安全及使用性能的前提下，鼓励使用建筑垃圾为原料制作的透水砖、墙体材料、水泥、混凝土、保温材料等建筑材料。

推进建筑物绿色拆除。严格建筑拆除管理程序，对符合城市规划和工程建设标准、在正常使用寿命内的建筑，除公共利益需要外，不得随意拆除；拆除大型公共建筑，须经住房和城乡建设等部门核准后向社会公示，接受监督。建立老旧建筑报废拆除审核制度，建筑所有权人、产权单位在报送拆除报废建筑审核报告时，要同时提交建筑废弃物处理和再生利用方案。落实建筑废弃物处理责任制，按照"谁产生、谁负责"的原则进行建筑废弃物的收集、运输和处理。

6.5.4 技术开发与推广行动

绿色技术是受环境价值观影响而产生的一类科学技术，即指在发展和应用提高生产效率的同时，能够提高资源和能源利用率、减轻污染负荷、改善环境质量的技术。绿色建筑体系是以绿色技术为支撑的，它是以地域性传统技术、现代科学技术成就、先进的高新技术等经过优化选择而产生的适宜性技术。同时，智能材料和智能资源的应用，使绿色技术向智能化方向发展。绿色技术的应用既有经济目标，更有环境目标，遵循环境、社会、经济效益统一的原则。绿色技术应用于绿色建筑中，它不是独立于传统建筑技术的全新技术，而是用"绿色"的眼光对传统建筑技术的重新审视,是传统建筑技术和新的相关学科的交叉和组合,是符合可持续发展战略的新型建筑技术。目前,在绿色建筑中应用的绿色技术主要有可再生能源利用技术、建筑节能技术、绿色建筑材料技术、雨水收集及中水回用系统技术、垃圾处理技术、生态园林技术等。同时,绿色建筑技术还存在着自主研发能力不足、产业化水平低、推广成本较高等问题。亟须实施技术开发与推广行动,在绿色建筑中大力推广应用绿色技术,提高绿色建筑的科技含量。

加快绿色建筑关键技术及设备研发。积极组织实施科技惠民计划,加快绿色建筑共性和关键技术及设备研发,重点研发既有建筑节能改造、可再生能源建筑应用、节水与水资源综合利用、绿色建材、废弃物资源化、环境质量控制、提高建筑物耐久性等方面的技术以及太阳能高效集热器、热泵机组、高效换热器等关键节能设备。开展绿色建筑节能体系研究及技术集成示范,突破绿色建筑设计模拟软件、安全环保型外墙保温材料成套装备、部品模数化技术装备、高性能绝热材料产业化等关键环节。研发绿色建造与施工技术。

积极推广应用绿色建筑技术。鼓励推广使用绿色建筑新技术、新工艺、新材料和新设备,限制使用或禁止使用能源消耗高、环境污染大、安全性能差的技术、工艺、材料和设备。编制绿色建筑重点技术、产品推广目录和限制使用、禁止使用的技术、产品目录,因地制宜推广自然采光、自然通风、遮阳、高效空调、热泵、雨水收集、中水利用、节水、隔声等成熟技术及产品,加快普及高效节能照明产品、风机、水泵、热水器、办公设备、家用电器及节水器具等。积极推广适合农房的太阳能热利用、围护结构保温隔热、省柴节煤灶等节能技术和产品,科学引导农村社区执行建筑节能标准。

加强绿色建筑技术支撑能力建设。依托高等院校、科研机构及大型绿色建材生产企业和建筑企业等,建设一批绿色建筑重点实验室、研发中心和工程技术中心。针对绿色建筑发展需求,建立产学研相结合的绿色建筑产业技术创新战略联盟。鼓励高等院校、科研院所、相关行业协会和中介服务机构开展绿色建筑技术研发、咨询、检测、评估、培训等专业化服务。鼓励开展绿色建筑领域国际、省际合作与交流。

6.5.5 可再生能源建筑规模化行动

可再生能源是自然界可以不断再生、能够永续利用的非化石能源,对环境无污染或污染极小,适宜就地开发利用。推进可再生能源在建筑中的规模化应用,可以有效延缓不可再生能源的消耗速度和匮乏趋势,促进能源的节约集约利用,是实现可持续发展、建设低碳生态城市的重要举措,是实施国家能源战略的必然选择,是满足能源需求日益增长、改善人民生活质量、提高建筑用能效率的现实要求,是加快调整河南省农村地区用能结构的必然选择。近年来,通过采取国家政策拉动、地方服务推动、典型示范带动等举措,河南省可再生能源建筑规模化、规范化应用正在蓬勃开展。但是,当前全省可再生能源建筑还处于示范带动、尚未全面展开的阶段,亟须进一步实施可再生能源建筑规模化行动,使全省可再生能源在建筑中的应用取得实质性进展。到2020年可再生能源建筑应用面积占当年新建建筑面积的比例达到50%以上。

加快推进太阳能建筑应用。加快太阳能建筑光热一体化推广应用。实施分布式光伏发电、太阳能光电建筑等示范工程,推动太阳能光电在建筑中的一体化应用,引导居住建筑公共区间与建筑庭院采用太阳能光伏照明。扩大在城市公共区域采用太阳能、风能等可再生能源提供照明用电试点范围。鼓励产业集聚区等新建工业厂房采用太阳能光伏发电屋面。

合理开发浅层地热能。因地制宜开发利用浅层地热能,用于建筑物的供暖与制冷。资源条件适宜的地方优先发展可再生水源(含污水、工业废水等)热泵,积极发展土壤源、地表水源热泵,适度发展地下水源热泵,科学利用城市中水发展污水源热泵,逐步提高浅层地热能在城镇建筑用能中的比例。组织开展浅层地热能资源调查,编制浅层地热能开发利用专项规划,估算不同适宜区浅层地热能可利用量,提出合理的开发利用规模。制定浅层地热能开发利用管理办法,实现地热资源科学有序开发,保障浅层地热能可持续利用。

集中连片推广可再生能源建筑。编制实施可再生能源建筑应用专项规划及年度应用推广计划,推进可再生能源技术在建筑中的一体化、规模化应用。坚持可再生能源技术应用工程与建筑工程同时设计、同时施工、同时验收、同时交付使用的"四同时"原则。加强过程监管,对应采用而未采用可再生能源技术的建筑,不通过施工图审查。对可再生能源技术应用部分与建筑节能专项一并验收,对擅自取消可再生能源技术应用的工程项目,不予通过建筑节能专项验收。

6.5.6 低碳城市和低碳社区建设行动

城市作为一个特殊体系,其碳排量占全球人类活动总碳排量的71%。社区是城市生活的基础单位,集生活、服务、消费等综合功能于一体,也是低碳城市建设的基础单位。低碳社区指在社区内除了将所有活动所产生的碳排放降到最低外,也希望通过生态绿化等措施,实现零碳排放的目标。低碳社区建设,核心内容就是充分应用低碳能源技术,提高能源效率,改善能源结构,转变生活方式,建立低碳社区发展模式和低碳社会消费模式,推动社区从高能耗向低能耗转化、从高排放向低排放转化、从高污染向低污染转化、从人与自然相互对立向人与自然和谐相处转化。建设低碳社区,是全面贯彻落实科学发展观、转变社区发展方式的"方向标",是建设资源节约型、环境友好型社区的"突破口",是优化环境质量、提高社区居民生活品质、推动社区可持续发展的"助推器"。当前,鹤壁、济源入选首批中美低碳生态试点城市,低碳社区建设还仅仅处于起步阶段。要从规划理念、发展定位、指标体系、低碳技术、低碳产业等多方面整体出发,推进低碳城市和低碳社区建设。

加强规划和管理。低碳社区的建设需要政府进行有效规划与管理,主要包括对基础设施的建设与管理、对环境的保护与控制、对能源的开发与治理等方面。在基础设施方面,合理布置社区建筑平面和立体结构,优化自然通风,减少空调能耗,窗户设计及玻璃材料充分利用天然采光,减少照明用电量。在环境保护方面,对于垃圾、污水等污物进行有效处理,社区内要有一定比率的绿化覆盖率等。在能源的开发与治理方面,大力开发清洁能源替代碳基能源的使用,在社区内广泛使用太阳能、风能、地热能等新型可再生能源;社区居民必须节约能源,大力提高能源效率;对社区生活垃圾进行分类整理;建立社区中水处理系统等。

建造绿色建筑。居民楼必须秉承低碳、节能、环保的理念进行建设,建筑材料低碳化,配置绿色建筑材料和设备设施,改善建筑围护结构的热工性能,降低建筑空调采暖负荷。一方面,建筑材料要低碳化。社区建筑材料在社区节能领域具有非常重要的地位,节能型建设材料要求健康环保,可重复使用,可循环使用,可再生使用,能效性能高,要优化建筑材料选用。另一方面,家居装修要低碳化。家居装修节能化、环保化,既是营造健康家居的基础,也是节能减排的重要渠道。

倡导低碳的生活方式。低碳生活的发掘与培养是低碳社区建设的灵魂,倡导低碳生活方式是减少碳排放的重要途径。一方面,营造低碳文化氛围。社区管理机构要充分利用社区硬件和软件设施,构建社区文化网络,营造低碳文化,形成公众参与的合力。另一方面，践行低碳的生活方式。倡导居民饮食低碳化、生活细节低碳化、低碳出行等。

6.5.7　推进试点示范行动

发展绿色建筑，提升建设领域绿色发展水平，对于提高资源能源使用效率、降低社会总能耗、转变建设模式、建设生态文明具有重要意义。但是，社会各界对绿色建筑的成本、效益等认识不全面。实际上，绿色并不意味着高价和高成本。相对于普通建筑，绿色建筑综合运用的成本会比普通建筑更低，也更注重材料资源可再生利用，具有更高的性价比。同时绿色建筑也是一个系统工程，不能立刻全面展开，需要通过试点示范，发挥示范带动作用，有步骤地推动绿色建筑发展。目前，河南省绿色建筑评价标准和方案细则陆续出台，将鼓励更多的新建建筑"先行先试"，绿色建筑发展正当其时。因此，要推进绿色建筑试点示范行动，通过推进绿色建筑示范市、县（市、区）创建，组织开展可再生能源建筑应用示范，实施绿色新型建材示范工程等，发挥绿色建筑的示范效应，从而推动建筑低碳化发展。

推进绿色建筑示范市、县（市、区）创建。鼓励各地按照绿色、低碳、生态、智慧、宜居的节约型城乡建设理念进行规划建设，积极创建绿色建筑示范市、县（市、区），省财政给予资金扶持。对达到创建目标要求的，命名为"河南省绿色建筑示范市、县（市、区）"。

组织开展可再生能源建筑应用示范。组织开展可再生能源建筑应用城市示范、农村地区县级示范及集中连片示范。

实施绿色新型建材示范工程。实施节能利废新型墙体材料示范工程、保温绝热材料示范工程、新型建筑防水材料示范工程、建筑装饰装修材料示范工程、建筑钢结构示范工程、建筑废弃物资源化再生利用示范工程等。

6.6　政策措施建议

6.6.1　加强组织领导

由于绿色建筑具有外部公益性，因而其推广不仅需要以民众的绿色建筑意识为基础的需求拉动、从业人员的探索与实施，更需要政府的规范、引导与支持,需要各方的通力协作,共同推动绿色建筑的发展。要建立住房和城乡建设、发展改革、教育、科技、经济和信息化、财政、国土资源、城市规划、水利、商务、物价、税务等部门参加的推进建筑低碳化行动的协调机制。进一步细化发展绿色建筑目标,将绿色建筑推进实施纳入考核体系,不断强化各级政府及建设主管部门的责任意识,提高建设绿色保障性住房的积极性和主动性。省建设主管部门要会同省发展改革委将绿色建筑行动的目标任务科学分解到省辖市和省直管试点县(市)政府,将目标任务完成情况和措施落实情况纳入节能目标责任评价考核体系,并把考核结果作为领导干部综合考核评价的重要内容,实行责任制和问责制,对做出突出贡献的单位和人员予以通报表扬。

6.6.2 加大政策支持力度

推广绿色建筑需要政策法规的引导和制约,应完善相关法律法规,加大对绿色建筑的政策支持力度。建立绿色建筑评价自愿性标识与强制性标识相结合的推进机制,对获得二星级及以上的绿色建筑项目、一星级绿色建筑达到一定规模的保障性住房项目、具备一定条件的绿色生态城区,按相关规定申请中央财政奖励或定额补助。各级新型墙体材料专项基金要重点支持绿色建筑示范项目建设,鼓励房地产开发企业使用绿色建材。对使用新型墙体材料,并获得绿色建筑星级评价三星、二星、一星的建筑,按政策规定及时返还已征收的新型墙体材料专项基金,并给予一定的容积率返还优惠。对获得绿色建筑评价星级的项目,优先推荐申报中州杯、鲁班奖等评优评奖项目。鼓励市、县级政府出台发展绿色建筑的相关土地、财政激励政策,在土地招拍挂出让规划阶段将绿色建筑作为前置条件,研究规划建设阶段容积率补贴政策。完善绿色建筑金融服务体制,金融机构对购买绿色住宅的消费者给予适当的购房贷款利率优惠。对经认定的新型墙体材料、废物利用比例符合要求的资源综合利用建材,按规定落实税收优惠政策。

6.6.3 加强监督检查

将建筑低碳化行动执行情况纳入和省政府和建设领域节能减排检查内容,实施全过程监督管理。质监、工商、住房城乡建设、工业和信息化部门要加强建材生产、流通和使用环节的监管和稽查,杜绝不合格的建材产品进入市场。在工程项目规划审查、施工图设计审查中增加绿色建筑相关审查内容,对未通过审查的项目不予颁发建设工程规划许可证、施工许可证。加强施工过程监管，督促项目建设单位严格按照设计要求和标准开工建设，确保工程质量。项目建设单位应在工程施工现场明示建筑节能、节水等性能指标。严格按绿色建筑及其指标要求进行竣工验收，对不符合相关标准或不能实现项目预期节能目标的，不得通过验收。各地要组织开展绿色建筑专项督查，强化大型公共建筑绿色建筑标准执行情况审查，严肃查处违规建设高耗能建筑、违反工程建设标准、建筑材料不达标、不按规定公示性能指标、违反供热计量价格和收费办法等行为。

6.6.4 完善绿色建筑标准评价体系

绿色建筑在我国和河南省都处于起步阶段，相应的评价体系还需进一步完善。要完善绿色建筑标准体系，制定河南省建筑节能评价标准、绿色工业建筑评价标准、绿色建筑设计标准、绿色建筑评价技术规定和农村住房节能导则等标准，制定绿色建筑相关工程建设、运营管理、能源管理体系、能耗用能定额等标准，制定绿色生态城区、绿色重点小城镇建设指标体系、技术导则和相关标准，研究制定可再生能源建筑应用设计、施工技术、检测、评价、运营管理、能源管理体系等系列标准，研究制定绿色建筑工程定额及造价标准。结合国家《绿色保障性住房技术导则（试行）》，修订《河南省保障性住房绿色建筑评价标准》，优先编制《河南省绿色保障性住房设计审查要点》，健全相关配套工法、图集、设备产品材料应用标准，研究制定保障性住房建筑产业现代化相关设计、生产、施工、信息化管理及绿色保障性住房工程定额造价等系列标准。完善绿色建筑评价制度，加强绿色建筑评价标识体系建设，推行第三方评价，强化评价监管。

6.6.5 强化资金支持

积极争取中央财政支持，统筹利用好省级产业引导资金、节能专项资金、科技专项资金等支持政策。加大绿色建筑资金投入，重点支持绿色建筑及绿色生态城区建设、既有建筑节能改造、供热系统及分户计量节能改造、绿色建材及设备科技创新、可再生能源建筑应用、建筑废弃物资源化利用、建筑工业化和基础能力建设等。加大绿色保障性住房资金投入，重点支持绿色保障性住房科研开发、建筑废弃物资源化利用、住宅建筑产业化和基础能力建设等。探索建立绿色建筑发展基金,吸引社会资本参与绿色建筑项目,实现筹资多元化。完善绿色建筑产品推广目录,政府采购时优先考虑目录内产品。

6.6.6 加强宣传引导

绿色建筑代表了世界建筑未来的发展方向,推广和发展绿色建筑有赖于绿色理念深入人心,需要全社会观念与意识的提高,要向全社会宣传普及绿色建筑的理念和基本知识,提高民众的接受度。广泛开展形式多样的宣传教育活动,提高社会公众对发展绿色建筑重要性的认识,引导全社会形成节约资源、保护环境的生产生活方式和消费模式,为发展绿色建筑营造良好的氛围。将绿色建筑行动作为节能宣传月、城市节水宣传周、世界环境日、世界水日等活动的重要宣传内容。开展绿色社区、绿色校园、绿色医院、绿色宾馆、绿色商场等创建活动,示范带动全社会绿色建筑发展。加强对建筑规划、咨询、设计、施工、评估、测评、运行等企业和机构人员的教育和培训,将绿色建筑知识作为相关专业工程师继续教育培训、执业资格考试的重要内容。改革政府绩效评价体系,将绿色建筑推进情况纳入综合考核评价指标。

第7章
交通低碳化行动方案

7.1 背景意义

7.1.1 研究背景

当今,能源安全与环境保护是各国在经济发展的同时所面临的共同任务,而交通领域由于主要依赖"稀缺"的石油液体燃料而压力显得尤为巨大。过去40年,全世界交通活动随着经济全球化以及发展中国家人们生活水平的不断提高而不断扩张。1970—2010年,交通能源消费量以年均3.7%的速度增长,其在终端能源消费中的份额不断扩大,成为全球石油消耗最大和增长最快的领域,交通领域与工业、建筑业并列成为全球三大碳排放源。

交通领域是石油消耗大户,也是二氧化碳排放控制的重点部门。根据国际能源机构计算,2007年全球交通领域排放二氧化碳66.23亿吨,占能源活动二氧化碳排放的23%,是1990年的1.4倍,2030年预计会比2007年增长41%,达到93亿吨。美国2008年交通领域二氧化碳排放共17.95亿吨,占美国当年二氧化碳总排放的30.32%;1990—2008年,美国交通领域二氧化碳排放上升了20%。欧盟2008年交通领域二氧化碳排放量为8.29亿吨,占二氧化碳排放总量的24.98%;1990—2008年,欧盟大部门工业领域做到了成功减排,而交通领域二氧化碳排放却增长了21%。1994—2007年,中国交通领域的排放增长了160%,高于同期能源活动118%的增长率,未来将成为中国二氧化碳的排放大户。

交通运输是我国国民经济和社会发展的基础性、先导性产业和服务性行业,是矿物质能源消费大户,同时也是温室气体重点排放源之一。国家交通部有关数据表明,2010年,我国交通运输业的能耗占全社会总能耗的9%左右,油品消耗量占到全社会油品消耗总量的34%,其实际耗能量仅次于制造业。我国交通运输按照运输方式主要分为公路、铁路、水运、民航等部门。从交通运输部门各行业碳排放分析,2010年我国交通领域能源消费二氧化碳排放比例中,公路运输占49%,铁路运输占4%,水路运输占35%,民航占12%,分别远远高于世界交通领域各行业的排放水平。交通运输业发展引发的能源安全、油价飞涨、城市环境污染等严重问题,迫切需要寻找一条可持续的发展之路。

低碳交通是一种以高能效、低能耗、低污染、低排放为特征的交通运输发展方式。2009年《全国人大常委会关于积极应对气候变化的决议》明确提出,加快建设以低碳排放为特征的交通运输体系将成为今后交通运输行业的一项基本发展战略。国务院办公厅2010年政府工作报告中明确提出要加快建设以低碳为特征的交通运输体系。发展低碳交通、建设新型低碳交通体系将是我国交通运输领域未来发展建设的一个重要主题。"十三五"时期是我国深入贯彻落实科学发展观、加快转变发展方式的重点时期;是践行"哥本哈根会议"节能减排承诺的关键时期,加快实施绿色低碳交通是现代交通运输今后的发展方向和重点;同时交通运输业是我国应对气候变化工作部署中确定的以低碳为特征的三大产业体系之一,建立低碳交通运输对于应对气候变化、实现碳减排目标具有重要作用。

交通运输部明确"一条主线、五个努力"的战略思想,即以转变发展方式、加快发展现代交通运输业为主线,切实做到"五个努力",其中之一就是努力建设"资源节约型、环境友好型行业",加快建设以低碳为特征的交通运输体系。低碳交通运输体系建设既是"两型行业"建设的重要载体和抓手,其发展水平又是判断"两型行业"程度高低的重要标志。加快低碳交通运输体系建设不仅是交通传统节能减排工作的继续和扩展,而且是新形势下交通运输行业转型发展的新起点。

交通运输不仅是现代社会的生存基础和文明标志,而且是县域工业化、城乡一体化的重要载体,更是调整产业结构、发展现代物流业、促进消费结构逐步升级不可或缺的重要条件。河南省作为人口和车辆大省,交通运输消耗的能源资源和温室气体排放均居全国前列。"十三五"期间是河南省加快推进中原经济区及郑州航空港经济综合实验区建设、构建全国重要现代综合交通枢纽和现代物流中心的关键时期,河南省交通运输仍将处于大建设、大发展时期,客货运输需求旺盛,对能源和资源需求仍然巨大。交通运输是建设"两型"社会和生态文明的重要领域,人口大省、资源相对匮乏、生态环境恶化的基本省情,决定了全省交通运输发展必须彻底改变粗放式发展模式,加快转变发展方式,建立以低碳为特征的综合交通运输体系。

7.1.2　研究意义

中原经济区地处中国黄河中下游,是中华民族和华夏文明的核心发源地,是全国主体功能区规划的重点开发区域。中原经济区地理位置重要,区位交通发达,在全国改革发展大局中具有重要战略地位。中原经济区的国家战略定位是全国区域协调发展的战略支点和重要的现代综合交通枢纽。党的十八大报告指出,要确立生态文明建设的基础地位,"五位一体"推进社会主义现代化建设。以此为指导,《中原经济区规划(2012—2020年)》提出以生态文明建设为前提,建设美丽中原。河南省把发展低碳交通作为生态经济体系建设的重要内容写入了《河南生态省建设规划纲要》。

河南省作为中原经济区的主要载体,是全国区域协调发展的战略支点和重要的现代综合交通枢纽。"十三五"时期是建设中原经济区,加快中原崛起、河南振兴和全面建成小康社会的关键时期,也是深化改革开放、加快转变经济发展方式的攻坚时期。建立以绿色低碳为特征的交通运输体系,可以有效促进全省现代综合交通运输体系建设,强化现代综合交通枢纽功能,巩固和提升交通区位优势,是进一步扩大对外开放、融入全球大循环的重要基础,是引导城镇和产业合理布局、促进"三化"协调发展、增强区域综合竞争力的重要前提,是统筹城乡发展、提高居民生活水平、全面建成小康社会的重要条件,是加快中原经济区建设、实现中原崛起和河南振兴的重要保障。

建设低碳交通运输体系不仅是河南省落实应对气候变化战略的一项重要举措,而且对于河南省全面提高能源利用效率、加快郑州航空港实验区建设、建设综合交通运输枢纽和现代物流中心将起到积极的推动作用。构建绿色低碳交通运输体系,不仅将全面服务于"两不三新""三化"协调科学发展之路,而且能为河南省建设资源节约型、环境友好型社会及富民强省做出积极重大的贡献。

7.1.3 研究范围及重点

中原经济区是以全国主体功能区规划明确的重点开发区域为基础、以中原城市群为支撑、涵盖河南全省、延及周边地区的经济区域,地理位置重要,粮食优势突出,市场潜力巨大,文化底蕴深厚,在全国改革发展大局中具有重要战略地位。

本方案以河南省全省交通领域为主要研究对象,以加快转变发展方式、发展现代低碳交通运输业为主线,以控制全省交通领域温室气体排放为目标,借鉴国内外低碳交通发展的先进理念和经验,通过政府主导、企业示范、社会参与,在综合交通运输体系建设、基础设施建养、公共交通、现代物流、信息智能化、新能源应用、制度建设与管理等方面,形成具有清洁化、高效化指导意义的低碳交通行动方案。通过行动方案,引导河南省交通行业的低碳发展,构建河南省绿色低碳交通运输体系,为中原经济区尤其是河南地区发展绿色低碳交通提供相关决策依据。

7.2 现状和存在问题

7.2.1 现状

中原经济区地处我国腹地,承东启西、连南贯北,是全国"两横三纵"城市化战略格局中陆桥通道和京广通道的交会区域。2011年末,区内铁路运营里程、高速公路通车里程分别达到6965公里、8323公里,占全国的7%和9.8%,运营民用机场达到7个,在全国综合交通运输网络中具有重要的枢纽地位。

河南省作为中原经济区的主要载体,以建设全国重要的现代综合交通枢纽和物流中心为目标,核心是做到"三个先行"(科学发展,交通先行;中原崛起,交通先行;"三化"协调,交通先行)、做好"三个服务"(服务国民经济和社会发展全局,服务社会主义新农村建设,服务人民群众安全便捷出行),在省委省政府正确领导下,"十一五"期间,河南省交通运输事业取得了跨越式发展,为促进经济社会发展和提高人民生活水平做出了重要贡献。

(1) 交通体系发展现状

公路方面:截至2013年,河南省公路总里程24.98万公里(见图7-1),占全国总里程的5.7%,在全国排名第三,在中部地区排名第一;公路网密度149.6公里/百平方公里,是全国平均值(45.4 公里/百平方公里)的 3.3 倍,在全国排名第二,在中部地区排名第一。其中,高速公路 5859.1 公里,高速公路通车里程连续多年保持全国第一,实现所有县(市)20 分钟上高速。等级公路达到 19.7 万公里,占全省公路总里程的 78.8%。

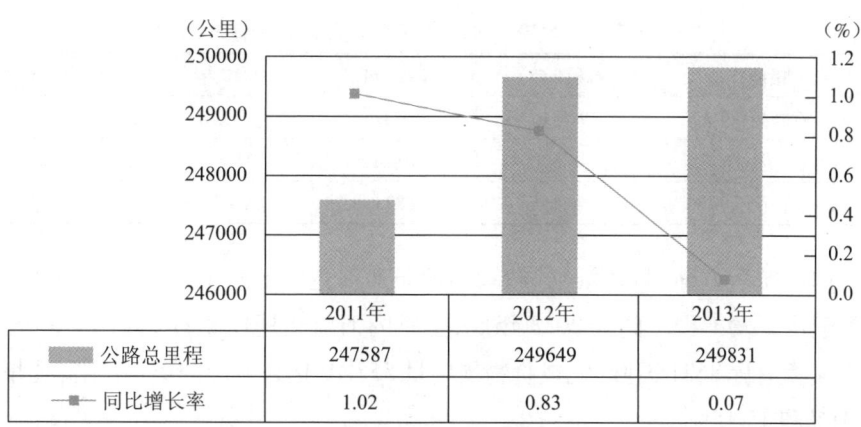

图 7-1　2011—2013 年河南省公路里程及同比增长率

铁路方面:截至 2013 年年底,全省铁路运营里程达到 5165 公里(见图 7-2),其中高速铁路 865 公里,铁路网电气化率达到 64.2%,复线率达到 61.8%。以郑州为中心、洛阳为副中心联接中原九大城市群的城际轨道总里程约 496 公里,其中郑焦、郑汴城际轨道于 2008 年启动建设,初步以郑州为中心的"米"字形快速铁路网和中原城市群城际铁路网正在逐渐形成。

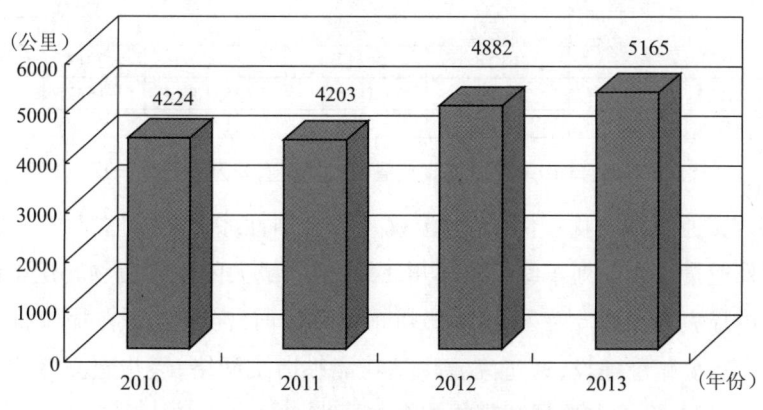

图 7-2　2010—2013 年河南省铁路运营里程

民航方面:郑州航空港经济综合试验区成为全国第一个以航空经济为主题的试验区,2013年试验区完成生产总值333.82亿元。2013年,郑州机场完成旅客吞吐量1412.86万人,同比增长12.6%;完成货邮吞吐量25.79万吨,同比增长69%,增速居全国大型机场首位(见表7-1)。

表7-1 2010—2013年河南省民航基本情况

指标	2010年	2011年	2012年	2013年
旅客吞吐量(万人)	918.40	1074.1	1268.87	1412.86
货邮吞吐量(万吨)	8.80	10.41	15.31	25.79
航线里程(公里)	241151	188258	223578	205253

内河航运方面:打通淮河、沙颍河两条通江达海的水上通道,开工涡河、沱浍河航运开发工程。截至2013年底,全省内河航运通航里程达到1439公里,共完成货运量8631万吨,完成货物周转量557.19亿百万吨公里,分别同比增长12.31%和15.15%。

车辆保有量方面:截至2013年底,全省机动车保有量达1632.74万辆,同比增长5.21%,位居全国第三(见图7-3)。

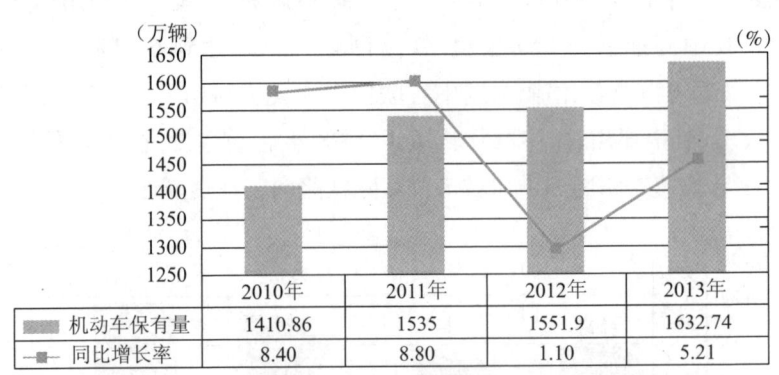

图7-3 2010—2013年河南省机动车保有量及同比增长率

综合交通枢纽方面:郑州是国家确定的全国性综合交通枢纽城市,拥有亚洲解编作业量最大的列车编组站郑州北站、全国最大的零担货物转运站圃田西站和国内最大的高铁十字枢纽站郑州东站。目前,河南省正在加快推进航空港、铁路港、公路港建设,通过完善场站功能和衔接网络,逐步建立多式联运的快速通关机制,全力打造郑州现代综合交通枢纽。全省初步形成了以郑州枢纽为中心、地区性枢纽为节点、互动发展的良好格局。

随着河南省交通体系各个方面的迅速发展,交通各个领域能源消耗量也随之增长迅速,交通领域基础建设和车辆尾气带来的碳排放量持续上升。

(2)公共交通发展现状

河南省大部分城市人口基数大、人口密度高、低收入群体多、老龄化趋势明显,城市交通需求总量大、需求层次多,对公共交通的需求尤为迫切。一是城市公交运输能力增强。截至2013年底,全省城市公交运营车辆总量为21291辆(折合为22790标台),同比增加387辆,增长1.8%,城市公共交通客运总量28.5亿人次,同比增长了1.2%,越来越多的市民出行乘坐公共交通工具(见图7-4和表7-2)。此外,城市公交车辆装备水平不断提高,新能源车(油电混合动力公交车)、新型高档车、空调车、软座车不断投入使用,市民乘坐公交出行的舒适性得到了极大的改善,在减少能源消耗和碳排放方面也取得了一定的效果。二是公交服务网络不断扩大。2010年底,全省38个城市建成区面积1883平方公里,城市道路长度9413公里,比2005年增长了59%。三是线网密度逐年提高。据不完全统计,2010年河南省地级城市公交线路300米半径的覆盖率达49.8%,500米半径覆盖率达71.6%。四是公共交通形式多样化。在努力发展常规公交的前提下,建设速度快、运量大、舒适、运行准点可靠的快速公交系统(BRT);加快地铁、轻轨建设速度,郑州市地铁1号线于2013年年底投入运营使用,地铁2号、3号、5号线相继开工建设,郑开轻轨项目建设基本完成;城际公交是连接中原经济区各城市的有力交通工具,河南省共有10条城际公交线路,覆盖了9个省辖市,线路里程达到1700公里;城市公共交通的服务效率和服务形式得到大幅度提升,更大程度地吸引了市民乘坐公共交通,缓解城市交通压力,减少城市碳排放量。

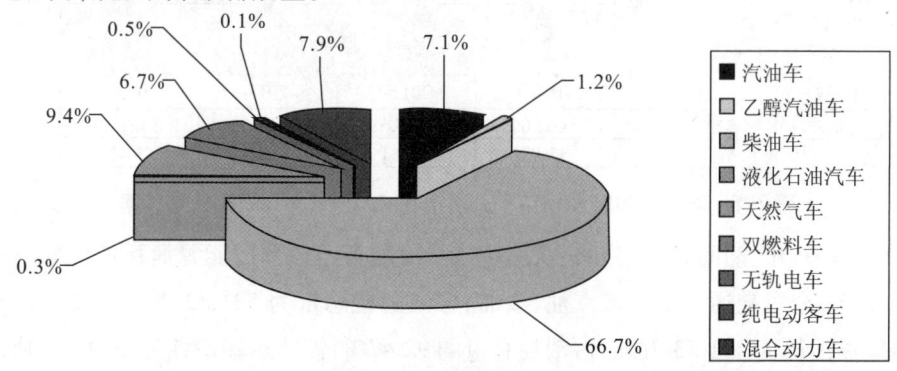

图7-4 2013年河南省公共交通车辆按燃料类型车型构成

表 7-2　2010—2013 年河南省公共交通车辆及车型构成　　单位:辆

年份	2010	2011	2012	2013
合计	18912	20419	20904	21291
汽油车	2114	1713	1743	1517
乙醇汽油车	1074	881	527	257
柴油车	13085	14502	14522	14201
液化石油汽车	14	14	18	59
天然气车	382	676	1324	1994
双燃料车	2074	2137	1570	1436
无轨电车	138	112	110	117
纯电动客车	21	39	22	27
混合动力车	10	345	1068	1683
标准运营车辆(标台)	18972	20860	21852	22790

(3)交通领域能源消耗和温室气体排放现状

1)能源消耗现状

河南省地处中原,是能源资源消耗大省,能源消耗总量居全国第 5 位。2013 年全省交通领域能源消耗量为 1467.14 万吨标准煤,占全省能源消费总量的 5.93%(见图 7-5)。

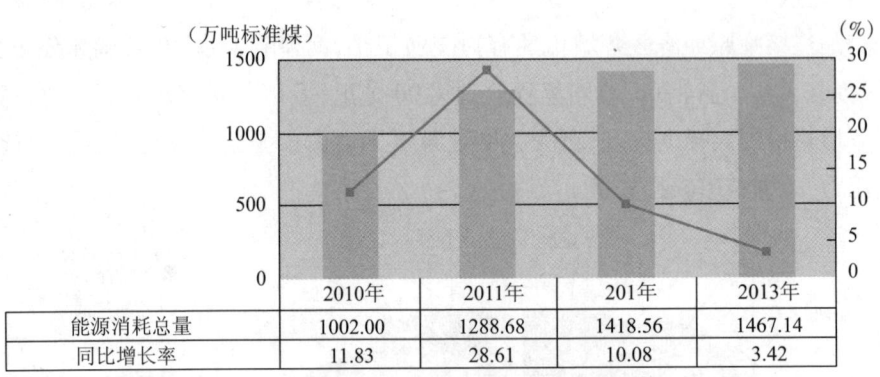

图 7-5　2010—2013 年河南省交通领域能源消耗总量及同比增长率

"十一五"期间,全省公路、铁路、水运、民航各运输部门能源消耗情况如下:2005 年,全省交通运输领域汽油、柴油、煤油消费总量为 531.82 万吨。其中,公路运输消耗为 491.53 万吨,占消耗总量的 92.42%;铁路运输消耗为 29.41 万吨,占消耗总量的 5.53%;水路运输消耗为 2.83 万吨,占消耗总量的 0.53%;民航运输消耗为 8.05 万吨,占消耗总量的 1.51%(见图 7-6)。

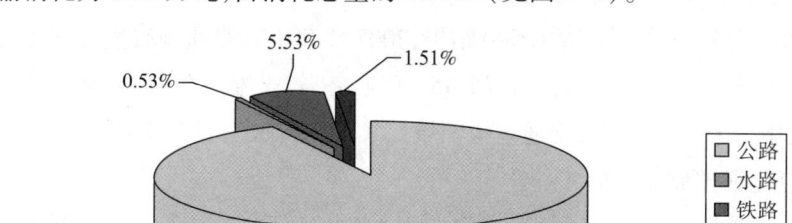

图 7-6　2005 年河南省交通运输各部门能耗所占比例

2010 年,全省交通运输领域汽油、柴油、煤油消费总量为 744.76 万吨。其中,公路运输消耗为 692.8 万吨,占消耗总量的 93.02%;铁路运输消耗为 16.92 万吨,占消耗总量的 2.27%;水路运输消耗为 14.41 万吨,占消耗总量的 1.93%;民航运输消耗为 20.63 万吨,占消耗总量的 2.77%(见图 7-7)。

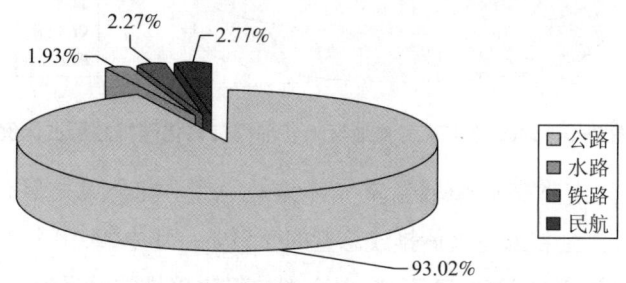

图 7-7　2010 年河南省交通运输各部门能耗所占比例

2010 年,全省交通领域汽油、柴油、煤油消费总量比 2005 年增加 212.94 万吨,增长率为 40%。其中,公路运输增加 201.27 万吨,增长 41%;水路运输增加 11.58 万吨,增长 409%;铁路运输减少 12.49 万吨,降低 42%;民航运输增长 12.58 万吨,增长 156%(见表 7-3)。

表 7-3　"十一五"期间河南省交通领域能源消费状况分析对比　　单位:万吨

指标	2005 年消费量	2010 年消费量	增长率(%)
铁路	29.41	16.92	-42
公路	491.53	692.8	41
水路	2.83	14.41	409
民航	8.05	20.63	156
总量	531.82	744.76	40

2) 交通领域温室气体排放现状

根据省级温室气体排放清单编制结果,2005年河南省交通领域温室气体排放总量(折成二氧化碳当量)为1645.95万吨,占全省温室气体排放总量的3.23%。其中,2005年河南省交通运输领域二氧化碳排放总量为1608.51万吨,占全省二氧化碳排放总量的4.13%。

2005年,河南省公路二氧化碳排放量为1484.26万吨,占全省交通领域二氧化碳排放总量的92.28%;铁路二氧化碳排放量为91.17万吨,占全省交通领域二氧化碳排放总量的5.67%;水路二氧化碳排放总量为8.76万吨,占全省交通领域二氧化碳排放总量的0.54%;民航二氧化碳排放总量为24.32万吨,占全省交通领域二氧化碳排放总量的1.51%(见图7-8)。

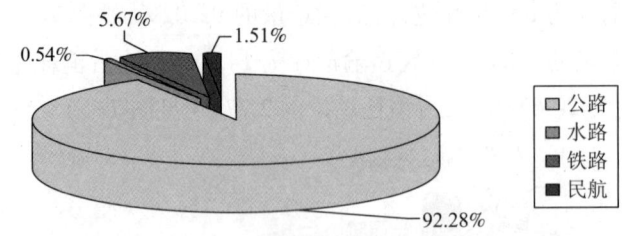

图7-8　2005年河南省交通运输各部门二氧化碳排放所占比例

2010年,河南省交通领域温室气体排放总量(折合成二氧化碳当量)为2303.79万吨,占全省温室气体排放总量的3.51%。其中,2010年交通运输领域二氧化碳排放总量为2258.42万吨,占全省二氧化碳排放总量的4.12%。

2010年,河南省公路二氧化碳排放量为2098.96万吨,占全省交通领域二氧化碳排放总量的92.94%;铁路二氧化碳排放量为52.45万吨,占全省交通领域二氧化碳排放总量的2.32%。水路二氧化碳排放总量为44.68万吨,占全省交通领域二氧化碳排放总量的1.98%,民航二氧化碳排放总量为62.33万吨,占全省交通领域二氧化碳排放总量的2.76%(见图7-9)。

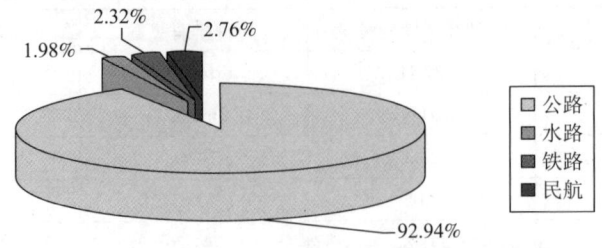

图7-9　2010年河南省交通运输各部门二氧化碳排放所占比例

经对比分析,2010年全省交通领域温室气体排放总量(折成二氧化碳当量)比2005年增加657.84万吨,增长率为39.99%。全省交通领域二氧化碳排放总量比2005年增加649.91万吨,增长率为40.4%。其中,公路运输二氧化碳排放增加614.7万吨,增长41.41%;水路运输二氧化碳排放增加35.92万吨,增长410.05%;铁路运输二氧化碳排放减少38.72万吨,降低42.47%;民航运输二氧化碳排放增长38.01万吨,增长156.29%(见表7-4)。交通领域碳排放量增速高于其他领域。

表7-4 "十一五"期间河南省交通领域二氧化碳排放状况分析对比　　单位:万吨

指标	2005年二氧化碳排放量	2010年二氧化碳排放量	增长率(%)
铁路	91.17	52.45	-42.47
公路	1484.26	2098.96	41.41
水路	8.76	44.68	410.05
民航	24.32	62.33	156.29
总量	1608.51	2258.42	40.40

7.2.2　困难和问题

"十二五"期间,河南省交通基础设施和客货运输量将仍保持增长趋势。在保证如此大规模的交通基础设施建设,满足持续增长的交通运输需求前提下,要坚持绿色、低碳发展理念,减少二氧化碳排放,目前,全省绿色低碳交通运输发展中存在以下问题:

(1)综合交通运输体系不够完善

一是基础设施比较薄弱。如货运汽车满足率低、客运"一票难求"状况仍未得到有效缓解;民航发展相对滞后,运输规模偏小;干线公路规模不足,路网结构仍需完善;农村骨干路网不畅,技术标准偏低;运输场站发展滞后;等等。二是管理体制相对落后。构建低碳综合交通运输体系,不仅要注重设施、装备的低碳化,提高运输效率和交通流管理等运输组织管理水平也是重要的低碳实现途径。目前,全省交通运输效率低、输送距离长、倒载次数多、装卸效率低等问题突出,铁路、公路、民航等运输服务水平亟待提升。应急保障能力较弱,公路超限超载问题依然突出,城市交通管理水平亟待提高。综合交通公共信息互联互通发展滞后。三是运输结构不尽合理。铁路、公路、水路、民航、管道等各种运输方式之间具有一定的可替代性,但完成同样的运输量,不同的交通运输方式所耗费的能源有很大不同,不合理的选择不仅会造成运输成本增加、便利性降低,还会导致交通运输碳排放的大幅增加。但是全省综合交通枢纽和一体化运输发展滞后,铁路、公路、民航等各种运输方式尚未实现高效衔接,铁路、民航运输需进一步扩大规模,城市交通与外部交通衔接不畅,公共交通发展仍然相对滞后。

(2)城市公共交通仍需进一步加强

城市公共交通在很大程度上可以减少私家车出行,大大降低城市交通的能源消耗和温室气体排放。但是目前普遍存在以下几方面问题:一是城市公交服务能力薄弱,公交出行分担率有待进一步提高。调查显示,全省城市居民平均公交出行分担率为15%~20%,远低于发达地区50%的水平,一些城市公共交通体系结构单一,公交线网密度、站点覆盖率偏低,路线不合理,营运时间过短,公共交通线网覆盖不均衡,公交服务能力不足、高峰期运力紧张等问题突出。二是公交服务质量与不断增长的出行多样化需求还有较大差距,公交出行吸引力有待进一步提高。城市公交服务方式单一,城市公交的优先程度、专用道设置、信号灯控制、路权等落实不够,多数城市公共交通运行效率低,候车时间长,准点率差,舒适性不足,换乘不方便,对市民选择出行方式的吸引力不高,影响了公共交通服务的普遍性。三是公交基础设施薄弱,公交枢纽建设不发达。全省城市公交发展的长效机制没有建立,缺乏统一的规划,城市公共交通基础设施薄弱,交通枢纽建设不发达。一些城市在旧城区改造和新区开发时没有把公交设施配套纳入统一规划,给交通营运、管理和居民出行带来不便。

(3)土地利用和交通用地结构不够合理

目前,全省大部分城市空间形态、功能分区和土地利用不够合理,从源头上产生了大量不必要的交通需求,增加了出行次数,加长了出行距离,从而造成了不必要的交通碳排放。城市布局应强调土地混合使用,争取达到就业与居住平衡,减少居民的出行距离和时间,并且能够满足居民多样化的活动需求。但是,目前很多城市"产业开发区"审批、建设时缺少配套居住社区,虽然带来了就业岗位,但也引起了大量远距离的工作出行。同时,城市边缘住宅区的兴建,缺乏统筹规划,土地混合开发力度不够,造成"潮汐式"交通问题相当严重。部分城市原有的公交换乘站、停车场、保养场等公交设施用地,由于土地增值而被政府收回用于其他开发项目,公交用地被蚕食、挤占的现象普遍。慢行交通系统缺乏统一规划,在大部分城市,行人和非机动车路权得不到保障,道路面积比例小,路面质量低,安全设计不足,缺乏完善的安全设施,通行困难。

(4)交通运输能源和装备结构较为单一

交通运输能源消耗结构矛盾尚未解决。运输装备结构不尽合理,大型化、专业化、重型化车船比重不高,导致单位运输量碳排放较高;替代能源、可再生能源比重有待提升。节能减排科技研发投入不足,缺乏鼓励节能技术、产品推广的配套激励政策和机制,节能技术、产品的推广应用进展缓慢;现代信息技术应用推广还比较滞后,交通运输节能减排技术服务体系尚未建立,节能减排技术产品和服务市场还有待进一步规范。新能源汽车价格高,基础服务设施如加气站、充电桩等覆盖面小等问题明显。政府对小排量、低油耗汽车支持力度不够,宣传推广有待进一步增强。

(5)信息化、智能化交通系统建设相对滞后

虽然全省交通运输信息化建设取得了一定成绩,但与经济社会和交通运输发展的需求、公众出行的要求和信息化发展需要相比还存在较大差距。一是信息资源缺乏有效共享。不同业务信息系统建立在不同的基础数据库上,标准不统一,尚未建立起省级交通数据中心,交通数据缺乏系统性。二是综合管理信息化水平有待提高。三大综合信息平台中公路、水路交通管理信息平台开始建设,并初具规模,但综合类管理信息平台还未开始建设。三是应急指挥和决策支持能力不足。三大应用系统中仅有公路、水路公众出行信息服务系统在各业务领域有所发展,而公路、水路应急处理信息系统和交通运行综合分析信息系统还未建设。四是保障体系建设滞后。交通信息化建设与运营保障体系、交通信息安全体系以及交通信息化标准体系三大保障体系尚未完全建立起来,信息化项目建设管理还需加强,信息安全保障能力较弱,信息化建设和管理缺乏统一标准规范。

7.3 国内外发展路径及经验借鉴

7.3.1 国外发展模式及路径

欧美等发达国家学术界对于"绿色交通""低碳交通"等主题的研究已有近50年的历史。欧美大城市经过20世纪60年代大规模城市化、机动化进程,许

多城市饱受交通污染之苦,相继提出优先发展公共交通、合理利用城市土地、限制私人机动车使用等城市发展战略和政策,以及发展替代燃料或混合动力汽车、改进尾气催化转化等技术措施,形成了很多富有启发性的理论研究成果和实际应用案例。

(1)美国——严格排放标准制定,建立综合运输体系

一是加强制定排放标准。美国是世界上最早执行排放标准的国家,也是排放控制指标种类最多、排放法规最严格的国家。美国的汽车排放标准分为联邦排放法规即环境保护局(EPA)排放标准和加利福尼亚州排放标准,后者较前者更为严格。早在1975年,美国通过并实施了《能源政策与节约法》,为提高交通工具的燃油效率,该法案建立了针对小轿车和轻型卡车的公司平均燃油经济性标准,采取对达不到燃油经济性标准的汽车生产商或车主进行罚款和征收高油耗税来保证燃油经济性标准的实施。二是推广新能源交通工具。美国通过税收优惠的政策促进新能源交通工具的发展,在2005年颁布了《能源政策法案》,为新型混合动力轻型车提供了高达3400美元的税收抵免。三是建立综合运输体系。美国政府高度重视交通设备的标准化和各种交通方式的联合运作,在规划、设计和建设的各个环节,高度重视综合枢纽和大型换乘中心的建设,解决好各种交通方式之间、综合交通网点与线之间、城市对外交通与内部交通之间的协调与连接,实现各种交通方式的立体、无缝、便捷连接,形成了全国统一、职能明确、权责清晰的综合运输管理体制。

借鉴美国发展低碳交通的政策法律保障经验,结合河南省的实际情况来看,一是注重顶端设计,制定符合河南省实际且操作性强的低碳交通发展总体战略规划。从宏观层面明确低碳交通的发展方向、近期和远期目标、基本原则以及主要政策措施。二是构建以多式联运为核心的综合交通运输体系。强化在规划设计中的综合枢纽理念,以航空港经济试验区建设为契机,实现铁路、公路、民航等各种运输方式高效衔接。

(2)新加坡——注重优化土地结构,控制车辆增长速度

新加坡城市面积692平方公里,人口约500万,目前拥有机动车总量约100万辆,机动交通出行量约1000万人次,国土面积狭小,土地资源十分有限。新加坡政府通过谨慎、细致、有效且可持续的交通政策及创新方案的实施,成功避免了城市交通拥堵等问题。主要采取以下两方面措施:一是分散城市中心,采用交通友好型的土地利用模式。新加坡城市布局以中心城区为主体,呈星座式

结构。城市地铁线把主要商业中心串联起来,按照"中心城区—区域性中心—副中心—小型中心—社区"的布局,把整个城市分为 55 个小区进行规划和建设。区域性中心距中心城区 13 公里,副中心距区域性中心 6 公里,小型中心距副中心 2.5 公里,居民的日常事务则不出社区,社区兼有就业、交通、休闲、居住等功能,居民就近就业、消费,不论居住在哪里,附近都有公汽站、幼儿园、银行、商店等公共设施,生活十分方便,这在很大程度上减少了人们乘车出行的需求,缓解了城市中心的交通压力和上下班交通拥挤。二是严格控制私车增速。新加坡主要通过推行拥车证制度和收取电子公路费这两种手段来实现对汽车总量的控制。拥车证制度是新加坡特有的一种制度,在这一制度下,想要购买新车的人,必须在注册车辆之前标购一张拥车证。除此之外,使用汽车的成本也很高。除汽油费、停车费等必不可少的费用外,还要负担新加坡特有的电子公路收费,新加坡的电子公路收费系统根据用者付费的原则,在不同时段,对进入市中心的车辆收取 0.5 新加坡元至 2.5 新加坡元不等的费用,以便达到限制市中心车辆总数、平衡车流、使整体交通环境更为顺畅的目的。

结合河南省的实际情况来看,河南省是人口大省,人均城市土地面积十分有限,新加坡有关做法对河南省交通低碳化发展的借鉴意义在于:河南省正处于城镇化进程中,在城市规划设计层面,应加强土地多种用途综合开发理念,注重土地、建筑的多功能混合使用,进行公共交通导向性土地开发,形成交通友好型的城市土地利用结构,使人们能够以更短时间、近距离地到达工作和购物等地点,减少高排放交通出行需求。

(3)日本——出台积极优惠政策,提高低排放汽车比例

一是制定严格的标准。日本政府自 1999 年开始推行"领跑者制度"(Top-runner),即根据当前市场上汽车厂商中车辆燃油经济性能最佳的公司的绩效,以及未来技术进步的因素,设定一个比这一最佳燃油经济性绩效更高的标准,推动厂商提高汽车燃油经济性和排放标准。同时,日本对每辆汽车实行标签制度,将车辆的燃油经济性能和排放绩效标签贴于汽车后玻璃上,要求汽车产品必须在规定年限内达标,否则将受警告、公告、命令、罚款等处罚。引入"领跑者制度"后,日本汽车的燃料经济性得到明显改善,截至 2007 年底,大约 80% 的新汽油车实现了 2010 年的燃料经济性目标,平均能耗比 2005 年提高了 28%。二是出台积极补贴和税收政策,鼓励国民淘汰老旧汽车和购买低能耗新车。日本从 2001 年开始就对购买私人汽车提供"绿色补贴",实行"绿色税收",在 2005

年更新的"领跑者制度"中,在适用产品系列里纳入了私人汽车。同时,日本免除新能源汽车的购置税,并给予减免50%车辆使用税的优惠税收政策,对低排放、高燃油经济性的传统能源车辆也给予一定的税收减免。三是加强智能化、信息化交通。车辆在拥挤状态中排放的二氧化碳要远高于高速行驶中二氧化碳的排放量。日本通过广泛应用智能交通系统(ITS)提高道路使用效率,通过采用车辆信息交通系统(VICS)、电子收费系统(ETC)等智能交通技术,提高了车辆行驶速度,缓解了交通拥挤状况,进而提高燃油效率,实现交通减排。

河南省机动车保有量正在持续高速增长,应该借鉴日本的经验做法,出台相关政策或者税收政策,鼓励购买低能耗汽车和新能源汽车。同时,对目前黄标车淘汰工作方式可做出适当调整,因原有的强制报废淘汰工作中经常遇到阻力,可以通过财政补贴,采取以旧换新等方式加快推进老旧汽车淘汰工作。

7.3.2 国内发展模式及路径

为了推进低碳交通理念在行业的普及,加快行业建设低碳交通运输体系的步伐,交通运输部在全国范围内启动了低碳交通运输体系建设试点工作,旨在通过试点积极探索交通运输低碳发展的各种可行模式和合理路径,在试点基础上总结经验,并予以推广,形成加快建立以低排放为特征的交通运输体系的有效推进机制。随着试点工作的深入开展,在低碳化基础交通设施、优化交通运输组织模式、建设智能交通等方面形成了很多值得学习和借鉴的研究成果。

(1) 深圳——优先发展新能源汽车和公共交通

一是大力推广新能源与清洁能源公交车。深圳市公交行业推广新能源与清洁能源汽车应用的规模处于全球领先水平。截止到2011年底,深圳累计运营新能源汽车3035辆,其中混合动力公交大巴1350辆、混合动力双层大巴20辆、纯电动公交大巴253辆、纯电动中巴26辆、纯电动出租车300辆、燃料电池场地车60辆、燃料电池大巴2辆,已成为全球在公交行业应用新能源汽车品种最齐、规模最大、数量最多的城市。在破解电池与充电难题方面,深圳市探索提出了"融资租赁、车电分离、充维结合"的新能源公交购买、运营及维护方案,将电池充电及维护管理交给专业机构,最大限度地延长了电池的生命周期,探索实现新能源汽车的可持续商业化运营。二是以公交为突破口,构建绿色低碳交通运输体系指标体系。深圳结合绿色低碳交通城市评价指标系统,建立指标采集、分析、发布信息系统,深圳交通运输绿色低碳运输体系综合运用"空间减碳、方式减碳、技术减碳、管理减碳"四大策略。

新能源汽车作为未来发展的一个方向,河南省部分城市可以借鉴深圳市在新能源汽车推广方面的经验做法,在新能源汽车购买、使用、充电以及后期维护等方面充分学习,为全省新能源汽车推广做出示范表率。

(2)厦门——注重发展信息化公共交通和慢行交通

一是建立智能信息化公共交通系统。厦门公交集团拥有各类营运车辆5569辆,常规公交线路247条,BRT快线3条,长途客运线165条。全市2011年公交分担率达到30.87%,公交的智能信息化发展是厦门市低碳交通体系建设的重点内容,主要依靠公交网站和掌上公交查询系统。另外,通过规范驾驶习惯、降低事故频率、节约安全成本、速度控制下最优能耗行驶、智能调度下减少空驶里程,实现公交高效率和低碳化。二是慢行交通系统。步行和自行车等慢行交通方式其实可以认为是零碳排放交通,由于厦门市独特的地理位置和美丽的自然风光,全市沿海岸建设了慢行交通系统,为市民提供了休闲的场所,也进一步诠释了低碳舒适交通的内涵。

河南省城市人口密度普遍较大,需要大力发展智能信息化的公共交通系统,在增加公共交通覆盖面、减少站点距离等工作的基础上,更要注重信息化服务,建设公共交通信息平台,扩大公共交通服务范围。同时,相比其他省份,河南省非机动车辆保有量大,特别需要在今后的城市规划和道路建设中,重视慢行系统建设,积极引导人们采取非机动车和步行等零碳方式出行。

7.3.3 经验总结

通过对美国、日本等发达地区和我国部分先进城市低碳交通的经验进行分析,可以得出发展城市低碳交通主要有以下三个途径:一是避免,即通过分移城市中心、调整土地利用结构、实行远距离办公等方式,从根本上减少交通出行量,从而减少二氧化碳排放。二是转移,即将原先由高碳排放的交通工具承担的交通量转移到低碳排放的交通工具上,从而达到在货物、乘客运输量相同的前提下,减少二氧化碳排放的目的。三是改善,即改善原有交通工具的技术水平,减少单位行驶里程的碳排放指标,从而实现在同样交通方式、同样交通出行距离的前提下,减少二氧化碳排放量的效果。

交通的低碳化发展是交通可持续发展的必由之路。河南省作为中原经济区的主要载体已经进入以创新发展、转型发展、低碳发展、和谐发展为导向的新阶段,应当针对自身城市及人口规模、经济产业、土地利用、出行特征等特点,系统分析其他城市的先进经验,因地制宜,走"借鉴—吸收—再创新"的低碳交通之路。

7.4 行动方向与目标

7.4.1 行动方向

深入贯彻落实党的十八大精神,按照建设"五位一体"总体布局的要求,以科学发展观为指导,以节约资源、提高能效、控制排放、保护环境为目标,以加快推进绿色循环低碳交通基础设施建设、节能环保运输装备应用、集约高效运输组织体系建设、科技创新与信息化建设、行业监管能力提升为主要任务,以试点示范和专项行动为主要推进方式,将生态文明建设融入交通运输发展的各方面和全过程,加快建成资源节约型、环境友好型交通运输行业,实现交通运输绿色发展、循环发展、低碳发展。

本方案将以优化交通运输结构、改善交通出行环境、减少交通温室气体排放为重点,提升绿色交通理念,创新体制机制,转变发展方式,完善优化交通组织,强化科技创新应用,注重宣传和引导,加快构建资源节约型、环境友好型的交通运输生产方式和消费模式,打造绿色、低碳综合交通运输体系,促进全省交通运输行业全面协调可持续性发展,为建设中原经济区、促进中原崛起、实现河南富民强省提供强有力的支持和保障。

7.4.2 行动目标

坚持开发、节约与创新并举,提高交通运输的能源效率,改善交通运输的用能结构,优化交通运输的发展方式。交通基础设施总量进一步增加,交通基础设施建设养护和交通运输生产、运营、消费各个环节的碳排放强度逐步降低;运输方式衔接更加顺畅,交通运输服务质量明显提高,技术装备水平显著提升,建成完善的高速公路网、比较完善的铁路网和初步形成网络设施配套衔接、覆盖城乡、连通内外、安全高效的现代综合交通运输体系;低碳交通运输技术创新体系、政策法规体系建设全面有效开展,城市土地利用结构趋于合理,城市公共交通覆盖更加全面;交通运输行业降低温室气体排放强度的行动成效更为明显,行业节能减碳意识进一步增强,低碳交通理念更加深入人心。力争到2020年,新建城区土地利用结构合理高效,新能源汽车占比不断提高,规模不断扩大,低碳交通运输成为全省低碳经济的主要组成部分,基本建立起以高能效、低能耗、低污染、低排放为特征的中原地区综合交通运输体系。

2020年河南省低碳交通运输体系能源强度指标、二氧化碳排放强度和港口能源强度指标及二氧化碳排放强度指标较2005年降低目标如表7-5至表7-7所示。

表7-5 2020年能源强度指标较2005年降低目标

时限	类别	公路运输 (营运车辆单位运输 周转量能耗比) (%)		水路运输 (营运船舶单位运输 周转量能耗比) (%)		城市客运(城市客运 单位人次能耗比) (%)	
2020年		16		20		26	
		营运客车	营运货车	内河船舶	海洋船舶	城市公交	出租汽车
		8	18	20	20	23	30

表7-6 2020年二氧化碳排放强度指标较2005年降低目标

时限	类别	公路运输 (运营车辆单位运输周 转量二氧化碳排放比) (%)		水路运输 (营运船舶单位运输周 转量二氧化碳排放比) (%)		城市客运 (城市客运单位人次 二氧化碳排放比) (%)	
2020年		18		22		30	
		营运客车	营运货车	内河船舶	海洋船舶	城市公交	出租汽车
		9	20	23	21	26	37

表7-7 2020年港口能源强度指标及二氧化碳排放强度指标较2005年降低目标

时限	类别	能源强度指标 (港口生产单位吞吐量综合能耗) (%)	二氧化碳排放强度指标 (港口生产单位吞吐量二氧化碳排放比) (%)
2020年		10	12

7.5 重点行动

7.5.1 构建综合低碳交通网络体系

不同交通运输方式能源消耗和产生的碳排放存在较大差异。目前,全省各种运输方式发展不平衡,交通运输结构不合理,造成了巨大的能源浪费和大量的碳排放。我们应充分发挥郑州航空港实验区发展时机,优先发展"航",突出"铁""公""机"联运一体,"港""站""运"功能衔接,统筹组织各种交通方式,形成整体优势,构建联动运输、功能强大、集疏高效的综合低碳交通网络体系。

(1) 加强综合交通规划

加强各种运输方式之间的协调,制定以铁路、民航、公路为龙头的大型综合运输枢纽规划与建设方案,规划布局全省综合客运枢纽体系,优化公路客货运站场布局,建设衔接顺畅、高效便捷的公路站场服务体系。加强综合规划引导,按照枢纽型、功能性、网络化要求,建设以郑州枢纽为中心、地区性枢纽为节点的全国重要综合交通枢纽。统筹公路、铁路、航空各种运输方式高效衔接,推进空路运输一体联程、货物多式联运。改造提升洛阳、安阳、商丘、南阳、信阳、三门峡、漯河、新乡等地区性交通枢纽,形成与郑州联动发展的现代综合交通枢纽格局。

(2) 优化运输方式结构

铁路、公路、水路、民航、管道等各种运输方式之间具有一定的可替代性,但完成同样的运输量(货物周转量或旅客周转量),不同的交通运输方式所耗费的能源有很大不同。充分发挥各种运输方式的比较优势和组合效率,不仅能够有效减少化石能源消耗,提高车辆运输效率,减少温室气体排放,而且对于交通领域结构优化可起到重要的推进作用。调整优化综合运输结构降低碳排放,一方面应优先采用低碳型交通运输方式,在城市交通发展中大力发展公共交通,实现城市交通的结构性节能减碳;另一方面应优化各种运输方式的内部结构,构建低能耗、高效率的交通设施、运输设备和企业管理体系,提高路网技术等级和路面等级,推进营运车辆和船舶的大型化、专业化和标准化等,从而实现各种交通运输方式内部的结构性减碳。

(3) 提升交通管理水平

构建低碳综合交通运输体系,不仅要注重设施、装备的低碳化,提高运输效率和交通流管理等运输组织管理水平也是重要的低碳实现途径。在提高运输效率方面,应通过有效的组织管理尽量发展直达运输,在不超载的前提下,根据客货量配置合理的车型,尽量提高货车和客车的实载率,减少空驶。在城市交通方面,应通过完善城市慢行系统、落实公交优先,吸引公众多选择绿色出行方式,减少私家车出行,大大降低城市交通的能源消耗和温室气体排放。在物流管理方面,应通过加强物流公共信息平台建设,实现物流链各环节、各参与方的信息共享,提高运输组织效率,降低碳排放。

(4) 构建客运集散体系

加强综合客运枢纽和物流集聚地区的货运站场建设,重点加快列入国家公路运输枢纽总体规划的枢纽场站,特别是集多种运输方式于一体的综合运输枢纽的建设。在全省三级及以上客运站实现城际客运、农村客运、城市公交、地铁等多种运输方式的有效衔接,促进客货运"零换乘"和"无缝衔接",减少换装、换乘和无效运输,实现节能减排。以城际轨道和道路运输一体化站点为核心,开通衔接城际轨道站点的公交线路,并在全省四级及以上客运站实现城际客运、农村客运、城市公交、地铁等多种运输方式的有效衔接。加快机场周边的公路客货运站场建设,规范机场客运专线异地始发站和配客点管理,规范机场客运专线发展,加强道路客货运与航空客货运的衔接。

7.5.2 提高公共交通出行分担率

全面提高全省公共交通的保障能力和服务水平,支撑中原城市群融合发展、市域城乡一体化发展,以及中心城市的空间拓展和功能提升,引导城市机动化和出行方式选择,满足多层次、多样化出行需求。以公交快线为骨干,以常规公交为主体,以出租车为补充,以慢行交通为延伸,实现城乡交通资源优化整合,与其他交通方式有效衔接的能力充分,布局完善、功能明晰、结构合理、衔接顺畅、运行高效、服务优质、安全环保的公共交通体系,为城乡居民打造宜居、方便的城市公共交通出行环境,同时也是改善环境和实现低碳交通的有效手段。

(1) 强化规划调控

政府应注重城市综合交通规划和城市公共交通规划,坚持公共交通优先发展,统筹重大交通基础设施建设,合理配置利用各种交通资源,提高城市公共交通平均出行分担率,减少私人轿车出行温室气体排放,实现城市交通低碳化。同时,加大公共交通车辆的投放力度,突出公交公益性定位,形成公共交通"价低质优,路权优先"的共识理念,建立公共交通、租赁自行车和步行联合的低廉出行方式,公共交通收费实行一票通、一网通,降低公共交通出行成本,引导市民出行首选公共交通。

(2) 加强基础设施建设

加大公共交通投入,扶持公交企业节能环保型车辆、清洁能源车辆的购置换代及公共交通枢纽站、首末站和港湾式停靠站等设施建设，推广应用容量大、安全舒适、技术性能强的节能环保型车辆。逐步完善无障碍设施，方便残障人士乘坐。大力建设公共自行车服务系统，改善自行车、步行道路设施条件。通过公共交通基础设施建设和线路规划，发展包括轨道交通、BRT在内的大运量、准点率高的公共交通方式，实现城市公交运输方式间的有效衔接，提高公交直达率，减少公交出行换乘。坚持便民利民的原则，统计分析群众出行需求及客流特点，优化发车密度和线路。

(3) 提升智能化水平

优化城市路网，促进城市公共交通与其他交通方式、城市道路交通管理系统信息资源整合共享，向公众提供"一站式"综合交通信息服务。通过建立交通信息平台等方式，帮助公众制定出行计划，提供多样化出行方式的选择，以提高公共交通的调度率，降低其空载率；完善公交系统信息系统，推广普及公共交通"一卡通"支付方式，逐步实现不同公共交通方式之间、不同城市之间公共交通"一卡通"互联互通。进一步开发和应用公交智能调度和信息服务系统，提高公共交通运行的可靠性和稳定性，站台安装提前预报系统，能够向乘客发布实时的车辆到达信息，预报公交车的到站时间，减少市民等车时间，推广普及手机GPS候车系统，更方便、快捷、全面地了解公共交通实时信息，提高公共交通出行效率。

(4) 强化路权保障

在城市中心设置公交专用道，提高公共交通运输速度。双向四车道以上主干道根据情况设置公交优先道，保证公交车辆交通高峰时段优先通行，并根据道路和交通流量的实际情况，允许公共交通车辆不受禁左、禁右转向和单行道的限制。公交专用道配套设置优先通行信号系统、全程监控设施和标识系统，加强对公交专用道的监控和管理。对占用城市公共交通专用和优先车道、干扰城市公共交通正常运行的交通违法行为加大执法力度，保障城市公共交通优先通行权。

(5) 完善公共客运服务体系

加快构建由城际轨道交通、城际公交、干线客运、农村客运、旅游客运组成的多层次客运网络服务体系，全面提升客运服务品质，积极引导私人交通转向公共交通，降低全社会的能耗与排放水平。积极推广城际公交，基本形成中原城市群城际公交网络；以服务质量标准化、站点管理规范化、运力投放科学化的标准发展农村客运，实现农村客运公交化运营，最大限度地与城市公交对接，力争实现"零距离"换乘,鼓励城市公交线路向周边乡村延伸,推进城乡客运一体化进程。

7.5.3 优化城市土地利用结构

通过学习借鉴国内外先进地区低碳交通实例,显而易见,较少交通运输行驶里程,甚至引导步行、骑行等"零碳"出行,是减少交通领域碳排放最直接最重要的手段之一。倡导以公共交通为导向的土地开发模式(TOD),通过对城市土地和城市交通的协调统一规划,使城市沿着大容量公交线路进行高密度和多功能开发,从而减少人们的日常出行需求,并使大多数出行通过公共交通来实现,有效改善交通系统运营效率,减少交通用能,减低交通系统的碳排放水平。交通系统是城市功能和空间发展战略实现的支柱,合理的城市布局和全面的土地利用规划,是实现低碳交通、零碳出行的基本保障。

(1)开展相关研究,重视城市整体规划

城市空间结构是城市要素的空间分布和相互作用的内在机制,而城市交通是由城市活动而衍生出来的人和货物的空间移动,所以城市的土地构成和区位关系,决定了居住、工作、购物和消费等活动的空间分布和活动需要,简而言之,城市空间结构直接决定了人们出行排放二氧化碳的总量。一个良好的具有前瞻性的城市土地利用规划,可以有效合理分布人们居住所需要的配套设施,以实现高效、低碳的出行和工作,有利于减少由于不必要的长距离出行带来的碳排放。因此,我们应当高度重视非机动交通系统以及交通与土地利用的整合规划,在新型城镇化建设过程中,要保证交通规划设计与周边的用地性质相协调,着力构建多中心、组团式、网络化的新型城乡空间布局和城镇体系。

(2)通过公共交通和零碳交通引导城市土地利用

在城市规划中利用公共交通引导城市土地利用,实现交通与土地利用整合发展。推广城市紧凑布局、混合使用的用地形态,提供良好的公共交通服务设施,提倡高强度开发以鼓励公共交通的使用;注重自行车路网与城市规划布局和道路网络相协调发展,通过不同等级自行车网络的系统组织,构筑便捷、安全、舒适的自行车道路网络主骨架,改善自行车交通出行环境,为步行及自行车交通提供良好的环境。通过交通组织和管理措施,开辟部分早晚高峰自行车优先路。疏解中心区自行车交通,减少交通流量较大的交叉口的机动车和非机动相互干扰。引导长距离自行车出行,形成"自行车+公交"的出行模式。

(3) 设置中心区及人流集中地区步行优先系统

优先设置城市中心区、副中心及人流活动集中区域的步行优先系统,实施必要的人、车分离措施,保障用地功能发挥和改善步行环境。依据现状和规划的城市功能布局,优先设置城市核心区的步行系统。根据行人交通活动特点,进行步行专用路、道路人行便道、行人过街天桥(地道)等设施的控制规划,提供系统和完善的步行设施条件。

7.5.4 推广替代能源应用

随着城市化的加速进展,机动车数量不断增加,化石燃料的短缺,城市拥堵、交通工具尾气排放造成的环境污染等问题已经成为河南省未来可持续发展的重大障碍。加快运输车辆新能源推广应用,推广低碳型交通运输设备,实施营运车辆、船舶燃料消耗量限制标准及碳排放限制等技术手段,不仅能够有效治理城市环境污染,而且对于绿色交通具有重要的示范意义。

(1) 加快新能源的推广应用

加强新能源技术在交通基础设施建设和营运中的应用。促进太阳能、风能等新能源在公路工程配套设施中的应用,加快推进隧道、服务区、收费站等公路辅助设施太阳能与风能技术的应用;逐步推广液化天然气(LNG)、电力驱动集卡应用技术及太阳能、地热能、风能、空气源热泵等新能源利用技术。

(2) 推广应用低碳型交通运输设备

鼓励替代能源、高效低耗车型的应用。在城市公交、出租车、中短途客运推广 LNG、CNG 等清洁能源车辆,推进高速公路沿线加气站、充电站设施建设,逐步提高城市公交、出租汽车中天然气车辆的比重,在城市配送、城际客货运输车辆中积极开展试点推广工作,以新购置天然气车辆代替淘汰的老旧车辆。积极推进现有车辆尤其是营运车辆"油改气",加气站网络覆盖范围内的营运车辆基本完成"油改气"。

7.5.5 推广节能减排技术

公路建设和养护过程也会消耗大量能源并造成较多的碳排放,尤其是沥青、水泥、石块等路面材料的生产、运输环节能耗和污染较大,断路施工也会导致车辆绕行、行驶缓慢甚至拥堵,增加能耗和排放。在公路建设、养护过程中使用节能型新材料、新工艺、新设备等,不但可以直接降低建设过程中的能耗和排放,还可以通过加快施工进度、减少对车辆行驶影响的方式间接起到减少碳排放的作用。

(1)交通基础设施建养低碳化

在公路基础设施项目全寿命过程中贯彻低碳理念,积极利用现有先进环保桥梁监测、评估技术,推广沥青加热节能、温拌沥青、沥青混合料再生利用、水泥混凝土路面再生利用等低碳铺路技术,节约土地资源,强化材料循环利用,充分利用旧路材料和旧桥结构;开展公路隧道照明智能控制技术研究,实施合同能源管理方法,尝试推行隧道"绿色节能通风照明工程",大力推进 LED 灯在隧道照明工程中的应用。新建高速公路服务区试点进行能源自给自足的"低碳示范服务区"建设工程;在公路基础设施养护上推广应用节能环保型安保设施,采用沥青路面预防性养护技术,应用基于节能减排的评估方法对养护措施进行比选。

(2)现有设施的低碳化技术改造

开展全省高速公路、国省道干线节能减排潜力分析与评估,基于低碳交通运输体系建设目标逐步对相关路段进行改造。依照当地实际情况,研究开展现有公路工程、高速公路服务区的新能源技术改造,充分利用可用清洁能源,加快内河港航工程建设,促进水路运输发展,开展内河船型标准化研究,推进内河船舶的技术进步。

7.5.6 建设信息智能交通

《国务院关于支持河南省加快建设中原经济区的指导意见》提出,建设中原经济区重大工程"智慧中原",即以三维地理空间信息资源为基础,综合利用3S,即地理信息系统(GIS)、遥感技术(RS)、全球定位系统(GPS)以及云计算等技术,通过互联网、物联网、传感网、电信网、广电网、无线宽带网等网络的多样化组合,对中原经济区区域内的能源供给状况、交通状况、水资源与环境状态等进行检测,实时汇集各种时空信息,构建一个能随时随地获取各种信息的智慧环境,从而为中原经济区建设提供智能决策,为社会公众提供智能服务。以建设"智慧中原"为契机,充分利用信息化、智能化技术改造提升交通运输业,减少资源消耗和污染排放,提高劳动生产率和管理水平。尤其是重点推行节能减排的货运和物流企业可借助现代物流网络、电子商务、ETC 不停车收费系统等信息化、智能化技术手段,有效减少能源消耗,提高运输效率,促进交通运输领域绿色低碳化,减少温室气体排放。

(1) 信息化建设,助推交通运输低碳化

加强现代信息技术在运输领域的研发应用,为车辆营运的安全、管理、生产提供服务,提高运输效率,降低能源消耗。交通通信信息网络在全省交通管理部门及重点企业延伸推广覆盖率100%,交通综合执法管理信息系统推广市县覆盖率100%;加快运输物流联网工程建设,推广物联网技术在道路运输领域的应用,促进货物各种运输方式的优化协同、运力资源合理配载,减少货运运输能耗和尾气排放,降低物流成本;建立交通出行信息数据库,实现信息共享,完善公众出行信息服务系统,促进客运市场的电子化、网络化,为市民提供更便利的低碳出行服务,实现高效绿色出行。

(2) 智能化建设,减少无效碳排放

普及城市智能公交系统,建设城市公共交通综合信息平台,推广 GPS、GIS 和 RS(简称 3S)等技术,加快现代信息技术在道路运输领域的应用步伐。全省中心城市公交车100%安装车载 GPS 监控系统,有效调配车辆,提高运营车辆实载率,地市级以上城市出租车服务管理信息系统建成率100%,实现城市交通的动态组织管理,提高交通运行效率,保障城市畅通有序,减少能源消耗和碳排放。扩大高速公路联网不停车收费(ETC)应用规模,推广中原通卡储值等增值业务应用,增加客户服务网点、银行代理点,不断普及电子不停车收费方式,建成覆盖率达100%,完善入口自动发卡系统,进一步推进跨省域联网收费系统建设,实现道口处单车油耗和尾气排放降低50%和通行能力显著提高,实现"低能耗、低污染、低排放"目标。

7.6 重点工程

7.6.1 重点企业节能减排工程

继续深入推进"车、船、路、港"千家企业低碳交通运输专项行动,在推广河南省"河南物流信息系统""太阳能供电技术在连霍高速公路郑州至洛阳段道路全程监控系统中的应用""郑新黄河大桥智能 LED 配电照明系统"等典型示范项目的基础上,引进外省节能减排典型示范企业的成功经验。着重抓好企业组织发动工作,充分调动道路客货运输、水路客货运输、物流、港口、城市公交、出租客运、地铁、交通建设等各类交通运输企业的积极性,动员更多企业积极参与专项行动。建立严格的节能减排管理制度和有效的激励机制,完善节能减排管理组织体系。改进用能管理,开展节能减排技术创新与应用。通过强化对重点企业的节能减排监管,充分发挥重点企业节能减排的示范效应,促进全省交通运输企业节能减排管理的规范化、常态化,推动全省交通运输行业节能减排向纵深方向发展。

7.6.2 甩挂运输工程

将加快发展甩挂运输作为调整公路运输运力结构、提高货运实载率的突破口。落实《关于促进甩挂运输发展的通知》精神,学习和总结典型企业甩挂运输的成功经验,以点带面,逐步培育发展甩挂运输业。优化牵引车和挂车比例,提高牵引车辆的利用率,提高货运周转效率。加快研究提出关于河南省推进公路甩挂运输发展的指导意见、实施方案,推动行业监管、保险和检测等方面改革,实现牵引车和挂车的分离管理,优化甩挂运输发展环境,解除各种制约因素。构建全省商品车、集装箱运输车的甩挂运输发展长效机制,不断提高公路货运业运输生产效率和能源利用水平,降低运营成本,实现行业节能减排。

7.6.3 营运车船燃料消耗量准入与退出工程

继续深入开展营运车船燃料消耗量准入与退出工程,落实交通运输部营运车船燃料消耗量限值标准及相关配套措施和实施方案,禁止高耗能车船进入运输市场。完善客运市场准入和客运市场审批制度,建立中高档低耗低排车辆优先入市机制,对道路运输线路和运力进行营运效率考核和监测,对平均实载率低于70%的线路不投放新运力和班次。从政策引导、法规强制、经济鼓励三方面着手,研究制定老旧车辆提前退出运输市场机制,探索建立市场退出机制和配套经济补偿机制,积极争取将国家汽车"以旧换新"补贴政策适用于营运车辆,加快淘汰高能耗、高污染的运输车船。

严格执行机动车排放标准。加速淘汰老旧车辆,逐步淘汰"黄标车",加快提升车用燃油品质,机动车严格执行国Ⅳ标准。探索调控机动车保有总量,扩大高污染机动车辆限行范围。全面推行机动车环保标志管理,鼓励购买新能源等节能环保型汽车。

7.6.4 振兴内河工程

优化综合运输结构,大力推进振兴内河工程,改革创新内河投融资模式,加大全省内河航运投资力度,开展碍航闸坝、桥梁专项整治工作,提升航道等级和通航能力,提高河南省连接华东地区的通航能力。加快沱浍河、沙颍河、涡河、淮河及丹江等航运开发工程建设,初步形成以煤炭、矿建材料为主的长江水系、淮河水系运输系统,引导大宗货物向水上节能环保型运输方式转移,充分发挥内河航运在综合运输体系中运能大、能耗低、污染小的比较优势。

7.6.5 节能与新能源车辆推广工程

积极开展节能与新能源汽车示范推广试点。以国家节能与新能源汽车示范推广试点为契机,结合河南省新能源汽车推广应用指导意见,积极推广清洁能源环保汽车,探索公共汽车、出租汽车、公务车等领域新能源车辆的应用。重点在城市公共交通领域开展混合动力和纯电动汽车的应用,大力加强加气、充电等配套设施的规划与建设。加大纯电动汽车在交通行业的示范与推广,加快完善配套基础设施建设。鼓励替代燃料在公路运输、城市公共汽车和出租汽车中的应用,继续大力推进"中原绿色客运新干线"工程,逐步提高城市客运领域LNG车辆、混合动力车的比重。重点加强相关设施建设和人员培训,解决新能源车辆在城市公共汽车和出租车推广过程中的安全、便捷使用和维修问题,减少车辆运行中安全、故障等问题,降低车辆运行费用。

7.6.6 智能交通工程

以河南省物流信息平台推广工程、高速公路不停车联网收费工程、公众出行信息服务系统建设工程为龙头,大力推进智能交通技术、现代物流技术、现代信息技术等的开发和应用,加强行业信用信息系统建设,改造和提升传统交通运输产业,逐步形成现代交通运输信息网络,提高运输组织效率,降低能耗和排放水平。

推广电子不停车收费技术,大力推进高速公路不停车收费与服务系统建设,增加高速公路信息发布平台和手段,积极引导车流,提高行车效率,减少收费过程中由于车辆低速、怠速行驶造成的能源浪费和碳排放。大力推进物流公共信息平台建设,加大"八挂来网"物流公共信息平台的升级与推广,整合物流市场供需、货源、运力等信息,引导传统货运产业向现代物流转型,促进货运实载率和绿色低碳水平的提高。

充分整合利用现代通信技术、信息技术、物联网技术等先进技术,密切结合城市交通管理和公众服务需求,建设城市智能交通系统,实现城市交通的智能调度与管理、动态停车诱导、实时信息发布、公交出行服务等智能化系统的应用。着眼于解决城市交通拥堵,提高公交运行效率和服务水平。大力推广普及城市公交"一卡通",积极推进跨市域公交"一卡通"的互联互通,提升城市公共交通的协同运行效率和服务能力。建设和推广智能停车管理系统,在城市重点区域和停车场实现空车位诱导、停车信息提示、车辆出入自动控制、自动计费、多出入口联网运行等功能,提高停车效率、停车场管理水平和安全性。大力推进公众出行信息服务系统建设,整合交通出行信息资源,建立统一的公众出行信息服务平台,使全省50万人口以上城市之间基本实现城际客运联网售票,采用多种信息发布方式向公众提供各种交通信息,从而提升行业服务水平,提高交通运营管理的效率,最大限度降低能耗和碳排放水平。

7.6.7 "公交都市"推广工程

加快城市轨道交通、城市公交专用道、快速公交系统(BRT)等大容量公共交通基础设施建设,加强自行车专用道和行人步道等城市慢行系统建设。建立以城市轨道交通、大容量公交为主的城市公共交通客运体系,不断提高公交服务深度。以"郑州、新乡创建"公交都市为契机,深入推进中原城市群"公交示范城市"建设,打造成全国公交优先示范省。继续推进郑州、洛阳等城市轨道交通发展,建成以轨道交通为骨干、常规公交为主体的城市公共交通服务网络。大力推进公交线网新辟和优化调整,提高公交线网密度,构建结构合理、便捷高效的运营网络体系,全省城市建成区公交实现全覆盖。加快公共交通场站、城市公交专用道等基础设施建设,构建供给充分、路权优先的基础设施保障体系,改善公共交通通达性和便捷性,提高公交车辆平均运营速度和换乘效率,提升公交服务质量和满意度,增强公交吸引力。引导公众绿色低碳出行,鼓励发展共乘交通,扶持和鼓励班车、校车服务。在符合条件的城市研究实施出租汽车合乘政策,推广出租汽车电召服务。大力推广城市公共自行车,减少公众机动化出行。

7.6.8 绿色循环低碳公路建设工程

加快组织绿色循环低碳公路建设主题性试点项目,在公路基础设施建设、养护和运营领域,积极组织开展先进适用节能减排技术的推广应用工作,分别从路面工程、桥梁工程、交安设施、管理服务系统等方面全面落实绿色循环低碳发展理念,全面降低能源资源消耗与排放水平。开展交通运输循环经济示范活动,大力推进沥青和水泥混凝土路面材料再生利用、废旧轮胎胶粉改性沥青筑路应用以及粉煤灰、矿渣、煤矸石等工业废料在公路建设工程中的应用。积极开展隧道绿色照明试点工作,系统总结试点工程实施经验,修改完善公路隧道照明相关技术规范,鼓励在新建隧道中采用技术成熟、功能可靠的公路隧道照明相关技术规范和产品。对在用隧道积极推行隧道绿色照明工程,推广应用寿命长、功能可靠的发光二极管(LED)等节能灯具。组织开展隧道通风照明控制技术、智能联动控制技术和联网控制系统等的示范和推广。大力推进太阳能、风能等可再生能源应用。对全省高速公路服务区、收费站实施节能照明改造,并试点开展太阳能风光互补式供电改造,大力推广中水回用、污水回收处理、生活垃圾无害化处理等污染防治技术,建设一批绿色低碳服务区和收费站。加强生态防护、植被恢复与路侧绿化建设,增加碳汇能力。一方面通过合理的施工方案设计,基本实现对现有绿化的零破坏;另一方面通过后期的养护,进一步建设"碳汇林"工程,基本实现沿线范围内的碳平衡。

7.7 政策措施建议

7.7.1 强化组织保障

建议河南省成立交通领域节能低碳工作领导小组,负责全省低碳交通运输体系建设的总体领导,研究出台相关配套支持政策,编制低碳交通运输发展规划,指导、支持和督促各地市低碳交通运输体系建设工作开展,加强与发展改革、财政、税收、工信、统计、科技等部门间的信息共享,建立密切协作关系,加快形成服务于低碳交通运输体系建设的跨部门协调机制。各市、县、区交通运输主管单位建立健全节能低碳管理体制,负责组织、协调和推进各地低碳交通运输体系的建设工作,确定低碳交通运输项目的实施主体负责各低碳交通项目的组织和实施。

7.7.2 完善监管体系

建立碳排放监管体系,完善节能低碳监管体系,加快建立全省交通行业温室气体排放统计网上直报系统。在全省交通运输行业开展节能减排监测考核试点工作的基础上,研究建立河南省交通行业碳排放监管体系,完善节能减排考核指标体系和考核制度,将考核结果与绩效评价相结合,形成长效激励机制;加强低碳专项能力建设,加大扶持省级监测中心站建设,为项目组织管理部门对实施项目的监测、考核及奖励提供技术支持;全面开展行业各领域建设与营运期间的环保跟踪监测,推进交通建设项目工程环境监理工作,约束和引导低碳生产;加强全省机动车综合性能检测站的建设和监管,为汽车油耗检测和尾气排放监管提供有力的技术支撑。推进公路、港口等建设项目节能评估与审查工作的开展;通过试点地区探索实行道路运输及港口企业节能减排评价审计认证制度,鼓励企业参与碳排放交易。

7.7.3 完善资金保障

积极争取有关的低碳交通项目的财税优惠政策。加强各级政府管理节能减排工作的部门、财税部门等的沟通与协调,争取相关税收优惠和财政补贴政策,加紧研究建立低碳交通运输减排专项资金,加大财政支持力度。努力争取中央财政和省级地方财政安排的节能减排专项基金对各市县低碳交通运输节能减排的支持。建立健全低碳交通运输减排激励机制。引导逐步形成以各级政府资金为引导、以交通运输企业资金为主的低碳减排投入机制,设立不同层次的低碳减排专项资金,用于鼓励、支持绿色低碳监管体系建设、节能减排新技术和产品的研发与示范推广、节能减排宣传培训、信息服务和表彰奖励。拓宽低碳交通运输节能减排融资渠道,充分利用金融机构信贷资金以及社会资金。鼓励和支持各地及企业多渠道筹集资金,探索CCER、碳交易等在交通运输领域的应用。

7.7.4 加强科技创新

完善以政府为主导的管理调控体系的建设,以企业为主体、"产学研"结合的技术创新体系建设,以科研教学院所为主体的知识创新体系建设,以各种中介或推广中心为纽带的科技服务体系建设;加快交通运输行业绿色低碳技术支撑平台建设,加强资源环境高技术创新团队和研发基地建设,加大科研投入,开展基于低碳交通运输体系建设的科学技术研究。加大对绿色低碳技术研究的资金投入,大力支持绿色低碳技术研发、规划政策研究。开展重大节能低碳技术、节能低碳产品的推广、宣传培训、信息服务和表彰奖励等工作。加大对交通领域节能低碳技术、产品与重大项目的示范、试点和推广支持力度。提高交通运输节能低碳研发在科研投入中的比例,合理安排交通运输科技计划中节能减排研发项目和经费,建立统一管理和协调机制,引导和鼓励企业开发交通运输绿色低碳技术,促进成果市场化、产业化。

7.7.5 做好宣传引导

各级交通运输部门要将低碳交通宣传列为重大主题宣传,大力开展形式多样的宣传活动。利用报刊、网站、媒体等各种方式,广泛、深入、持久地开展宣传国家和交通行业的低碳方针、政策、法规和标准等活动,组织开展"低碳出行周""无车日"、世界环境日、机动车驾驶员节能减碳技能竞赛等宣传活动,增强全行业节能减碳意识和资源环境忧患意识。提倡公众低碳出行,强化环保意识和社会责任感;同时,充分发挥舆论引导和监督作用,把节约资源变成全交通行业的自觉行为,在全社会形成节约资源、减少碳排放的良好风气。普及交通运输节能减排科学知识,组织编制交通低碳知识手册,推行交通低碳科普行动计划,倡导资源节约、环境友好、绿色低碳的交通运输消费方式。根据需要组织经验交流、现场观摩、技术培训、专家论坛等多种形式的交流学习活动,对在低碳交通方面做出突出贡献的单位和个人予以表彰和奖励。

7.7.6 开展试点示范

建立低碳交通重大关键技术开发和示范的长效机制,以城市为主体开展低碳交通运输体系建设试点工作。在全省范围内选择低碳交通运输体系试点城市(济源)进行示范,开展其他地市低碳交通运输体系研究。从试点工程中遴选示范工程,总结示范技术和方法,加大对低碳交通科研成果的应用力度和示范技术的推广力度,及时将示范技术与方法上升为行业实用技术与方法。鼓励实用技术的产业化、规模化发展和跨区域的应用与合作。选取"低碳试点服务区",开展高速公路服务区太阳能、风能等能源自给试点工作。在公路、桥梁、隧道、收费站、客货运输场站等交通设施运营中,开展和推广太阳能、风能、智能照明调控系统等示范项目。

第8章
绿色低碳园区行动方案

8.1 背景意义

8.1.1 研究背景

《中原经济区建设纲要》提出,要突出载体建设,坚持把产业集聚区建设作为中原经济区建设的综合性全局性举措。河南省委、省政府"坚定总坐标、坚持总思路、完善总方略"的"三总"战略也提出要完善一个载体、构建四个体系。一个载体,就是科学发展载体,包括产业集聚区、商务中心区和特色商业区(街);四个体系,就是现代产业体系、现代城乡体系、自主创新体系、现代市场体系。

产业集聚区已成为推动河南经济发展的主载体。2010年到2013年,全省产业集聚区累计完成投资3.56万亿元,占同期全省投资的45.3%。2013年,产业集聚区规模以上工业企业实现主营业务收入3.13万亿元,占全省的52.6%。在产业集聚区的助推下,全省城镇化率由2008年的36%提高到2013年的43.8%。产业集聚区已经成为全省区域经济的增长极、转型升级的突破口、招商引资的主平台、转移就业的主渠道、改革创新的示范区。

低碳园区建设是引领带动整个工业领域碳排放强度的主抓手。产业园区是企业高度密集的区域,企业种类多、数量大,污染排放高度集中,是各类资源的主要消耗地,也是节约潜力较大的区域。2013年,全省产业集聚区规模以上工业综合能源消费量为1858.42万吨标准煤,占全省规模以上工业综合能源消费量的49.3%。开展绿色低碳园区建设行动是推动河南省工业低碳发展的重要切入点和着力点,是实现产业转型升级的战略突破口。

同时应该看到,河南省产业集聚区低碳化基础还比较薄弱。全省还处于工业化的中期发展阶段,产业集聚区特色主导产业多为传统型和资源依赖型产业,公用设施、副产物、可利用的三废资源不能得到共用、他用和再资源化利用,清洁能源和可再生能源能源密度很低。

因此,开展绿色低碳园区建设行动是推动全省产业低碳发展的重要切入点和着力点,是实现产业转型升级的战略突破口,也是构建两型社会的必然要求,对于提升产业综合竞争力和可持续发展能力、提高全省生态文明水平、建设美丽河南和绿色中原都具有重要意义。

8.1.2 研究意义

(1)推进生态文明、建设美丽河南的内在要求

党的十八大把生态文明建设摆在了突出位置,提出了着力推动绿色发展、循环发展、低碳发展的要求。为实现中原崛起河南振兴"中原梦",河南省委、省政府也提出建设美丽河南。通过选择有条件的产业集聚区开展环境友好型示范产业集聚区创建活动,培育一批环境资源承载力强、生态文明、经济社会与资源环境协调发展的示范基地,践行不牺牲生态和环境的可持续发展之路,为建设美丽河南提供有力支撑。

(2)转变经济发展方式、调整优化产业结构的必然途径

园区是中原经济区产业发展的集聚区,也是国民经济和地区经济发展的重要载体。在构建"两型"社会的时代背景下,在转方式、调结构的紧迫任务下,园区也必须面临绿色低碳、循环发展的挑战。开展工业园区绿色低碳建设行动是推动产业转型升级的重要途径。探索形成产业高度集聚、地区行业特色鲜明、碳生产力高的园区低碳发展新模式,转变当前过多依赖能源资源物质投入、盲目追求规模的粗放发展模式,对于提升全省工业园区低碳发展水平、促进全省工业低碳转型、推进全省特色新型工业化进程有重要作用。

(3)提高资源产出率、提升园区综合竞争力的重要抓手

园区受到土地、资源、环境等因素的制约,可持续发展面临挑战,迫切需要加快转变发展方式,为经济持续快速发展提供有效支撑。推进园区绿色低碳化发展,用循环经济理念改造存量、构建增量,有效引导园区调整产业结构,推进产业集聚发展,培育战略性新兴产业和新的经济增长点,促进园区迈入创新驱

动、自主增长的发展轨道,可实现经济快速发展、资源高效利用、生态环境改善的有机统一。

(4)加强环境保护、改善区域生态环境的重要措施

产业园区是生产的集中区域,也是各类污染物集中产生或排放的区域。由于多方面的原因,目前一些产业园区成为污染物集中排放场所,对所在区域的生态环境造成很大压力,有的甚至已对当地生态环境乃至群众的健康产生不利影响。推进园区绿色低碳化发展,变末端治理为源头减量、全过程控制,实现园区废物"零排放",可以最大限度地减少企业入园后集中生产的环境负荷,改善生态环境质量,降低区域环境风险,减少园区与周边居民的环境纠纷,促进当地社会和谐稳定。

8.1.3 研究范围及重点

本章主要开展"绿色低碳园区行动方案"的研究,以河南省180个产业集聚区为研究重点。低碳产业园区是建设低碳城市、发展低碳经济的重要载体,行动方案主要包括以下内容:

第一,总结分析全省产业集聚区低碳化发展的现状和存在的问题,并剖析问题产生的原因。

第二,研究国内外发展循环经济园区、生态园区、低碳园区的经典案例,提出在推进园区的绿色低碳化行动中,可以借鉴的典型经验和做法。

第三,结合低碳园区的内涵,以低碳规划设计、低碳管理体系、低碳生产、低碳设施建设、低碳物流系统等方面为重点,提出今后行动的方向和目标,针对每个行动研究提出具体的行动内容。

第四,结合现有的政策法规,研究提出推进中原经济区绿色低碳园区行动发展的具体政策措施和建议。

8.2 现状和存在问题

产业集聚区是全省推动科学发展、转变经济发展方式的重要抓手和有效载体。从2008年底开始部署产业集聚区建设,经过4年多的快速发展,产业集聚区从小到大,从重点突破到全面发展,不仅在河南省应对国际金融危机冲击当中发挥了关键性作用,而且正在日益成为新时期河南省加快发展、科学发展、转

型发展的综合载体和突出亮点,转型升级突破口、招商引资主平台、农民转移就业主渠道、改革创新示范区和县域经济重要增长极作用更加凸显,为全省经济社会发展和中原经济区建设低碳绿色发展提供了有力支撑。

产业集聚区已成为全省产业结构低碳化调整的新引擎。产业集聚区把大力发展高技术产业和加快信息化建设作为提升产业集聚区发展的重中之重,以新材料、新能源和新能源汽车为代表的战略性新兴产业快速发展,2011—2013年,全省产业集聚区高技术产业投资年均增长47.9%,规模以上高技术产业增加值年均增长47%。2013年,高技术产业增加值占比达到11%,产业集聚区在全省产业转型中的牵引作用明显增强。

产业集聚区已成为全省绿色循环低碳发展的先行区。近年来,通过严格落实环评制度和节能减排政策,建立入驻项目筛选机制,逐步提高产业集聚区的投资强度、容积率、建筑密度,积极引导企业开展清洁生产,大力推广资源节约和循环利用技术,有力促进了资源集约利用、高效利用、循环利用,有效提高了资源配置效率,不少产业集聚区基本实现了污染集中防治。产业集聚区新建成污水处理厂68个,污水集中处理率达到80%,建成标准化工业厂房1.85亿平方米,2010—2013年土地投资强度达到298万元/亩。在资源环境约束趋紧的大背景下,产业集聚区用较小的资源环境代价实现了较大的经济和社会效益,集约发展的示范作用凸显。

2010—2013年,产业集聚区累计完成投资3.56万亿元,占同期全省投资的45.3%;规模以上工业增加值年均增长23%,高于全省平均水平7.7个百分点。2013年,全省产业集聚区建成区面积1796平方公里,规模以上工业企业实现主营业务收入3.13万亿元,占全省比重达到52.6%,对全省规模以上工业增长的贡献率超过70%,在产业集聚区的助推下,全省城镇化率由2008年的36%提高到2013年的43.8%。但从绿色低碳可持续发展的角度来讲,存在的主要问题有:

规划建设缺乏低碳化循环化发展理念。一些产业集聚区主导产业还不突出,集聚效应不明显,尚未形成特色鲜明的产业集群。一些集聚区选择的主导产业过多过宽,招商引资针对性不强,布局分散,缺乏科学规划与合理引导。企业间的产业关联不强,往往是以"堆"代"群"。缺乏从产业链角度出发的整体规划设计,上下游和外围服务企业配套不紧密,导致能源效率低下,资源能源不能实现合理的循环利用。

低碳产业发展缺乏技术人才基础。由于大多数产业集聚区处于筹建阶段,产业发展起点低、规模小,在人才、资金、技术等方面实力不足。产业集聚区大多没有与科技服务产业相关联,缺乏创新机制和创新网络,缺乏研发机构和研发队伍,缺乏各方面人才的教育和培训体系,用于科技创新的费用比重低,产业治理结构落后、缺乏交流和互动,没有形成地区创新机制,产业集群自身的产业升级和可持续发展能力受到严重影响。一些产业集聚区内,企业规模普遍偏小,在企业实力不足和外部体制机制不完善的现实条件下,有能力斥巨资进行高科技项目开发和投产的企业寥寥无几。因此,总体上看,研发投入强度低,创新能力明显不足,制约了低碳产业的发展。

基础设施和公共服务体系不健全。在资源利用方面,企业之间以及和周围环境缺乏互相衔接和配合机制,物耗、能耗较高,公用设施、副产物、可利用的三废资源不能得到共用、他用和再资源化利用。在能源使用方面,清洁能源和可再生能源能源密度很低。

8.3 国内外发展路径及经验借鉴

低碳产业园区是"低碳化"的产业园区,首先应具备基本的"低碳"属性,即低消耗、低排放,并具备一定的固碳、碳汇的功能。与绿色产业园区、生态产业园区、循环经济产业园区相比,产业园区低碳化以采用清洁能源、提高能源利用效率、降低二氧化碳的排放量及缓和温室气候为主要目标。除了具备生态园区的特征外,碳排放量较低是产业园区的低碳主要特征。根据研究目的,选取国内外有代表性的生态产业园区、循环经济园区、低碳产业园区为案例,为开展园区绿色低碳行动提供借鉴和参考。

8.3.1 国内外案例借鉴

对国内外绿色低碳园区典型案例进行分析,以为河南省绿色低碳园区提供借鉴。

(1)丹麦卡伦堡生态园

20世纪以来,生态工业园区在世界各地,尤其是发达国家中迅速发展,已成为世界工业园区发展的一种新形式。追根溯源,生态工业园概念的提出最早源于丹麦卡伦堡"工业共生体",丹麦卡伦堡公司将工业共生体定义为企业之间相互利用副产品的合作关系,可视为生态工业园的雏形。丹麦卡伦堡循环经济工业园是世界上最早和目前国际上运行最为成功的生态工业园。作为一种生产发展、资源利用和环境保护形成良性循环的工业园区建设模式，它形成了一个能发挥人的积极性和创造力的高效、稳定、协调、可持续发展的人工复合生态系统。

卡伦堡自20世纪70年代开始建立，是一个仅有两万居民的小工业城市。最初，这里建造了一座火力发电厂和一座炼油厂，数年之后，卡伦堡的主要企业开始相互间交换"废料"。卡伦堡共生体系中主要有5家企业：阿斯耐斯（Asnaes）燃煤火力发电厂、斯塔朵尔（Statoil）炼油厂、挪伏·挪尔迪斯克（Novo Nordisk）制药和工业酶加工厂、吉普洛克（Gyproc）石膏板材厂及 A/S Bioteknisk Jordrens 土壤修复公司。以发电厂、炼油厂、制药厂和石膏板厂四个厂为核心，通过贸易的方式把其他企业的废弃物或副产品作为本企业的生产原料，建立工业横生和代谢生态链关系，最终实现园区的污染"零排放"（见图8-1）。能源多级使用和副产物的利用，完全通过企业自发进行废物交换形成产业共生体系，如图8-2所示。

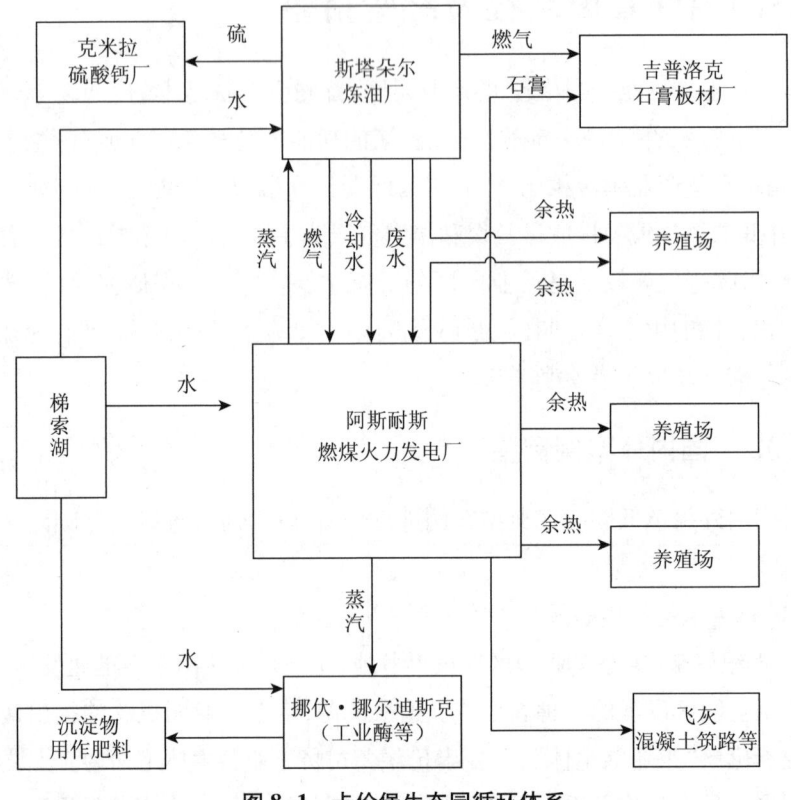

图 8-1　卡伦堡生态园循环体系

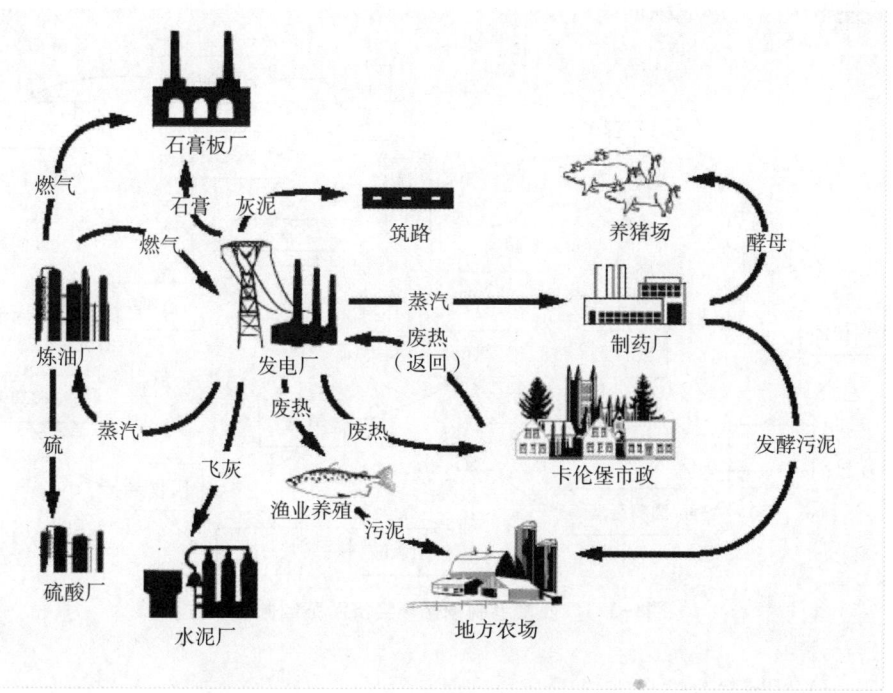

图 8-2　园区废物交换产业共生体系示意

(2) 广西贵港制糖循环经济示范园

中国第一个循环经济试点,我国第一个生态产业园区。2001年8月,国家环保总局批准建设贵港国家生态产业园区。根据规划,该园区将以上市公司贵糖(集团)股份有限公司为核心,由蔗田、制糖、酒精、造纸、热电联产、环境综合处理等6个系统组成(见图8-3)。贵港国家生态产业(制糖)示范园区的四个主要特点:横向耦合性、纵向闭合性、区域整合性和区域的柔性结构。

1) 横向耦合性

三条主要生态链,相互间构成了横向耦合的关系,并在一定程度上形成了网状结构:甘蔗—制糖—蔗渣造纸生态链、制糖—糖蜜制酒精—酒精废液制复合肥生态链和制糖(有机糖)—低聚果糖生态链。

2) 纵向闭合性

甘蔗园是整个产业生态系统的起点,生产出工业生产运行所需要的主要原料即甘蔗,由甘蔗发展出糖、纸、酒精等主要产品的生产,最后,酒精厂复合肥车间生产出的甘蔗专用复合肥和热电厂锅炉的部分煤灰又作为肥料回到蔗田,从而使整个园区形成纵向闭合。

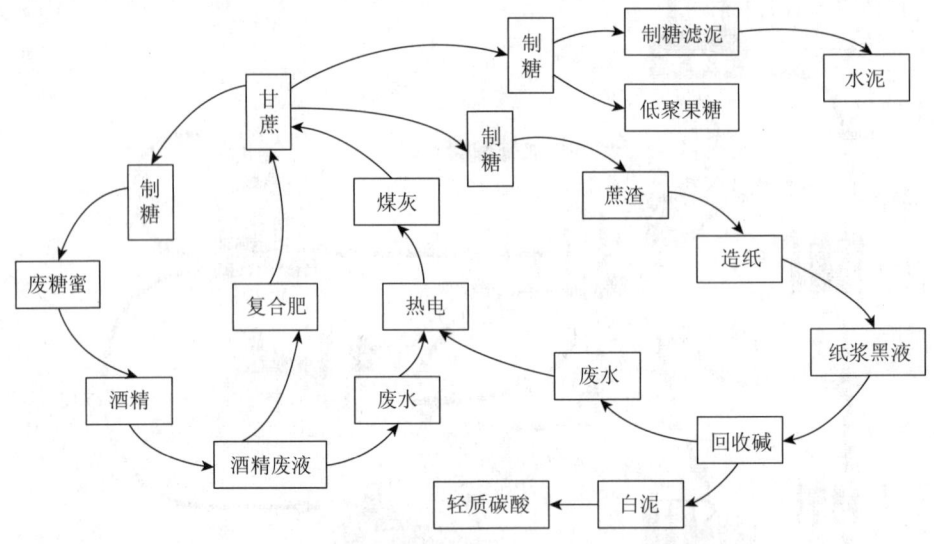

图 8-3　广西贵港制糖循环经济示范园循环示意

3) 区域整合性

除了工业园内部的整合外,还有制糖生产中的冷凝水、凝结水回用及造纸系统脉冲白水的回用,甘蔗蔗髓作为锅炉燃料,热电厂锅炉的含硫烟气(酸性)与造纸中段废水(碱性)进行的中和反应,园区内固体废物如滤泥、白泥、废渣的综合利用。更重要的是,园区内的造纸和能源酒精的生产集中了贵港市周边糖厂16万吨蔗渣和广西全区内近98%的废糖蜜,从而实现了园区内、贵港市乃至广西的区域整合性,很大程度上解决广西制糖业的结构性污染问题。

4) 区域的柔性结构

园区内诸多的生态产业链实际上形成了一个网状结构,这种结构使得园区产品的种类、生产规模等对资源供应、市场需求以及外界环境的随机波动具有较大的弹性,整体上抵御市场风险的能力大大加强,并且使园区表现出较强的柔韧性。从生态系统的角度看,即实现了系统的稳定性。

(3) 北京经济技术开发区

北京经济技术开发区(以下简称"北京经开")始建于1992年,总体规划面积为46.8平方公里,是北京市唯一同时享受国家级经济技术开发区和国家高新技术产业园区双重优惠政策的国家级经济技术开发区,由科学规划的产业区、高配置的商务区及高品质的生活区构成。北京经济技术开发区以面向国际市场的高端产业园区为目标,始终走在产业高端发展的道路上,坚持产业集群化、资源集约化、环境和谐化、服务专业化、管理法治化的发展思路,以吸引重大项目、龙头企业为重点,着力引进高端、高附加值、高辐射力、低耗能、低污染、低排放的高新技术产业。在长期的实践中,低碳高端的思路已经慢慢沉淀为北京经开园区开发的基本指导原则和核心理念,并将在未来进一步指导经开系列园区的整体规划、构建和营运。

作为中国最早提出双生态理念的园区开发企业,北京经开始终强调"产业生态、自然生态"的协同发展之路。一方面强调园区产业的生态化构建,即通过园区载体,促进产业自身链条和网络内部的协调发展,在园区建设过程中,通过门槛设置和有意识的招商活动,引入优质企业与互补企业,促进园区循环经济模式的形成,打造高效的产业生态集群,降低能源消耗和碳排放;另一方面强调园区自然生态环境的提升,以低容积、低密度、园林果岭式的园区环境塑造"天人合一"的生态氛围。

(4) 低碳产业园建设案例

从2006年以来,河北保定市提出建设"中国电谷",致力于打造我国可再生能源产业战略发展平台。目前,已经形成光电、风电、输变电、节能节电、新型储电、电力自动化设备产业等六大产业体系。一大批"电"字号企业互生互存,产业集群高速发展。"中国电谷"建设主体保定高新区获批为国家新能源与能源设备产业基地、国家可再生能源产业化基地,创造出了中国第一座太阳能光伏电站与五星级酒店一体化建筑、中国第一块240千克太阳能电池硅锭、第一片大功率风力发电叶片、第一个风电叶片研发中心、第一台大型风电整机传动检测平台等多项"中国第一"。

2009年11月,江苏省苏州工业园区首个低碳示范产业园——中节能(苏州)环保科技产业园正式奠基开工。产业园建设的三大目标:一是国内首个低碳产业园与节能环保产业相结合的项目。二是国内首创日光照明特色产业园区。在建筑上应用多种日光照明技术,并以此作为特色园区规划与建筑设计的亮点特色,示范各类采光照明节能技术的集成应用,实现照明节能15%~30%的目标。三是采用十大技术体系示范低碳产业园。利用日光照明技术,垂直绿化、屋顶绿化技术,地源、湖水源热泵技术,健康全新风技术,太阳能风光互补路灯,适应性围护结构技术,智能遮阳技术,雨水综合回收技术,绿色生态展示技术,行为节能人文生态等十大技术体系,实现建筑整体节能65%的目标。

为推进低碳产业的迅速崛起,江苏省江阴市出台了《关于加快推进新兴产业"445计划"的实施意见》,计划新能源产业产能规模年均增长20%以上,到2013年形成低碳产业集群、车船及机械装备制造集群、石化新材料产业集群和现代物流产业集群4个千亿级新能源产业集群和生物医药、服务外包、新传感器、文化创意和地区总部经济园区5个百亿级新能源战略性产业园区。把新能源产业规模占全市经济总量比重,从2009年的32.77%提高到2013年的53.72%,每年提高5.24个百分点。全市新增新能源产业企业突破500家,其中规模以上工业企业超过200家,新能源产业企业超亿元企业达到100家。

2010年5月24日,在处于辽宁沿海经济带上的营口市,一座中国首家低碳产业园——营口低碳生态科技产业园正式奠基。营口低碳生态科技产业园是辽宁(营口)沿海产业基地"园中园",也是营口创建国家低碳生态城市的先导区。园区遵循"整体规划,分步实施"的规划思路,按照"政府搭台,科技引领,市场运作"的发展方式,总体规划占地480公顷,一期规划用地187公顷,总体投资将超过48亿元。

8.3.2 经验总结

在绿色低碳园区行动中,首要的是树立绿色低碳的规划理念、创新发展的思维模式,确定主导低碳产业。低碳园区建设过程中,应加强循环经济链条的构建。在各系统之间通过中间产品和废弃物的相互交换而互相衔接,形成产业内的小循环、产业间的大循环,构建一个比较完整和闭合的生态产业网络,提高资源的产出率从而提高碳生产力,降低碳排放。低碳园区建设过程中,发展低碳经济的核心在于低碳技术创新,首先要求建立专门的低碳技术研究机构,培养低碳技术识别能力,发展低碳技术,实现跨越式发展;其次维持低碳产业创新系统内,特别是研发体系内良好分工与协作,在加强与学校等科研机构合作的同时,集中力量取得优势技术的突破;最后重视政策及相关保障措施的保障与调节功能。完善的政策法律制度体系是低碳产业发展的重要保障。中小城市在推动低碳园区发展时,要关注能源、环保、资源等方面的政策法律体系的建设,以及具体的行动措施,以推动低碳产业的发展。

8.4 行动方向与目标

全面贯彻落实科学发展观。以低碳经济、循环经济、产业生态学等相关知识为理论支撑,以推进生态文明建设、转变经济发展方式为主线,以探索我国工业低碳发展模式、降低单位工业增加值碳排放和提升产业竞争力为目标,以低碳技术创新与推广应用为支撑,以增强园区和企业碳管理能力为手段,以政策综合集成和机制创新为保障,充分发挥政府引导、企业主体作用,加快传统产业改造升级和新型低碳产业发展。按照"布局优化、创新管理、产业成链、企业集群、物质循环、集约发展"的要求,因地制宜,总体布局,长远规划,分期建设,逐步实施,使低碳产业园区的规划和建设具有前瞻性、适应性和超前性,努力打造"经济持续发展、资源高效利用、环境优美清洁、生态良性循环"的生态型、低碳化现代产业园区,为全国低碳产业园区建设积累经验。

到 2020 年,打造一批掌握低碳核心技术、具有先进低碳管理水平的低碳企业,形成一批各具特色的园区低碳发展模式。产业集聚区万元产值能耗比 2010 年下降 45%以上,碳排放大幅下降,新建建筑中绿色建筑、节能建筑的比例达到 100%;工业用水、工业固废综合利用率达到 90%以上;建立完善的碳排放与能源消耗监测、统计体系;建立成熟完善的公共服务平台。园区的低碳化发展对区域万元产值能耗下降、碳排放下降做出显著贡献。

8.5 重点行动

低碳园区的建设可以概括为五个方面:一是思想领先。低碳园区的设计和规划必须基于科学的系统测评。二是目标明确。低碳园区必须在实现系统减碳的同时,实现社会产出的最大化。三是系统构建。低碳园区必须在系统科学指导下实现设计、规划和建设。四是因地制宜。低碳园区的建设和运行必须保障在低碳的前提下,实现园区经济、能源、环境多维度的持续发展。五是效益最大。在生态、经济、社会效益最大化的前提下,实施面向低碳的园区系统综合管理、优化和调控。

根据主导产业的不同,可以大致把全省产业集聚区划分为三类:第一类是以高成长性制造业(包括电子信息、装备制造、汽车及零部件、食品、现代家居、服装服饰)为主导的园区,简称高成长园区;第二类是以战略性新兴产业(包括生物医药、节能环保、新材料、新能源)为主导的园区,简称新兴园区;第三类是以传统支柱产业(包括冶金工业、建材工业、化学工业、轻纺工业、能源工业)为主导的园区,简称传统园区。尽管各园区因主导产业、经济发展水平、建设水平等不同,其在低碳行动中的侧重点会有所不同,但是也存在共性和普遍性。结合上述低碳园区建设五个方面,打造绿色低碳园区需要做好以下工作:

8.5.1 制定低碳规划设计

为有效促进低碳产业园区的建设实践,必须对低碳产业园区进行科学规划。低碳产业园区是发展低碳城市的重要单元,要将低碳产业园区规划和整个城市规划结合起来,作为城市规划的重要组成部分,使低碳产业园区成为低碳城市的先行区、示范区。

开展低碳发展规划编制工作。可以分为两种编制类型:一是编制现行各类园区规划编制体系以外的低碳产业园区规划,作为一种新类型的规划。高成长园区和新兴园区中低碳特征明显的园区,如郑州航空港经济综合实验区、洛阳动力谷、中原电气谷、商丘节能环保装备产业基地等园区应先行先试,编制园区低碳低碳产业规划,并积极申报国家低碳试点。二是对现行各类园区规划的组成部分进行编制,以专项规划或独立篇章的形式纳入现有园区规划体系。对于低碳基础薄弱的传统园区,要将低碳理念融入现有各类园区规划编制体系。

开展低碳评估行动。借鉴《低碳园区发展指南》的评价体系,各园区根据实际发展情况,对已建成区规模以上企业进行低碳评估。初评可由园区管委会自评,也可以邀请第三方咨询机构帮助评估。开展此项行动的目的是了解园区现状,发现园区低碳发展需要解决的问题,从而制定相应的对策和规划。

编制低碳建设导则。倡导绿色施工,推广节能、节地、节水等低碳施工技术,采用绿色工艺和节能材料,制定和实施低碳厂房标准,加强新建厂房低碳规划设计,加强对既有厂房的节能改造,提高厂房运行过程的能源利用效率,降低厂房生命周期碳排放。编制集经济性、适用性、安全性、低碳性于一体的工业厂房建设导则。

8.5.2 建设低碳管理体系

低碳产业园区是以低能耗、低污染、低排放为特征的循环经济模式,要积极改造传统工业的生产模式,加强生产的全过程控制,尽可能地使用清洁能源和原料,并通过建立完善的环境管理体系,提高资源的循环利用效率。

加强传统园区碳管理能力建设。一是鼓励企业开展温室气体盘查,加强企业碳排放的统计、监测、报告和核查体系建设,建立完善企业碳排放数据管理和分析系统,挖掘碳减排潜力。二是增强企业低碳生产意识,提高碳管理水平。分批开展企业环境管理、清洁生产、节能审计、温室气体核算和报告宣贯培训会,推动和帮助企业建立规范的环境管理体系、能源管理体系,实现节能减排。三是鼓励支持园区企业参加碳排放交易试点,建立碳排放总量控制和排放权有偿获取与交易的市场机制。

建立健全园区碳管理制度。一是在对园区碳源和碳汇现状调查摸底的基础上,编制碳排放清单,建设能源数据统计和管理体系,掌握园区能源消费结构和能耗水平。二是建设园区碳排放信息管理平台,强化从生产源头、生产过程到产品的生命周期碳排放管理。三是推行低碳产品认证制度等,多途径探索企业碳管理新模式。四是编制园区低碳发展指标体系,引导和调控低碳发展进程,定期修改完善园区准入用能和污染物排放控制标准,严禁不符合标准的企业落户。

探索建立环境综合治理第三方管理服务。在园区成立由科研院所、设计院与环保企业组成的联合体,加强针对工业园区生态化建设综合服务的技术支撑和服务模式研究,共同参与工作链全程的设计与实施,形成实力互补。对于新建园区,基于节能环保要求可以提出产业发展定位、环境基础设施建设及污染控制措施建议;而对已建园区,可以提供园区环境问题的全方位诊断、整改建议,包括环境管理、清洁生产、循环再利用、末端治理方案、节能新能源利用与智能化管理等服务。

8.5.3 实施产业优化升级

低碳产业园区建设以产业结构优化(低碳化)为途径。产业结构影响能源消耗总量和经济发展的能耗强度,所以产业结构将制约园区发展的路径模式,决定园区温室气体排放的强度。低碳产业园区是以低能耗、低污染、低排放为特征的循环经济模式,要实现园区经济低碳转向,必须调整园区产业结构,实现产业园区的产业结构优化(低碳化)。

高成长园区。对于高成长园区,重点是:强化集群引进,加快企业集聚,着力扩大产业规模,形成专业配套、特色突出的产业集群。建设郑州航空港经济综合试验区全球重要的智能手机生产基地,推进鹤壁、南阳、许昌等电子产业集群发展;推动整机与配套企业专业化分工协作,培育壮大郑州、新乡、南阳、安阳等装备和汽车产业集群;发展漯河、郑州、周口、信阳等千亿元食品产业集群;积极发展商丘、周口等终端纺织品产业集群。

新兴园区。对于新兴园区,重点是:突破关键核心技术,推进重大产业创新发展工程和示范园区建设,集中资源培育具有核心技术的龙头企业和规模优势的产业集群。加快建设郑州国家生物高技术产业基地,推动开封、新乡、驻马店、安阳、商丘、焦作等地特色生物医药产业园区建设。建设郑州、洛阳等节能环保装备产业基地。推动大周、洛阳循环经济园区推进资源综合利用示范基地、城市矿产示范基地建设。加快建设洛阳国家新材料高技术产业基地,推动郑州和许昌超硬材料、新乡新能源材料、商丘和平顶山特种纤维等产业园区建设。加快建设南阳国家新能源高技术产业基地,推动洛阳、安阳光伏和许昌风电装备特色产业园区建设。

传统园区。对于传统园区,重点是:全面淘汰落后产能和设备,加快园区重点用能企业低碳化改造。落实《国务院关于进一步加强淘汰落后产能工作的通知》和《产业结构调整指导目录》,重点淘汰落后炼钢、炼铁、焦炭、水泥、化纤、电石、电解铝、铅冶炼、锌冶炼、平板玻璃、造纸、铅酸电池等。推动骨干企业全流程工艺改造,着力抓好重点企业(项目)节能工程,鼓励企业开展余热余压利用、节约和替代使用石油、电机系统节能、能量系统优化以及工业锅炉(窑炉)改造,通过原料替代、改善生产工艺、改进设备使用等措施,提高园区能源、资源利用效率,降低工业生产中化石能源消耗的碳排放,减少工业过程温室气体排放。强化工业园区节能目标责任考核,积极帮助企业选定技术经济及环境可行的清洁生产方案,鼓励企业开展清洁生产审核,减少污染物排放。

8.5.4 大力推进循环经济

低碳产业园区建设要以生产低碳化践行循环经济。循环经济是一种物质闭环流动型经济,融合了清洁生产和废弃物综合利用的理念,它将"资源—产品—废弃物"的单向直线过程转变为循环过程。低碳产业园区建设应遵循资源可循环利用的原则,应当追求以尽可能小的资源消耗和环境成本,获得尽可能大的经济效益和社会效益。循环经济的目标和要求与生产低碳化的理念殊途同归,生产低碳化是循环经济在低碳产业园区的践行的重要体现。

构建园区循环经济产业链。根据物质流和产业关联性,对园区进行功能分区,合理布局企业、产业、基础设施及生活区。重化工业等传统园区要按照"横向耦合、纵向延伸、循环链接"的原则构建产业链,形成园区企业之间原料(产品)互供、资源共享的一体化。高成长和新兴园区要"补链"招商,实现专业化分工协作,促进产业横向耦合,企业集群发展。支持高成长园区建设配套产业园,重点引进智能终端、成套装备、汽车、家电、家具、厨卫、服装等终端产品配套企业,提升本地化配套能力。

推进园区资源高效循环利用。实施清洁生产,促进源头减量。推动园区内企业废物交换利用、废水循环利用、能源梯级利用、土地节约集约利用。推进园区生活污水再生利用,建设雨水收集利用设施。大力发展清洁能源和可再生能源。鼓励专业化服务公司为园区废物管理提供"嵌入式"服务。

开展低碳园区试点示范。根据《工业和信息化部发展改革委关于组织开展国家低碳工业园区试点工作的通知》要求,积极开展河南惠济经济开发区、河南洛阳经济开发区等23个园区试点建设工作。以红旗渠开发区、濮阳经济技术开发区等国家循环化改造示范试点园区为重点,推广总结循环经济发展经验和模式。通过试点示范建设,加快钢铁、建材、有色、石化和化工等重点用能行业低碳化改造,培育集聚一批低碳型企业,推广一批工业园区低碳管理模式。

8.5.5 加强低碳设施建设

对园区公共服务设施实行低碳化、智能化建设或改造。淘汰小锅炉等低效供能设施,推广集中供热和热电冷三联供设施,提高能源利用效率。结合产业集聚区集中供热,加快化工、造纸、印染、制革、制药等骨干企业背压式发电机组建设,加快园区电网建设,采用先进的输、变、配电技术和设备;加快推进排水、排污管网、污水提升泵站建设和园区污水处理厂建设,形成健全的污水收集和集中处理系统;加快垃圾无害化处理设施建设;完善园区垃圾分类收集、运输和处置体系,提高废弃物资源化利用率。建设园区原料气系统优化工程,使制气专业化,实现资源共享、互惠互利,减少重复建设、重复投资,从而达到节能、低耗的目的。

探索实施低碳厂房建设。加强新建厂房低碳规划设计,加强对既有厂房的节能改造,提高厂房运行过程的能源利用效率,降低厂房生命周期碳排放。建设园区智能微电网,提高生产过程中太阳能、风能、生物质能等可再生能源使用比例。以国家实施金太阳示范工程为契机,选择部分可利用建筑面积大、电网接入条件好、电力需求集中的重型工业厂房建设太阳能光伏电站,加大浅层地热在工业厂房的推广应用,适度发展生物质能,探索 LNG 冷能利用的可行性,推动太阳能热水器、太阳能地热供暖等在职工宿舍、办公楼等集体用户的大面积应用。

普及推广节能材料和产品。鼓励使用节能环保的新型建筑材料、新型建筑工艺和节能环保新材料,加强既有建筑的节能改造。大力推广 LED 灯在工业厂房的使用,积极推动产业园通用变频器的节能改造。市政道路照明优先选用 LED 路灯、太阳能路灯及风光互补路灯。新建公共建筑必须选用节能环保空调,在办公楼和宾馆促进智能家居系统和产品的示范应用。

推广低维护高耗碳植物。以打造近自然景观为目标,科学布局绿化结构,规模种植适于当地的维护成本低、吸碳能力强的植物,改善绿地固碳能力。选用高耗碳树种建设区内绿化带,形成产业区绿色生态走廊。

8.5.6 构建绿色物流系统

绿色物流是现代物流发展的新方向,低碳产业园建设与绿色物流的交会点主要是在企业生态化、绿色化上。低碳产业园绿色物流发展战略主要在能源使用方面、产品设计及包装方面、产品库存控制方面、废物回收方面实行一系列的低碳化改进,从而一方面降低企业的成本,另一方面减少物流活动对环境的影响。

在能源使用方面,绿色物流措施是建立绿色通道,减少车辆的排污量。包括更换符合规定的车辆,并引入低公害车,使用清洁能源,设计绿色产品,合理利用资源,降低能耗。在产品设计及包装方面,绿色物流要求替代数量、毒性、危害持续性和降解程度都很高的化学品包装材料。同时,应该使用环境友好产品。产品包装符合 4R 要求(少耗材、可再用、可回收、可再循环),采用可降解的包装材料,设计简易包装,减少一次性包装。在产品库存控制方面,削减园区内的原材料数量,从而可以削减储藏设备和来自减降废物中的事故危险。提高保管养护技术,降低环境污染,采用先进的保质保鲜技术。在废物回收方面,建立一个支持有效利用材料管理的机制,零售商和生产者必须收回运送材料时的包装物,实现废物交换。从整个供应链的视野来组织物流,最终建立起包括生产商、批发商、零售商和消费者在内的生产—流通—消费—再利用的循环废物利用系统。

8.6 政策措施建议

8.6.1 健全落实政策法规

严格执行国家相关法律。认真贯彻落实《中华人民共和国节约能源法》《中华人民共和国环境保护法》《民用建筑节能管理规定》《中华人民共和国清洁生产促进法》等法律，坚持走可持续发展道路。严格依据《环境影响评价法》开展环境影响评价，对不合格的企业和项目坚决实行一票否决制。落实《河南省人民政府批转省发展改革委关于抑制河南省部分行业产能过剩和重复建设引导产业健康发展实施意见的通知》（豫政〔2010〕48号），严格控制"两高"（高耗能、高排放）和产能过剩行业新上项目，进一步提高行业准入门槛，强化节能、环保、土地、安全等指标约束，依法严格节能评估审查、环境影响评价、建设用地审查。

制定加强产业园区低碳建设的法律规定。一方面，要根据国际惯例和国家法律，结合河南省的实际情况，尽快制定《加强低碳产业园区建设的规定》。另一方面，要严格落实河南已经颁布的有关节能、节水、节材、清洁生产等方面的法规、规章、标准。完善节能评估审查制度。将固定资产投资项目节能评估审查作为落实先进能耗标准和合理利用能源的重要措施。制定实施固定资产投资项目节能评估审查办法，将节能评估文件及其审查意见作为项目审批、核准或开工建设的前置性条件，以及项目施工和竣工验收的重要依据，未通过节能评估审查的，一律不得审批、核准或开工建设。编制固定资产投资项目节能评估和审查指南，加强对省辖市、县（市、区）节能评估和审查工作的指导与监督。节能审查费用由节能审查机关同级财政部门安排。

8.6.2 加强财政金融支持

设立低碳发展专项资金。园区每年按税收的1%~3%返还作为低碳发展专项资金以支持产业区重大低碳示范工程，为企业争取国家和河南省节能减排项目进行配套，对规模利用新能源和节能产品的企业进行适当补贴，支持建立和完善低碳发展管理工作体系，开展低碳知识宣传普及和专题培训。积极争取国家和省市相关计划的支持，引导社会和企业对低碳发展的投入。

对园区内涉及低碳结构调整和低碳产业化经营发展相关的低碳产品加工

增值税、进口自用的低碳生产资料、科研设备设施等,可以按国家有关政策给予一定的减免税优惠。另外,应加大对低碳科技园区建设的金融信贷支持,对于在园区内从事转化低碳高新技术成果、发展低碳产品加工增值等方面的低碳科技企业,经过科学论证与评价,应积极支持银行等金融机构加大信贷支持力度。鼓励金融机构创新金融信贷模式,开发低碳金融产品,加大贷款投放力度。此外,政府还可以从科技经费中专门划出一部分用来进行低碳科学园区建设,经费投入实行项目化管理。

8.6.3 开展技术创新应用

技术创新是低碳经济的核心之一,也是低碳经济快速发展的重要途径。建立低碳技术创新研发、孵化和推广应用的公共综合服务平台,推动企业低碳技术的研发、应用和产业化发展。瞄准全球新一代低碳技术发展方向,积极支持重大原创性核心低碳技术的研发,形成一批拥有自主知识产权的技术成果,引领全省产业低碳发展。开发应用源头减量、零排放技术,利用低碳技术推动传统产业的改造升级。组织开发先进适用的低碳技术、低碳工艺和低碳装备,推动新型低碳产业发展。以先进适用技术和关键共性技术为重点,制定低碳技术推广实施方案,促进低碳新技术、新工艺、新设备和新材料的推广应用,带动重点行业碳排放强度大幅度下降。建立低碳技术创新和推广应用的激励机制和融资平台,提高园区低碳技术创新能力和推广应用水平。加强市场机制在资源配置方面的决定性作用,通过市场激发企业积极参与低碳技术、过程和产品的开发,并充分发挥包括节能量交易、污染物市场交易在内的市场机制对工园区低碳发展的支撑作用,发挥政策体系与市场机制的协同作用。

8.6.4 加强监管责任考核

加强监管,要尽可能安装在线监测和视频装置,进一步加强环境监测,加强对水、气、粉尘排放实时监管,并及时将监管结果向社会公布。建立信息网络平台,定期披露企业低碳信息,提高企业参与度,鼓励园区内企业进行碳排放信息披露、签订能效协议、参与碳排放交易体系,采取低碳发展措施,并督促未进行低碳发展的企业尽快规划和实施低碳措施。

建立低碳管理信息系统,将各企业副产品数量、质量、时间以及企业其他相关信息等,通过信息集成、信息分析、信息查询、信息发布进行合理调配,提高园区效率,形成园区低碳管理,实行重点企业单位碳排放报送制度。

制定低碳示范企业认证和评比制度。设置低碳企业评比制度,每年评出若干个低碳示范企业,在全社会加以表彰推广,营造生产企业积极发展低碳经济的浓厚氛围。鼓励减排技术创新,使园区内每一个企业甚至每一名员工都了解碳生产力的计算方法以及碳排放的根本来源,使员工在实际操作工作中将低碳理念与实践结合起来,创造出更多实用的新节能减排措施。

8.6.5　转变招商思路模式

转变招商方式,由过去的"招商引资"转变为"择商选资",按照"横向耦合、纵向延伸、循环链接"原则,实行产业链招商、补链招商,建设和引进产业链接或延伸的关键项目,形成只有淘汰落后企业、引入优质的"低碳"产业项目才能调整产业结构、转变经济发展模式、实现经济又好又快可持续发展的招商理念。在招商引资前期工作中,实施严格的项目能源及环境前置评估程序,对不符合节能减排要求,且产值综合能耗及资源消耗水平低于国家或国际先进水平的新建项目不予引进,对不符合低碳化发展要求的产业不予引进。把重点放在引进有利于产业优化、用地少、附加值高、污染小的项目上。着力引进关联度大的龙头项目、带动力强的加工项目、产业链和供应链长的综合项目。积极引入低能耗、低排放的绿色、低碳和高新技术产业,使园区产业结构向低能耗、低排放的方向发展。

8.6.6　加强国际交流合作

多途径、多层次地积极开展国际合作,把园区建设作为我国低碳产业国际合作的实验平台、交流平台和示范平台。加强低碳技术国际合作,跟踪国际低碳技术研发的前沿领域,积极引进尖端低碳技术,建立完善低碳技术合作研发、消化吸收、再创新、推广应用和产业化发展机制。加强低碳管理合作,利用现有国际合作机制、渠道和资金,积极开展温室气体核算、监测和核查等合作,开展企业温室气体管理能力建设,引进低碳产品认证等先进碳管理理念和方法,提高碳管理水平。创新低碳产业国际合作机制,在园区层面探索形成政府牵线与企业联姻、政府推动与市场运作的国际合作机制,扩大国际合作领域。加强园区低碳发展的国际宣传,通过举办国际论坛、参加国际会展等方式,展示园区低碳发展成就。

第 9 章
重点行动建议

9.1 能源低碳化发展行动

9.1.1 能源利用效率提高

(1) 节能管理强化行动

加强目标管理。加强对节能目标的追踪管理,建立健全节能监察制度,制定较为详细的节能减碳目标日程表,严格追踪和管理目标的完成进度。建立节能减碳目标预警机制。

推进能效对标。进一步加强强制性能效标准和限额的管理并建立引导性的"领跑者"能效标准制度,加强企业的能效对比,建立能效对标奖惩制度,完善产品单耗地方标准体系。

推广自愿节能协议。在已有千家企业节能低碳行动的基础上以碳排放总量在5000吨以上的企业为主要对象,进一步推广自愿节能协议。同时建立相关的项目信息和管理平台,加强节能量和碳减排量的核查能力建设。

建立节能量交易制度。采用节能量和碳排放配额总量交易的方式进行企业层面交易,采用能源消费总量配额交易的方式进行地方政府层面的交易。

(2) 企业能效提高行动

加强节能技术改造。以能效对标等节能管理措施为抓手,通过推广企业自愿节能协议,根据各个工业行业的实际情况,推进企业的节能技术改造和节能低碳技术的推广。同时拓展激励措施的方式和覆盖范围,采取多种形式差异化地激励企业进行节能技术改造。

建立企业能源管理体系。采用政府引导的方式,在有色、钢铁、化工、建材等高耗能行业建设一批企业能源管理中心,建立企业内部能源管理体系,由政府主管部门对企业能源管理体系建设情况进行评价。

进一步推广合同能源管理。以工业企业为重点推广合同能源管理,逐步扩大节能服务范围。建立第三方节能量监测与核证机构,对合同能源管理项目节能量进行核证。将金融信贷信用与合同挂钩,完善金融信贷信用资质与合同挂钩的政策与机制。建立合同能源管理信息平台和节能投融资平台,对相关企业和资金进行管理。培育核心企业,对专业节能服务机构给予全方位支持,积极引导拥有关键技术的企业直接或与节能服务公司联合进入节能市场。

9.1.2 化石能源消费结构优化

(1)"气化"河南行动

扩大天然气使用规模。进一步发挥河南省区位优势,积极争取国家规划的骨干天然气管道途经河南省,同时加强与中石油、中石化、中海油等油气公司和山西、新疆等省区的合作。并继续加大东濮凹陷及外围常规天然气资源勘探开发力度,加快燃气管道基础设施建设。组织完善区域内省级燃气干网和地方支线管网建设,扩大管道燃气覆盖面积。优先发展城市居民生活、公共福利、燃气汽车用气,重点对中心城区的燃煤工业锅炉进行改造和燃料置换,鼓励各地因地制宜发展天然气分布式能源和城市燃气供热设施,并积极扶持高效能工业用气。

扩大煤层气开发利用规模。进一步加大煤层气资源勘探开发力度。以河南省煤层气公司和相关科研机构为依托,加快科研攻关,尽快开发出适合河南省的煤层气开发技术。在煤层气主产气区,规划建设煤层气管网,并实现与常规天然气管网的互联互通。以解决"矿权重叠"为重点,推进煤层气矿权管理改革,促进煤层气的商业化开发。建立煤层气开发的准入和退出机制,并整合涉及煤层气产业建设管理的行政审批事项。

加快页岩气资源开发。组织相关企业和机构加快页岩气资源调查、勘探,以明确区域内的页岩气资源储量。尽快制定页岩气开发利用规划,统筹规划区域内页岩气的开发利用,同时建立和完善页岩气勘探开发监管机制,制定准入门槛和资质,推动矿权招投标制度、区块退出机制及合同管理,并做好页岩气勘探开发与其他固体矿产矿业权、整装勘查区的衔接,协调处理好矿业权重叠。

(2) 煤炭清洁高效利用行动

大力发展煤炭选洗加工。完善煤炭分级利用体系,合理配置于发电、炼焦、煤化工等领域。对现有选煤厂进行改造,提高煤炭洗选加工比重。严格相关企业的环保排放标准,提高炼焦精、高炉喷吹用煤产品质量和利用效率,提高动力煤入选比例。优化全省范围洗煤厂的布局,对省内煤炭洗选企业进行有效整合。

推广煤炭高效清洁利用技术。重点发展60万千瓦以上超临界、超超临界高效清洁路口、坑口电站;加快清洁发电示范工程建设,提高洁净煤发电机组比重;加快推进低热值煤发电项目建设。

加快碳捕集、封存和利用技术的应用推广。先期组织对中原油田以及省内煤炭主产区的大型电力、化工、建材型企业及产业集聚区的二氧化碳捕集和封存利用技术的应用前景进行评估和调研,并扶持相关示范项目的建设。同时制定相关碳捕集、利用和封存的中长期规划。

(3) 电网低碳化行动

加快技术改造。在电力行业,加快现役火电机组和电网技术改造,降低厂用电率和输配电线损;同时合理布局高效燃气—蒸汽联合循环电站,发展天然气热电冷联供分布式能源。加快研究出台优先调度发电、电煤质量监管、超低排放环保电价等政策。

加快基础设施建设。建设形成以豫北、南阳、驻马店等特高压交流变电站为枢纽,以直流特高压输入为电源补充,相邻区域间具备较强支援能力的"两纵两横"的特高压网架。

加大清洁电力引进。加强与电网企业和电力生产省份的沟通合作,加快省外电力的调入。并优化电力调入结构,减少从排放因子较高的西北电网的电力调入,加强从华中电网等排放因子较低电网的电力调入。

加强电力需求侧管理。进一步完善峰谷电价制度,鼓励低谷蓄能。采取制定区域电网企业的年度电力电量节约指标并加强考核的方式,促进电力需求侧管理的开展。开展竞价上网试点,推进大用户与发电企业直接购电试点工作。通过鼓励电网企业采用节能变压器、合理减少供电半径、增强无功补偿等方式,引导用户加强无功管理,实现分电压等级统计分析线损等,稳步降低线损率。进一步加快智能电网的建设,推进电力资源优化配置和合理布局。积极采取经济激励措施促进电力需求侧管理的开展。

9.1.3 非化石能源利用规模化

(1) 建设生物质能基地行动

加快大中型沼气建设和沼气高值利用。以大中型沼气建设为重点,发展工业有机废水生产沼气、农村畜禽养殖粪便与农林废弃物结合生产沼气、城市生活垃圾回收生产沼气等多元化沼气利用途径。

推进纤维乙醇产业化发展。以天冠等能源骨干企业为依托,完善产业体系,尽快形成较为完备的生产经营管理模式,实现纤维乙醇产业化重大突破。引导相关企业因地制宜和建设不同产品结构模式的纤维乙醇厂,稳步有序地实现纤维乙醇的规模化生产和集约经营。

加快其他生物质能技术的发展和产业化。加快推进以下几个方面技术的发展和产业化:纤维丁醇,生物柴油,航空涡轮生物燃料,生物质快速热解制生物燃料,生物质快速热解生产生物油,生物油催化加氢生产车用燃料。加快建立工业废弃动植物油脂回收体系,推进以含油林果为主要原料生产航空涡轮生物燃料。

改善生物质原料、组织、供应和运行体系。从完善激励政策和建立生物质回收利用体系两方面入手,改善生物质原料、组织、供应和运行体系。增加对生物质企业的科技研发补贴,加快研究开发与引进、吸收、消化国外先进技术相结合。进一步落实已有的秸秆综合利用政策,加强秸秆回收利用,同时加强企业和农户之间的信息沟通,引导相关企业建立采取"预先买断"或"企业收割委托农民保管"等方式来收集秸秆,通过扩大农业集约经营规模,来提高生物质收集效率。

(2) 其他非化石能源利用规模化行动

风能开发利用规模化。统筹风电资源勘测开发管理,以风能资源相对丰富地区为重点,加快风电场项目建设。进一步加强风电开发规划与电网规划的协调,引导相关电力企业做好配套电网建设。加强电力需求侧管理,有效改善系统负荷特性,增强区域电网消纳风电的能力。同时建议相关企业与气象部门结合建立风电功率预测预报体系、以风电功率预测为基础的电网调度与风电协调运行机制。研究完善风电相关财税政策。

太阳能开发利用。统筹协调太阳能电站建设和并网运行管理,完善太阳能发电补贴相关财税政策。建议采取政府激励和引导的方式,建设屋顶光伏电站和光伏发电示范小区,建立以智能电网为技术支撑的分布式发电运行体系。建议城镇的机关、宾馆、学校等单位积极实施建筑公用太阳能热水工程,并鼓励在新建高层住宅推广新型太阳能热水系统。进一步加快太阳能中温利用技术研发。

地热能开发利用。开展河南省地热能资源详查和评价,提高资源勘查精准程度,同时由政府部门出台标准规范地热能资源勘查评价方法,编制全省浅层地热能开发利用专项规划,因地制宜开发地热能资源。在城镇建筑中加快推广再生水源热泵,结合生态园等大型游乐场所建设地热示范田,实现地热的梯级利用和综合利用。

9.2 产业低碳化发展行动

9.2.1 低碳新兴产业提速发展行动

战略新兴产业超倍增发展行动。把加快培育和发展战略性新兴产业放在推进产业低碳化发展的突出位置,着力推进重大产业创新发展工程和示范园区建设,着力培育具有核心技术的龙头企业和产业集群,努力把新一代信息技术产业培育成为新的支柱产业,把生物、新能源、新能源汽车、新材料等产业培育成为先导产业,促进节能环保、高端装备制造产业成为新的增长点,打造全国重要的战略性新兴产业基地。到 2020 年,全省战略性新兴产业主营业务收入占全省规模以上制造业主营业务收入比重超过 10%。

服务业提速发展行动。把推动服务业大发展作为产业结构优化升级的战略重点,以"两区"建设为契机,着力发展具有比较优势的服务业,加快发展高成长性服务业,建设全国重要的现代服务业基地。实施现代服务业提速工程,着力推动现代物流、信息服务、金融、旅游、文化、科教、商务服务、健康服务、养老及家庭服务等服务业扩量提质发展,逐步成为带动服务业发展的主导力量和战略支撑。实施传统服务业改造提升工程,应用现代管理理念、信息技术和新型业态模式,加快商贸流通、房地产等传统支柱服务业改造提升,培育服务业竞争新优势。加快商务中心区和特色商业区、产业集聚区配套服务区和服务业特色园区等服务业发展载体平台建设。到 2020 年,全省第三产业占 GDP 比重达到 40%。

9.2.2 高碳产业低碳化转型行动

(1) 推动高碳产业低碳化发展

电力工业。推进整体煤气化联合循环、以煤气化为龙头的多联产、超临界大型循环流化床等清洁发电工程建设,提高洁净煤发电机组比重。合理布局高效燃气—蒸汽联合循环电站,发展天然气热电冷联供分布式能源。因地制宜发展分布式能源,加快电网智能化建设。加快现役火电机组和电网技术改造,降低厂用电率和输配电线损。采取综合性、系统性节能措施,建设"能效电厂",形成规模化节电能力。

钢铁工业。钢铁行业焦炉基本采用干法熄焦,高炉全部配备高效喷煤和余热余压回收装置,提升转炉负能炼钢水平。推广应用干法除尘、蓄热式燃烧、电炉烟气余热回收利用、低温轧制、在线热处理、能源管理中心及优化调控、高炉渣及钢渣显热回收等节能技术。建设废钢回收、加工、配送体系,积极发展以废钢为原料的电炉短流程工艺。加强钢铁行业温室气体排放监测和统计。

化学工业。原油开采行业实施抽油机驱动电机节能改造,推广不加热集油技术和油田采出水余热回收利用技术,提高油田伴生气回收水平。原油加工行业推广高效换热器并优化换热流程、优化中段回流取热比例、降低汽化率、塔顶循环回流换热等节能技术。合成氨行业要重点推进化肥原料路线和技术路线的改造,发展大型高效造气炉。推进零极距、氧阴极等离子膜烧碱电解槽节能技术改造,淘汰隔膜法烧碱工艺。纯碱行业推广蒸汽多级利用、变换气制碱技术、新型盐析结晶器及高效节能循环泵等节能技术。电石行业要加快采用大型密闭式电石炉,重点推广炉气利用、空心电极等低碳技术。已二酸、硝酸行业要通过改进生产工艺,采用控排技术显著减少氧化亚氮排放。鼓励使用六氟化硫混合气和回收六氟化硫。

煤炭工业。加快煤层气煤矿瓦斯开发利用。发展选煤厂高效低能耗脱水设备,加大煤炭洗选加工比例,减少低热值煤炭和原煤直接燃烧利用。发展煤炭地下气化、脱硫、水煤浆、型煤等洁净煤技术。

建材工业。鼓励利用现有 2000 吨/日及以上新型干法水泥窑炉协同处置工业废弃物、城市污泥和生活垃圾。推广实施水泥粉磨站节能改造。全面提高洛阳浮法玻璃成套工艺技术与装备水平。在新型干法水泥生产线、浮法玻璃生产线、大型煤矸石烧结砖生产线普及纯低温余热发电技术。改善平板玻璃、陶瓷等燃料结构,建设大型煤炭集中制气、分散供应或燃用天然气,淘汰以直燃煤为燃料的工艺设备。

(2)把好项目建设源头控制关口

抑制高耗能、高排放产业过快增长,严格控制"两高"(高耗能、高排放)和产能过剩行业新上项目,进一步提高行业准入门槛,强化节能、环保、土地、安全等指标约束,依法严格节能评估审查、环境影响评价、建设用地审查。完善节能评估审查制度,前移能耗控制关口,将固定资产投资项目节能评估审查作为落实先进能耗标准和合理利用能源的重要措施。制定实施固定资产投资项目节能评估审查办法,将节能评估文件及其审查意见作为项目审批、核准或开工建设的前置性条件,以及项目施工和竣工验收的重要依据。健全项目建设联审联批制度,协同把好土地、节能、环保、信贷和产业政策关口。

(3)加快淘汰落后产能和设备

落实《国务院关于进一步加强淘汰落后产能工作的通知》和《产业结构调整指导目录》,重点淘汰落后炼钢、炼铁、焦炭、水泥、化纤、电石、电解铝、铅冶炼、锌冶炼、平板玻璃、造纸、铅酸电池等产能。制定淘汰落后产能工作方案,将任务按年度分解落实到省辖市、省直管试点县(市),并加强日常监督和年度考核。完善淘汰落后产能公告制度。落实国家《高耗能落后机电设备(产品)淘汰目录》,加快淘汰能耗高、污染重的落后设备和工艺。

9.3 农业低碳化发展行动

9.3.1 深入开展节能减排

推进农业机械高效节能。加强节能农业机械和农产品加工设备的推广应用,强化农业机械设备的能耗检测,设计研发节能机械,加快落后农业机械及其装备的更新换代,研究探索淘汰高耗能、高排放农机的经济补偿方式。结合实施高标准大田建设工程,推动农村土地有序流转、集约化经营,逐步淘汰高能耗的小型机械,提高大型农业机械使用比例,推广利用复式联合作业农业机械,推进农机标准化、规模化作业,降低农业机械单位能耗。推广使用适合当代农艺技术的节能型农业机械,促进农机、农艺结合,减少农业机械设备的重复使用,切实提高农机的适用效率。

推进种植制度高产节能。大力推动高产创建,强化农作物高产种植措施的集成配套,减少高能耗、低效率的种植环节,建立节能型高产种植制度。结合现代农业提升工程、高标准农田"百千万"工程等工程的实施,加强种植模式标准化研究,建立并推广区域性农作物种植标准化模式,促进农艺与农机的配套节能。优化农作物布局,调整种植制度,推进农作物生产区域优势布局和标准化种植,促进农作的增产和节能,实现传统精耕细作与现代物质技术装备相辅相成。

推动设施农业节约高效。通过试点示范、技术引领、资金支持等各种途径,鼓励发展节能高效型日光温室,逐步建立规模化、节约型、工厂化的现代农业设施体系,推动设施农业实现集约化生产、节约化管理、标准化经营。加大设施农业节能节水、节材、环保技术的推广应用,研发推广高起架、大跨度、无柱式标准化温室,研究开发温室冬季生产节能技术、增温保温技术、太阳光热资源利用技术,推广应用水、肥、光、热、湿度等科学利用和监测控制技术,推广应用工厂化设施栽培专用新品种选育技术、水肥一体化栽培技术、病虫害环保型综合防治技术,推动设施农业向优质、高效、环保、节约方向转变。

9.3.2 全面推进农业生产清洁化

推进农业生产过程清洁化。推广节肥节、药节、水技术。深入开展测土配方施肥、精准农业技术,鼓励农民开展秸秆还田、绿肥种植、增施有机肥。优化配置肥料资源,合理调整施肥结构,改进施肥方式,提高肥料利用率。以推动高标准粮田建设为契机,大力推广水资源合理开发利用技术、输配水和田间节水灌溉技术、节水增产技术等节水农业新技术,发展节水型灌溉设施,推动节水型农业的发展。科学合理使用高效、低毒、低残留农药和先进施药机械,配置杀虫灯,建立多元化、社会化病虫害防治专业服务组织,大力推进专业化统防统治,推广绿色植保技术,进行病虫抗药性监测与治理,提高防治效果和农药利用率,减少农药用量。大力推广节水农业技术,不断提高水资源利用率。

发展畜禽清洁养殖。加快畜牧业生产方式转变,合理布局畜禽养殖场(小区),推行农牧结合和生态养殖模式,实现畜牧业与种植业协调发展。科学配制饲料,规范饲料添加剂使用,提高饲料利用率,减少氮、磷等排放。制定畜禽养殖废弃物综合利用规划,推广雨污分流、干湿分离和设施化处理等先进适用的污染防治技术,以生猪、奶牛等标准化规模养殖场(小区)建设项目和大中型畜禽养殖场沼气工程为重点,加强粪污处理设施建设,推进畜禽废弃物的无害化治理和利用。改善饲料(草)结构,积极推广秸秆青贮、氨化和微贮等实用技术,提高反刍动物饲料利用率水平,切实降低反刍动物甲烷排放和投入成本。

加大农业面源污染治理。大力开展秸秆综合利用。按照"先农后工、先饲后肥、多元利用"的原则,坚持与农业生产相结合推进秸秆的综合利用。在满足农业和畜牧业需求的基础上,利用经济手段,统筹兼顾、合理引导秸秆能源化、工业化等综合利用,不断拓展利用领域,提高利用效益。在推进秸秆肥料化利用的同时,因地制宜建设一批秸秆沼气集中供气工程、秸秆固化成型和秸秆生物炭生产技术示范点,推进农作物秸秆能源化、原料化利用。探索建立有效的秸秆田间处理、收集、储存及运输系统模式。加快建立以市场需求为引导、以企业为龙头,以专业合作经济组织为骨干,农户参与,政府推动,市场化运作,多种模式互为补充的秸秆收集储运管理体系。

大力开展废旧地膜回收利用。采取政府引导、企业带动、市场运作的方式,推广应用厚度不低于0.08毫米的地膜,严格限制使用超薄地膜。加快废旧地膜捡拾技术装备的推广应用,对农民回收利用废旧地膜进行补贴,鼓励和引导农民回收利用地膜,扶持建设一批废旧地膜回收加工网点,建立健全废旧地膜回收加工网络,逐步建立地膜使用、回收、再利用等环节相互衔接的废旧地膜回收利用机制。同时,加大财政支持力度,鼓励建立农药废弃包装物回收、处理机制。

推行农田氮磷拦截和稻田间歇灌溉。在现有农田排灌渠道基础上,通过生物措施和工程措施相结合,改造修建生态拦截沟,吸附降解农田退水中的营养元素,改善净化水质,促其循环再利用,减少农田氮磷流失。推广稻田间歇灌溉技术。稻田甲烷排放主要受土壤性质、灌溉水分状况、施肥以及气候等因素的影响,减少稻田排放的方法主要有施肥、灌溉管理和选择适宜的水稻品种,通过改变稻田的水分管理可以改变甲烷菌生存的厌氧环境,从而控制甲烷的生产和排放。

9.3.3 积极推动农田管理低碳化

合理施肥。按照农作物施肥规律和土壤供肥能力,科学配比氮磷钾,使土壤施肥种类、施肥数量、施肥质量与作物生长达到最佳配比。合理控施氮肥,增施有机肥,实现氮肥和有机肥的合理搭配。鼓励大量使用粪肥等农家肥,积极推动秸秆还田,合理控制化肥施用量,以切实培肥地力,改善土壤结构,增加土壤有机质和土壤有机碳含量,提升农田土壤碳库能力。积极推动测土配方施肥和缓控施肥技术。

推行保护性耕作,综合采用机械化少免耕覆盖技术、少免耕覆盖轮耕技术、全方位深松技术等保护性耕作技术,实行免耕或少耕;采用免耕播种,对有残茬覆盖的地表实现开沟、播种、施肥、施药、覆土镇压复式作业;将耕作技术同秸秆还田技术有机结合,推行作物秸秆、残茬覆盖地表技术,实行根茬固土,培肥地力,涵养水分,保护土壤;改变传统的翻耕控制杂草作业,逐步实现喷洒除草剂或机械表土作业以控制消除杂草的现代作业手段。鼓励通过选择培育作物品种,采取作物轮作等农艺措施,提高作物产量和土壤有机碳,借鉴国际上采用覆盖作物和豆类作物轮作等措施来提高土壤有机碳的做法,推行在两季作物之间通过种植生长期较短的绿被植物,以增加土壤有机碳,吸收上季作物的残留氮,最大限度地减少氧化亚氮排放。

促进农田管理集约化经营。以推动现代农业产业化集群培育工程和实施高标准粮田"百千万"工程为契机,以促进农田管理标准化、集约化为目标,以合理推动土地高效流转、培育农业产业化龙头企业为抓手,围绕特色优势农产品生产,全面推进高标准集约化大田建设。到2020年,全省力争建设一批高标准原料生产基地,做强做大一批龙头企业,打造一批以绿色低碳为标志的农产品知名品牌,着力打造一批"全链条、全循环、高质量、高效益"的现代农业产业化集群。

9.3.4 科学谋划区域功能特色布局

围绕中心城市建设都市农业区。拓展农业衍生服务功能,大力发展具有观光、休闲、旅游、生态和科技示范功能的城市服务型农业。围绕中心城市发展定位,对都市农业区进行分层布局:在城市区,以优化环境、改善生态、美化城市、服务城市为目的,重点发展城市景观农业、会展农业、森林公园等绿色生态农业。在城市郊区,则以生产、生态和生活休闲功能为重点,大力发展绿色蔬菜、高档花卉苗木等精准设施农业。结合农业科技创新转化,建设高科技农业示范园区,重点发展集采集、休闲、娱乐于一体的休闲观光农业区。大力发展都市型鲜活、半成品等食品产业和现代农产品物流业。

在黄淮海平原和南阳盆地建设高效农业区。强化保障性农产品生产功能,以构建工农复合型循环发展体系为平台,以强化规模化、标准化、现代化的农产品生产基地为支撑,以工农融合发展为主要途径,推动农业标准化生产与工业精深加工链条的无缝对接,重点提升大宗农产品的产业化发展水平,积极拓展农产品加工深度,大力提升资源化利用水平。重点打造粮棉油及肉乳等大宗农产品生产基地建设和精深加工基地,建成农业现代化与新型工业化的协调发展示范区。努力把黄淮海平原和南阳盆地建成国家粮食稳定增长核心区、大宗农畜产品生产供应保障区和工农复合型循环发展示范区。

在豫南、豫西、豫北、山丘区建设生态绿色农业区。按照生态规律和绿色农产品标准要求,大力发展绿色农业,突出优势农产品的区域特色,建设农业现代化与生态环境协调发展的重点区域。本区应从制订生态农业发展规划入手,重点发展食草型畜牧业,以及果蔬、中药材、茶叶、食用菌、烟叶、桑蚕等特色农产品和绿色粮油食品生产基地。本区要积极引进、扶持一批特色农产品加工龙头企业,大力培育优质绿色农产品品牌,加强航空物流港物流网络建设,加快特色农产品的市场化,实现农业增效与生态环境的协调发展。

大力发展低碳农业示范园区。以推进新型城镇化为契机,依托产业集聚区及农业产业化龙头企业,围绕构建循环型现代农业产业链,通过整合资源与产业融合,鼓励涉农企业集约承包经营专用农业原料基地、绿色有机农产品基地、特色物流园区等规模化的农产品生产加工物流基地,建设以规模化、集约化、关联化为特征,全链条、全循环的现代农业示范园区。

9.4 生态建设低碳化发展行动

9.4.1 林业资源"增量碳汇"行动

山区宜林荒山荒地造林工程。加大困难宜林地造林、立地条件较好的灌木林地改造和未达标造林地的补植补造力度。结合生态移民,实现人退林进。开展森林经营活动,加强中幼林抚育和低质低效林改造。争取到2020年前,实现现有的550多万亩宜林荒山荒地全部完成新造林,部分实现成林。

平原农田防护林提升工程。统筹考虑村镇、道路、河流、沟渠、农田,综合治理风、沙、旱、涝、水土流失,全面发展农、林、牧、副、渔;以乡道、村道和三级支流作为骨干林带,提高乔灌结合比例和绿化树种配置比例,提高综合防护能力。

生态廊道网络提升工程。对县乡道以上道路,河流二级支流、支渠及以上廊道,可以按照以下标准建设生态廊道:一是黄河、淮河干流和南水北调中线工程干渠。二是在黄河、淮河干流和南水北调中线工程干渠和铁路、高速公路、国道、省道等廊道的重要地段,把生态廊道建设和城乡绿道建设相结合。2017年前,争取实现绿化未达标的2.5万公里和未绿化里程1万公里的道路、河流全部建设成为具有一定标准的生态防护林带。

森林质量提升工程。一是开展森林抚育工作。重点加强全省中幼龄林和绿色通道防护林抚育工作。到2020年,显著提高单位面积林木蓄积量,力争使全省中幼龄林年均生长量提高10%~15%以上。二是大力开展低效林改造工作。三是加强森林资源保护管理。

9.4.2 区域再造"蓝天碧水"行动

全面深入推进污染物源头控制。从技术、管理、政策等多方面采取综合措施,大力推进清洁生产,加快落后产能淘汰,支撑清洁绿色低碳技术的推广应用,并根据资源环境承载力确定河南省社会经济发展的污染物排放红线。

着力推进绿色低碳技术进步。大力推进技术进步与管理,控制污染物源头产生量。争取火电、煤化工、有色、钢铁焦化、建材、生物医药等重点高碳行业的龙头工业企业生产工艺和技术装备、能源消耗、主要污染物产生和排放强度继续优化,达到国内同行业先进水平。

深化大气污染治理。建立区域空气质量管理机构和协调机制,以火电、冶金、建材(含水泥、玻璃等)、煤化工为重点防控行业,以郑州、开封、洛阳、平顶山、安阳、焦作、三门峡和济源市为重点防控区域,建立区域大气污染联防联控机制。降低二氧化碳和挥发性有机气体排放,推进燃煤企业的燃料清洁化发展,用天然气、煤改气代替直接燃煤。全面开展加油站、储油库和油罐车油气回收治理。

改善水生态环境。加大重点流域水污染防治力度,流域统筹,水陆结合,建立控制分区,明确优先单元,以点带面,重点突破,建立全面控源的污染防控体系。建立健全流域污染联防联控机制,深化工业和生活等污染治理,开展面源污染治理和河道环境综合整治。推进贾鲁河、惠济河、黑泥泉河、卫河等重点河流城市河段的环境综合治理。建设生态净化和生态湿地工程,通过天然河道和人工硬质河道的水污染净化技术的研究及应用,大幅提高河道的自净能力,保证流域水污染控制目标的有效实现,提升水环境应对气候变化能力。

9.4.3 自然生态"保护修复"行动

加强生态脆弱区治理与恢复。以治理坡耕地为主攻方向,开展太行山区、伏牛山区、桐柏大别山区等水土流失严重地区的综合治理。加强水电等资源开发以及公路、铁路、输油(气)管道建设的生态环境监管。积极探索尾矿渣综合利用的新方法、新途径,发展尾矿渣综合利用产业。以豫北、豫东地区的黄河故道、黄泛区为重点,加强黄河故道、沿黄沙地风沙治理。以伏牛山区为重点,推进石漠化治理与恢复。

加大生物多样性保护力度。认真履行《生物多样性公约》,实施《中国生物多样性保护战略与行动计划》,制定《河南省生物多样性保护战略与行动计划》。以生物多样性丰富区、重要生态功能区和主要资源开发区为重点,保护生态系统和珍稀濒危物种。

推进湿地保育与恢复。制定全省湿地保护和可持续利用规划,建设国家和省湿地保护与合理利用示范区,提高对湿地保护的管理、科研和监测水平。重点建设一批国家湿地公园,推进省级和各地市湿地公园建设,采用合理的湿地植被恢复、生态环境改造措施,恢复湿地。

提升自然保护区建设水平。开展自然保护区基础调查,科学规划发展自然保护区,强化对自然保护区范围和功能区调整的管理,严格对自然保护区核心区和缓冲区开发建设的监管。

9.4.4 农村环境"清洁亮丽"行动

深化农村环境综合整治。重点围绕南水北调中线工程源头汇水区、黄河中下游沿线和南水北调中线干渠沿线等优先整治区域,开展农村环境连片整治。鼓励小城镇和规模较大村庄建设集中式污水处理设施,城市周边村镇的污水纳入城市污水收集管网统一处理,居住分散、经济条件较差村庄采取低成本、分散式方式处理生活污水。在具备一定条件的农村新型社区,建设集中式生活污水处理设施。对城市和县城周边的村庄,采用"户分类、村收集、乡转运、县处理"的模式,在经济基础较差、交通不便的乡镇可采取堆肥或简易填埋,有条件地区应进行无害化处理,或纳入乡镇集中处置系统。

着力做好土壤污染防治。开展重点地区土壤污染调查,严格保护耕地和集中式饮用水水源地土壤环境,开展被污染土壤治理与修复试点示范。

9.5 绿色建筑发展行动

9.5.1 新建建筑节能行动

加强城乡建设规划管理。树立建筑全寿命周期理念,将绿色建筑比例、空间利用率、绿化率、可再生能源利用率、绿色交通比例、材料和废弃物回用比例、非传统水资源利用率等指标体系纳入总体规划、控制性详细规划、修建性详细规划和专项规划。

大力促进城镇绿色建筑发展。自2014年起,全省新建保障性住房、国家可再生能源建筑应用示范市县及绿色生态城区的新建项目、各类政府投资的公益性建筑以及单体建筑面积超过2万平方米的机场、车站、宾馆、饭店、商场、写字楼等大型公共建筑,全面执行绿色建筑标准。引导商业房地产开发项目执行绿色建筑标准,鼓励房地产开发企业建设绿色住宅小区。鼓励城市新区集中连片发展绿色建筑,建设绿色生态城区,其中二星级及以上绿色建筑达到30%以上。

积极推进绿色农房建设。加强农村村庄建设整体规划管理,制定符合绿色生态发展要求的新农村规划,将大中型沼气集中供气工程、太阳能热利用工程等纳入规划,编制农村住宅绿色建设和改造推广图集、村镇绿色建筑技术指南,科学引导农房执行建筑节能标准。大力推广太阳能热利用、围护结构保温隔热、省柴节煤灶等农房节能技术和产品;推进生物质能利用,发展大中型沼气集中供气,加强运行管理和维护服务。

严格执行新建建筑节能标准。全面贯彻落实《民用建筑节能条例》,严格执行《河南省居住建筑节能设计标准(寒冷地区)》《河南省居住建筑节能设计标准(夏热冬冷地区)》《河南省公共建筑节能设计标准实施细则》《建筑节能工程施工质量验收规程》等相关标准规程,加强闭合监管,严格过程管理,新建建筑全面执行居住建筑节能和公共建筑节能标准。落实固定资产投资项目节能评估和审查制度,严格执行建筑节能强制性标准,加强施工阶段监管和稽查。严格建筑节能专项验收。实行民用建筑绿色信息公示制度。

9.5.2 既有建筑节能改造行动

加快推进采暖地区既有居住建筑供热计量及节能改造。采暖省辖市要以围护结构、供热计量和管网热平衡为重点,落实改造项目,积极推进实施。积极探索实施夏热冬冷地区居住建筑节能改造。位于夏热冬冷地区的信阳、南阳、驻马店、平顶山四市及所属县(市)要以建筑门窗、外遮阳、自然通风等为重点,探索成本低、效果好的适宜改造模式和技术路线。着力推进公共建筑节能改造,对大型公共建筑和公共机构办公建筑围护结构和空调、电梯、采暖、通风、照明、热水等用能系统进行综合节能改造。推进节约型高等学校建设,积极争取国际公共建筑节能改造合作项目。

开展城镇供热系统改造。组织实施城镇供热系统综合节能改造,因地制宜地推广热电联产、生物质锅炉、工业废热利用和分布式能源等供热技术和产品,推广吸收式热泵和吸收式换热技术,加快淘汰低能效、高污染的燃煤供热小锅炉,更新改造老旧供热管网系统。在集中供热管网覆盖区域内不得新建供热锅炉,并立即淘汰各类供热小锅炉(有特殊用途且经批准保留的除外)。

创新既有建筑节能改造工作机制。开展既有建筑的建设年代、结构形式、用能系统、能源消耗指标、寿命周期等调查统计和分析,编制既有建筑节能改造工作方案,明确节能改造的目标、范围和要求,并负责组织实施。在旧城区综合改造、城市市容整治、既有建筑抗震加固中,要同步开展节能改造,实现"三改三提升"(改造老旧小区环境和安全措施,提升环境质量和安全性;改造供热、供气、供水、供电管网管线,提升运行效率和服务水平;改造老旧建筑的节能和抗震性能,提升建筑的健康性、安全性和舒适性)。推行既有建筑与绿色建筑相结合的改造模式,鼓励采取合同能源管理模式对既有建筑实施节能改造。

9.5.3　可再生能源建筑规模化行动

加快推进太阳能建筑应用。加快太阳能建筑光热一体化推广应用。实施分布式光伏发电、太阳能光电建筑等示范工程,推动太阳能光电在建筑中的一体化应用,引导居住建筑公共区间与建筑庭院采用太阳能光伏照明。扩大在城市公共区域采用太阳能、风能等可再生能源提供照明用电试点范围。鼓励产业集聚区等新建工业厂房采用太阳能光伏发电屋面。

合理开发浅层地热能。因地制宜开发利用浅层地热能,用于建筑物的供暖与制冷。资源条件适宜的地方优先发展可再生水源(含污水、工业废水等)热泵,积极发展土壤源、地表水源热泵,适度发展地下水源热泵,科学利用城市中水发展污水源热泵,逐步提高浅层地热能在城镇建筑用能中的比例。组织开展浅层地热能资源调查,编制浅层地热能开发利用专项规划,估算不同适宜区浅层地热能可利用量,提出合理的开发利用规模。制定浅层地热能开发利用管理办法,实现地热资源科学有序开发,保障浅层地热能可持续利用。

集中连片推广可再生能源建筑。编制实施可再生能源建筑应用专项规划及年度应用推广计划,推进可再生能源技术在建筑中的一体化、规模化应用。坚持可再生能源技术应用工程与建筑工程同时设计、同时施工、同时验收、同时交付使用的"四同时"原则。加强过程监管,对应采用而未采用可再生能源技术的建筑,不予通过施工图审查;对可再生能源技术应用部分与建筑节能专项一并验收,对擅自取消可再生能源技术应用的工程项目,不予通过建筑节能专项验收。

9.5.4 低碳城市和低碳社区建设行动

加强规划和管理。低碳社区的建设需要政府进行有效规划与管理,主要包括对基础设施的建设与管理、对环境的保护与控制、对能源的开发与治理等方面。在基础设施方面,合理布置社区建筑平面和立体结构,优化自然通风,减少空调能耗,窗户设计及玻璃材料充分利用天然采光,减少照明用电量。在环境保护方面,对于垃圾、污水等污物进行有效处理,社区内要有一定比例的绿化覆盖率等。在能源的开发与治理方面,大力开发清洁能源替代碳基能源的使用,在社区内广泛使用太阳能、风能、地热能等新型可再生能源;社区居民必须节约能源,大力提高能源效率;对社区生活垃圾进行分类整理;建立社区中水处理系统等。

建造绿色建筑。居民楼必须秉承低碳、节能、环保的理念进行建设,建筑材料低碳化,配置绿色建筑材料和设备设施,改善建筑围护结构的热工性能,降低建筑空调采暖负荷。一方面,建筑材料要低碳化。社区建筑材料在社区节能领域具有非常重要的地位,节能型建设材料要求健康环保,可重复使用,可循环使用,可再生使用,能效性能高,要优化建筑材料选用。另一方面,家居装修要低碳化。家居装修节能化、环保化,既是营造健康家居的基础,也是节能减排的重要渠道。

倡导低碳的生活方式。低碳生活的发掘与培养是低碳社区建设的灵魂,倡导低碳生活方式是减少碳排放的重要途径。一方面,营造低碳文化氛围。社区管理机构要充分利用社区硬件和软件设施,构建社区文化网络,营造低碳文化,形成公众参与的合力。另一方面,践行低碳的生活方式。倡导居民饮食低碳化、生活细节低碳化、低碳出行等。

9.6 交通低碳化发展行动

9.6.1 构建综合低碳交通网络体系

加强综合交通规划。加强各种运输方式之间的协调,制定以铁路、民航、公路为龙头的大型综合运输枢纽规划与建设方案,规划布局全省综合客运枢纽体系,优化公路客货运站场布局,建设衔接顺畅、高效便捷的公路站场服务体系。加强综合规划引导,按照枢纽型、功能性、网络化要求,建设以郑州枢纽为中心、以地区性枢纽为节点的全国重要综合交通枢纽。

优化运输方式结构。调整优化综合运输结构,降低碳排放。一方面优先采用低碳型交通运输方式,在城市交通发展中大力发展公共交通,实现城市交通的结构性节能减碳;另一方面优化各种运输方式的内部结构,构建低能耗、高效率的交通设施、运输设备和企业管理体系,提高路网技术等级和路面等级,推进营运车辆和船舶的大型化、专业化和标准化等,从而实现各种交通运输方式内部的结构性减碳。

提升综合交通管理水平。通过有效的组织管理尽量发展直达运输,在不超载的前提下,根据客货量配置合理的车型,尽量提高货车和客车的实载率,减少空驶;完善城市慢行系统,落实公交优先,吸引公众多选择绿色出行方式,减少私家车出行;加强物流公共信息平台建设,实现物流链各环节、各参与方的信息共享,提高运输组织效率,降低碳排放。

构建客运集散体系。加强综合客运枢纽和物流集聚地区的货运站场建设,重点加快列入国家公路运输枢纽总体规划的枢纽场站,特别是集多种运输方式于一体的综合运输枢纽的建设。在全省三级及以上客运站实现城际客运、农村客运、城市公交、地铁等多种运输方式的有效衔接,促进客货运"零换乘"和"无缝衔接",减少换装、换乘和无效运输,实现节能减排。

9.6.2 提高公共交通出行分担率

强化规划调控。注重城市综合交通规划和城市公共交通规划,坚持公共交通优先发展,统筹重大交通基础设施建设,合理配置利用各种交通资源,提高城市公共交通平均出行分担率。加大公共交通车辆的投放力度,突出公交公益性定位,形成公共交通"价低质优,路权优先"的共识理念,建立公共交通、租赁自行车和步行联合的低廉出行方式,公共交通收费实行一票通、一网通,降低公共交通出行成本,引导市民出行首选公共交通。

加强公共交通基础设施建设。加大公共交通投入,扶持公交企业节能环保型车辆、清洁能源车辆的购置换代及公共交通枢纽站、首末站和港湾式停靠站等设施建设。通过公共交通基础设施建设和线路规划,发展包括轨道交通、BRT在内的大运量、准点率高的公共交通方式,实现城市公交运输方式间的有效衔接,提高公交直达率,减少公交出行换乘。逐步完善无障碍设施,方便残障人士乘坐。大力建设公共自行车服务系统,改善自行车、步行道路设施条件。

提升公共交通智能化水平。优化城市路网,促进城市公共交通与其他交通方式、城市道路交通管理系统信息资源整合共享,向公众提供"一站式"综合交通信息服务,提高公共交通的调度率,降低其空载率,提高公共交通出行效率。推广普及公共交通"一卡通"支付方式,逐步实现不同公共交通方式之间、不同城市之间公共交通"一卡通"互联互通。进一步开发和应用公交智能调度和信息服务系统,提高公共交通运行的可靠性和稳定性,站台安装提前预报系统,能够向乘客发布实时的车辆到达信息,预报公交车的到站时间,减少市民等车时间。

强化路权保障。设置公交专用道,提高公共交通运输速度。双向四车道以上主干道根据情况设置公交优先道,保证公交车辆交通高峰时段优先通行,并根据道路和交通流量的实际情况,允许公共交通车辆不受禁左、禁右转向和单行道的限制。加强对公交专用道的监控和管理。对占用城市公共交通专用和优先车道、干扰城市公共交通正常运行的交通违法行为加大执法力度,保障城市公共交通优先通行权。

完善公共客运服务体系。加快构建由城际轨道交通、城际公交、干线客运、农村客运、旅游客运组成的多层次客运网络服务体系,全面提升客运服务品质,积极引导私人交通转向公共交通。积极推广城际公交,基本形成中原城市群城际公交网络,发展农村客运公交化运营,最大限度地与城市公交对接,力争实现"零距离"换乘,鼓励城市公交线路向周边乡村延伸,推进城乡客运一体化进程。

9.6.3 优化城市土地利用结构

开展相关研究,重视城市整体规划。重视非机动交通系统以及交通与土地利用的整合规划,在新型城镇化建设过程中,要保证交通规划设计与周边的用地性质相协调,着力构建多中心、组团式、网络化的新型城乡空间布局和城镇体系,引导城市交通低碳发展。

通过公共交通和零碳交通引导城市土地利用。在城市规划中利用公共交通引导城市土地利用,实现交通与土地利用整合发展。推广城市紧凑布局、混合使用的用地形态,提供良好的公共交通服务设施;注重自行车路网与城市规划布局和道路网络相协调发展,通过不同等级自行车网络的系统组织,构筑便捷、安全、舒适的自行车道路网络主骨架,改善自行车交通出行环境,为步行及自行车交通提供良好的环境,形成"自行车+公交"的出行模式。

设置中心区及人流集中地区步行优先系统。优先设置城市中心区、副中心及人流活动集中区域的步行优先系统,实施必要的人、车分离措施,保障用地功能发挥并改善步行环境。根据行人交通活动特点,进行步行专用路、道路人行便道、行人过街天桥(地道)等设施的控制规划,提供系统和完善的步行设施条件。

9.6.4 推广替代能源应用

加快新能源的推广应用。加强新能源技术在交通基础设施建设和营运中的应用。促进太阳能、风能等新能源在公路工程配套设施中的应用,加快推进隧道、服务区、收费站等公路辅助设施太阳能与风能技术的应用;逐步推广液化天然气(LNG)、电力驱动集卡应用技术及太阳能、地热能、风能、空气源热泵等新能源利用技术。

推广应用低碳型交通运输设备。鼓励替代能源、高效低耗车型的应用。在城市公交、出租车、中短途客运推广LNG、CNG等清洁能源车辆,推进高速公路沿线加气站、充电站设施建设,逐步提高城市公交、出租汽车中天然气车辆的比重,在城市配送、城际客货运输车辆中积极开展试点推广工作,以新购置天然气车辆代替淘汰的老旧车辆。积极推进现有车辆尤其是营运车辆"油改气",加气站网络覆盖范围内的营运车辆基本完成"油改气"。

9.6.5 减少基础设施碳排放

交通基础设施建养低碳化。在公路基础设施项目全寿命过程中贯彻低碳理念,积极利用现有先进环保桥梁监测、评估技术,推广沥青加热节能、温拌沥青、沥青混合料再生利用、水泥混凝土路面再生利用等低碳铺路技术,实施合同能源管理方法，尝试推行隧道"绿色节能通风照明工程"，大力推进 LED 灯在隧道照明工程中的应用。新建高速公路服务区试点进行能源自给自足的"低碳示范服务区"建设工程；在公路基础设施养护上推广应用节能环保型安保设施，采用沥青路面预防性养护技术，应用基于节能减排的评估方法对养护措施进行比选。

现有设施的低碳化技术改造。开展全省高速公路、国省道干线节能减排潜力分析与评估，基于低碳交通运输体系建设目标逐步对相关路段进行改造；依照当地实际情况，研究开展现有公路工程、高速公路服务区的新能源技术改造，充分利用可用清洁能源；加快内河港航工程建设，促进水路运输发展，开展内河船型标准化研究，推进内河船舶的技术进步。

9.6.6 建设信息智能交通

加强交通信息化建设，助推交通运输低碳化发展。加强现代信息技术在运输领域的研发应用，为车辆营运的安全、管理、生产提供服务，提高运输效率，降低能源消耗。加快运输物流联网工程建设，推广物联网技术在道路运输领域的应用，促进货物各种运输方式的优化协同，运力资源合理配载，减少货运运输能耗和尾气排放，降低物流成本；建立交通出行信息数据库，实现信息共享，完善公众出行信息服务系统，促进客运市场的电子化、网络化，为市民提供更便利的低碳出行服务，实现高效绿色出行。

加快智能化交通建设与推广，减少无效碳排放。普及城市智能公交系统，建设城市公共交通综合信息平台，推广 GPS、GIS 和 RS（简称 3S）等技术，加快现代信息技术在道路运输领域的应用步伐。扩大高速公路联网不停车收费（ETC）应用规模，推广中原通卡储值等增值业务应用，增加客户服务网点、银行代理点，不断普及电子不停车收费方式，建成覆盖率达 100%，完善入口自动发卡系统，进一步推进跨省域联网收费系统建设，实现道口处单车油耗和尾气排放降低 50%，显著提高通行能力，达到"低能耗、低污染、低排放"目的。

9.7 绿色低碳园区发展行动

9.7.1 制定低碳规划设计

开展低碳发展规划编制工作。一是编制现行各类园区规划编制体系以外的低碳产业园区规划,作为一种新类型的规划。高成长园区和新兴园区中低碳特征明显的园区,如郑州航空港经济综合实验区、洛阳动力谷、中原电气谷、商丘节能环保装备产业基地等园区应先行先试,编制园区低碳低碳产业规划,并积极申报国家低碳试点。二是现行各类园区规划的组成部分的编制,以专项规划或独立篇章的形式纳入现有园区规划体系。传统园区低碳基础薄弱,要将低碳理念融入现有各类园区规划编制体系。

开展低碳评估行动。借鉴《低碳园区发展指南》的评价体系,各园区根据实际发展情况,对已建成区规模以上企业进行低碳评估,了解园区现状,发现园区低碳发展需要解决的问题,从而制定出相应的对策和规划。

编制低碳建设导则。倡导绿色施工,推广节能、节地、节水等低碳施工技术,采用绿色工艺和节能材料,制定和实施低碳厂房标准,加强新建厂房低碳规划设计,加强对既有厂房的节能改造,提高厂房运行过程的能源利用效率,降低厂房生命周期碳排放。编制集经济性、适用性、安全性、低碳性于一体的工业厂房建设导则。

9.7.2 建设低碳管理体系

加强传统园区碳管理能力建设。一是鼓励企业开展温室气体盘查,加强企业碳排放的统计、监测、报告和核查体系建设,建立完善企业碳排放数据管理和分析系统,挖掘碳减排潜力。二是增强企业低碳生产意识,提高碳管理水平。分批开展企业环境管理、清洁生产、节能审计、温室气体核算和报告宣贯培训会,推动和帮助企业建立规范的环境管理体系、能源管理体系,实现节能减排。三是鼓励支持园区企业参加碳排放交易试点,建立碳排放总量控制和排放权有偿获取与交易的市场机制。

建立健全园区碳管理制度。一是在对园区碳源和碳汇现状调查摸底的基础上,编制碳排放清单,建设能源数据统计和管理体系,掌握园区能源消费结构和能耗水平。二是建设园区碳排放信息管理平台,强化从生产源头、生产过程到产品的生命周期碳排放管理。三是推行低碳产品认证制度等,多途径探索企业碳管理新模式。四是编制园区低碳发展指标体系,引导和调控低碳发展进程,定期修改完善园区准入用能和污染物排放控制标准,严禁不符合标准的企业落户。

探索建立环境综合治理第三方管理服务。在园区成立由科研院所、设计院与环保企业组成的联合体,加强针对工业园区生态化建设综合服务的技术支撑和服务模式研究,共同参与工作链全程的设计与实施,形成实力互补。对于新建园区,基于节能环保要求可以提出产业发展定位、环境基础设施建设及污染控制措施建议;而对已建园区,可以提供园区环境问题的全方位诊断、整改建议,包括环境管理、清洁生产、循环再利用、末端治理方案、节能新能源利用与智能化管理等服务。

9.7.3 实施产业优化升级

根据主导产业的不同,把河南省产业集聚区划分为三类:一是以高成长性制造业为主导的园区,简称高成长园区;二是以战略性新兴产业为主导的园区,简称新兴园区;三是以传统支柱产业为主导的园区,简称传统园区。

高成长园区。强化集群引进,加快企业集聚,着力扩大产业规模,形成专业配套、特色突出的产业集群。建设郑州航空港经济综合试验区全球重要的智能手机生产基地,推进鹤壁、南阳、许昌等电子产业集群发展;推动整机与配套企业专业化分工协作,培育壮大郑州、新乡、南阳、安阳等装备和汽车产业集群;发展漯河、郑州、周口、信阳等千亿元食品产业集群;积极发展商丘、周口等终端纺织品产业集群。

新兴园区。突破关键核心技术,推进重大产业创新发展工程和示范园区建设,集中资源培育具有核心技术的龙头企业和规模优势的产业集群。加快建设郑州国家生物高技术产业基地,推动开封、新乡、驻马店、安阳、商丘、焦作等地特色生物医药产业园区建设。建设郑州、洛阳等节能环保装备产业基地。推动大周、洛阳循环经济园区资源综合利用示范基地、城市矿产示范基地建设。加快建设洛阳国家新材料高技术产业基地,推动郑州和许昌超硬材料、新乡新能源材料、商丘和平顶山特种纤维等产业园区建设。加快建设南阳国家新能源高技术产业基地,推动洛阳、安阳光伏和许昌风电装备特色产业园区建设。

传统园区。全面淘汰落后产能和设备,加快园区重点用能企业低碳化改造。推动骨干企业全流程工艺改造,着力抓好重点企业(项目)节能工程,鼓励企业开展余热余压利用、节约和替代使用石油、电机系统节能、能量系统优化以及工业锅炉(窑炉)改造,通过原料替代、改善生产工艺、改进设备使用等措施,提高园区能源、资源利用效率,降低工业生产中化石能源消耗的碳排放,减少工业过程温室气体排放。强化工业园区节能目标责任考核,积极帮助企业选定技术经济及环境可行的清洁生产方案,鼓励企业开展清洁生产审核,减少污染物排放。

9.7.4 大力推进循环经济

构建园区循环经济产业链。根据物质流和产业关联性,对园区进行功能分区,合理布局企业、产业、基础设施及生活区。重化工业等传统园区要按照"横向耦合、纵向延伸、循环链接"的原则构建产业链,形成园区企业之间原料(产品)互供、资源共享的一体化。高成长和新兴园区要"补链"招商,实现专业化分工协作,促进产业横向耦合,企业集群发展。支持高成长园区建设配套产业园,重点引进智能终端、成套装备、汽车、家电、家具、厨卫、服装等终端产品配套企业,提升本地化配套能力。

推进园区资源高效循环利用。实施清洁生产,促进源头减量。推动园区内企业废物交换利用、废水循环利用、能源梯级利用、土地节约集约利用。推进园区生活污水再生利用,建设雨水收集利用设施。大力发展清洁能源和可再生能源。鼓励专业化服务公司为园区废物管理提供"嵌入式"服务。

开展低碳园区试点示范。积极推动河南郑州经济开发区、河南洛阳经济开发区等23个园区试点建设工作。以红旗渠开发区、濮阳经济技术开发区等国家循环经济国家循环化改造示范试点园区为重点,推广总结循环经济发展经验和模式。通过试点示范建设,加快钢铁、建材、有色、石化和化工等重点用能行业低碳化改造,培育积聚一批低碳型企业;推广一批工业园区低碳管理模式。

9.7.5 加强低碳设施建设

对园区公共服务设施实行低碳化、智能化建设或改造。淘汰小锅炉等低效供能设施,推广集中供热和热电冷三联供设施,提高能源利用效率。结合产业集聚区集中供热,加快化工、造纸、印染、制革、制药等骨干企业背压式发电机组建设,加快园区电网建设,采用先进的输、变、配电技术和设备;加快推进排水、排污管网、污水提升泵站建设和园区污水处理厂建设,形成健全的污水收集和集中处理系统;加快垃圾无害化处理设施建设;完善园区垃圾分类收集、运输和处置体系,提高废弃物资源化利用率。建设园区原料气系统优化工程,使制气专业化,实现资源共享、互惠互利,减少重复建设、重复投资,从而达到节能、低耗的目的。

探索实施低碳厂房建设。加强新建厂房低碳规划设计,加强对既有厂房的节能改造,提高厂房运行过程的能源利用效率,降低厂房生命周期碳排放。建设园区智能微电网,提高生产过程中太阳能、风能、生物质能等可再生能源使用比例。以国家实施金太阳示范工程为契机,选择部分可利用建筑面积大、电网接入条件好、电力需求集中的重型工业厂房建设太阳能光伏电站,加大浅层地热在工业厂房推广应用,适度发展生物质能,探索LNG冷能利用的可行性,推动太阳能热水器、太阳能地热供暖等在职工宿舍、办公楼等集体用户中的大面积应用。

普及推广节能材料和产品。鼓励使用节能环保的新型建筑材料、新型建筑工艺和节能环保新材料,加强既有建筑的节能改造。大力推广LED灯在工业厂房中的使用,积极推动产业园通用变频器的节能改造。市政道路照明优先选用LED路灯、太阳能路灯及风光互补路灯。新建公共建筑必须选用节能环保空调,在办公楼和宾馆促进智能家居系统和产品的示范应用。

推广低维护高耗碳植物。以打造近自然景观为目标,科学布局绿化结构,规模种植适于当地的维护成本低、吸碳能力强的植物,改善绿地固碳能力。选用高耗碳树种建设区内绿化带,形成产业区绿色生态走廊。

| 第 10 章 |

政策措施建议

10.1 加强组织管理

建议成立以省主要领导为组长,由发改委、财政厅、工信厅、水利厅、农业厅、林业厅等相关局委主要领导组成的绿色低碳工作领导小组,下设办公室,统一领导绿色低碳行动,加强低碳发展重大战略、方针和政策的统筹决策,从组织上保障行动方案得以完善和落实。建立健全低碳发展工作机制,各职能部门各司其责,充分发挥各部门的积极性和主观能动性,加强配合,协同推进低碳发展工作。建立专家咨询顾问团队,开展绿色低碳发展研究工作,跟踪国内外最新动态,为绿色低碳发展方向、重要课题与重大技术问题提供咨询和技术服务支撑。

进一步完善能源相关的考核评价制度。首先,建议政府部门增加考核评价体系中绿色低碳化的相关指标,除已有的单位 GDP 能耗外,将单位 GDP 碳排放、能源消费总量、非化石能源占比纳入考核评价。其次,建议政府部门落实责任制,将考核结果作为评价政绩、任用及奖惩的重要依据,建立领导干部任期终身追究制。最后,建议政府部门建立能源规划实施考核评价制度,健全规划实施责任机制,建立规划实施协调机制,加强能源规划政策的具体落实。

10.2 完善政策体系

完善财政优惠政策,落实税收优惠政策,综合运用产业、财税、金融、价格等多种政策手段,发挥绿色低碳政策的协同作用,构建有利于城市经济、产业和社会低碳发展的政策体系。研究制定差别化、分类指导的区域、行业政策,加大对经济结构调整的支持力度,鼓励绿色低碳新兴产业发展。研究制定促进低碳发展的财政补助、贷款贴息等激励创新、引导投资和消费支持政策。建立政府低碳采购政策,有效增加绿色低碳产品市场需求,引导企业生产方向和公众消费方向;创新金融政策,大力发展绿色低碳信贷;深化资源性产品价格和税费改革,建立反映市场供求和资源稀缺程度、体现生态价值和代际补偿的资源有偿使用制度和生态补偿制度。

加快能源体制改革并从能源开发方面加快能源政策改革。从能源价格机制来看,建议政府部门针对不同种类的可再生能源采取差异化的价格形成机制,对生物质能采取以固定价格为主的形式,而对风能、太阳能和地热能则可以采用以价格补贴为主的形式。从能源开发政策来看,建议政府部门一方面积极落实国家促进新能源和可再生能源发展的激励政策,制定实施地方税收优惠、临时补贴电价等配套政策,制定非水可再生能源配额目标,鼓励引导社会各界自愿开发利用可再生能源;另一方面完善煤炭与煤层气协调发展机制,推进煤层气矿权管理试点,加快页岩气开发制度的研究和制定。从市场化机制来看,建议政府部门在已有工作基础上,加快建立河南省碳排放和节能量交易体系,尽早实现碳排放和节能量交易,同时积极开展非可再生能源配额交易的前期研究,为下一步开展非可再生能源配额交易奠定基础。

10.3　加大资金支持

应加大促进绿色低碳化发展的资金投入。一方面积极争取中央财政对中原经济区发展低碳经济和资源开发保护的转移支付力度,同时充分利用国家清洁发展机制基金、新能源建设基金,开展有关产业低碳化发展相关工作。另一方面积极整合省内相关资金,用于支持产业、交通、建筑等低碳化发展基础研究。在循环经济和节能减排专项资金中安排低碳发展专项资金,重点支持低碳技术研发与产品应用、低碳服务、低碳发展能力建设等。鼓励企业、科研机构积极承担国家、省重大专项和科技计划,政府按规定提供配套资助。鼓励金融机构为低碳重点项目提供资金和信贷支持。鼓励优势企业通过多层次资本市场,在国内外主板、中小企业板和创业板上市。鼓励企业开展国际合作,争取国际有关应对气候变化与低碳发展组织的资金支持。

10.4　增强科技支撑

　　加强关键技术研发。能源领域重点推进高性价比太阳能光伏电池技术、太阳能建筑一体化技术、大功率风能发电、天然气分布式能源等技术,以及煤的清洁高效开发利用和煤基清洁能源生产等技术研发。工业领域重点推进电力、建材、有色、石化等高能耗行业节能技术研发,积极开展新型阴极结构铝电解、中低浓度瓦斯(煤层气)富集、低温余热能量转换器、新型节能换热器、高效热电联产、节能型工业窑炉等装备研发,开展提高能源梯级综合利用水平和资源利用率技术研发。交通领域重点推进车船节能技术改造、纯电动汽车、混合动力汽车、新能源汽车和储电技术等方面的技术研发。建筑领域重点推进民用建筑集中供热、管网热量输送、新型建筑设计、生活燃料、照明等方面的技术研发。农业、林业和土地利用重点推进农业生产过程、节能作物育种和栽培、生物液体燃料转化、再造林和森林保护、林业固碳等方面的技术研发。积极推进二氧化碳捕集、封存和利用关键技术研发。

　　加强先进技术示范应用。应结合河南省低碳化发展重大技术需求,加强关键技术研究,加快创新成果推广应用和产业化,提高产业低碳化发展的科技支撑能力。重点推广低温低压余热发电、高压特高压节能环保型输变电、节能低碳水泥生产、高效干燥及速冻、节能多晶硅制备、水源地源空气源热泵高效应用、太阳能热水热泵、太阳能与建筑一体化、高耗能产业节能与提高能效、增强碳汇和控制农业温室气体排放等先进适用技术。支持产业基础良好区域强化优势资源配置,加快培育产业关联度大、带动作用强的龙头骨干企业,加快推进低碳技术产业化、低碳产业规模化发展。积极开展智慧城市、绿色生态城区等前沿课题的基础研究工作。

　　增强自主创新能力。支持河南科技大学等具备条件的高校、科研机构、企业建设国家、省级工程研究中心、工程技术研究中心、工程实验室、重点实验室和企业技术中心。鼓励产学研合作,建立多方参与的产业创新联盟。完善低碳技术成果转化机制,加快科技成果转化和产业化。支持并保护创新主体依法享有低碳技术和气候变化适应技术的自主知识产权。

10.5 探索市场交易

目前国内北京、上海、天津等地已经成立了碳排放交易市场,逐步建立起符合低碳经济发展需求和我国国情、对接国际规则的自愿性碳排放交易体系,是我国发展低碳经济所面临的重要任务。有了碳排放交易体系,完善的供求、竞争、价格、风险等市场机制,以及相关的法律,才能创造相对公平透明的交易环境,才能利用市场机制促进低碳产业发展,确保环境资源在低碳产业中得到最有效配置,促进国家低碳技术的创新和应用。适时出台政策措施,推动碳排放交易体系的建立和发展,鼓励企业使用和投资可再生能源、清洁能源,促成可再生能源领域新技术的开发与产业化投资的紧密结合,降低可再生能源的利用成本,促进可再生能源的规模化发展,为低碳经济提供持续的动力。

因此,河南省应加强温室气体排放核算工作,定期编制温室气体排放清单,建立温室气体排放数据信息系统。开展重点排放企业(单位)碳排放报告与核证工作,为碳排放权交易奠定基础。积极开展碳排放权交易试点,根据形势并结合合理控制能源消费总量的要求,建立碳排放总量控制制度,开展碳排放权交易试点,明确试点的基本规则,制定相应政策和管理办法,研究提出温室气体排放权分配方案,在试点地区建立碳排放权交易登记注册系统、交易平台和监管核证制度,逐步形成区域碳排放权交易体系。同时,加强碳排放交易支撑体系建设。制定碳排放交易市场建设总体方案。研究制定减排量核算方法、相关工作规范和认证规则。加强碳排放交易机构和第三方核查认证机构资质审核,严格审批条件和程序,加强监督管理。充实管理机构,培养专业人才。逐步建立统一的登记注册和监督管理系统。

10.6 积极宣传引导

广泛、深入、持续开展应对绿色低碳行动的宣传工作,将绿色、低碳、循环经济等知识作为科普教育、素质教育的重要内容,在全社会大力弘扬"绿色、生态、低碳、环保"的社会风尚,使实现绿色低碳发展的必要性、紧迫性深入人心,形成全社会理解、关心、支持绿色低碳行动的良好氛围。深入开展企业社会责任行动,将低碳目标作为企业社会责任的重要内容,培养企业家社会责任感。大力宣传先进典型和成功经验,广泛开展"低碳城市""低碳园区""低碳企业""低碳社区"和"低碳商业"等创建和表彰活动,使绿色低碳行动与公众生产生活建立更为密切的联系。

建议政府部门在能源低碳化行动中加强自身的示范带头作用,进一步提高自身能源利用效率和可再生能源利用量,以起到率先垂范的作用,可以实行如"政府屋顶计划"的行动,在区域内的政府部门建筑中推广分布式光伏发电、光伏照明系统和热泵系统等可再生能源利用技术。